思行数学

范小枫 著

知识产权出版社
全国百佳图书出版单位
—北京—

图书在版编目（CIP）数据

思行数学 / 范小枫著 .—北京：知识产权出版社，2023.5
ISBN 978-7-5130-8738-4

Ⅰ.①思… Ⅱ.①范… Ⅲ.①小学数学课—课堂教学—教学研究 Ⅳ.① G624.502

中国国家版本馆 CIP 数据核字（2023）第 070442 号

内容提要

本书是作者多年来对小学数学课堂教学的实践、思考和凝练，全书共分四篇：读懂教材是"思行数学"的源泉、研究课堂是"思行数学"的基石、总结反思是"思行数学"的助力、立德树人是"思行数学"的根本。本书分别从教学设计、课堂实录、教学思考和育人随笔四个角度真实记录了作者"思行数学"的教学研究成果，对一线小学数学教师具有实用性和可操作性。

责任编辑：郑涵语　　　　　　　　责任印制：孙婷婷

思行数学
SIXING SHUXUE
范小枫　著

出版发行：知识产权出版社有限责任公司	网　　址：http://www.ipph.cn
电　　话：010-82004826	http://www.laichushu.com
社　　址：北京市海淀区气象路 50 号院	邮　　编：100081
责编电话：010-82000860 转 8569	责编邮箱：laichushu@cnipr.com
发行电话：010-82000860 转 8101	发行传真：010-82000893
印　　刷：北京中献拓方科技发展有限公司	经　　销：新华书店、各大网上书店及相关专业书店
开　　本：720mm×1000mm　1/16	印　　张：20.25
版　　次：2023 年 5 月第 1 版	印　　次：2023 年 5 月第 1 次印刷
字　　数：304 千字	定　　价：60.00 元

ISBN 978-7-5130-8738-4

出版权专有　侵权必究
如有印装质量问题，本社负责调换。

序 言

小学数学，看起来很容易，想教好却并不容易。

范小枫老师一路走来，不仅教好了小学数学，成就了学生；而且成就了自己，实现了个人的专业成长，成长为一名中原名师、正高级教师，实属难得。今天，看到范小枫老师的书要出版了，我非常欣慰，也由衷地为她骄傲。

看了范小枫老师寄来的《思行数学》样稿，掩卷深思，范小枫老师作为一个小学数学教师为什么能成功？我觉得关键词就这几点：合理规划、深度阅读、深挖教材、深耕课程、团队同行。

范小枫老师从教二十七年，怀揣着"为党育人、为国育才"的教育初心和梦想，一心只为"用心做好教师"这个朴素纯粹的理想，合理规划自己的职业生涯。从"努力上好每一节课，让所带班级名列前茅"到"努力提高课堂教学艺术，让枯燥的数学课堂灵动起来"再到"提升自身素养，落实立德树人"，"开展课程建设，引领团队共同成长"，这一路走来，是深度阅读、深挖教材和深耕课堂的潜心修行，是一个人成长和一个团队成长的双向奔赴，是范小枫老师和小学数学心灵共舞的过程。我仿佛清晰地看到了一个好教师一路成长的深深浅浅的脚印，感谢范小枫老师，让我看到了这份难得纯粹的教育初心和教育梦想，我非常感动！

这本书是范小枫老师二十七年来对小学数学课堂教学的深度实践、思考和提炼的智慧结晶，范小枫老师以"思行数学"为教学思想，以"慢话数学——慢慢学数学、快乐化成长"为教学主张，全书共分为四章，读懂教材是"思行数学"的源泉，研究课堂是"思行数学"的基石，总结反思是"思行数学"的助力，立德树人是"思行数学"的根本，从教学设计、课堂实录、教学思考和育人随笔四个角度真实记录了"思行数学"的教学研究成果，是一本非常实用的教学实践之书，对一线小学数学教师的成长一定会大有裨益。

教无定法，但教有策略。顾明远教授说："教育的本质是培养思维，培养思维的最好场所是课堂。"范小枫老师对数学教学的思考、对数学文化的研究、对学生核心素养的培育也非常有策略性和启发性。范小枫老师的成长路径告诉我们，一个教师要用心做好教师，就必须踏踏实实做一名研究者，自己发展了，学生自然也发展了。教师的思维有多深，就能把学生的思维带多远。真心希望这本接地气的实操书能给您带来诸多启发和思考。愿更多的老师像范小枫老师一样能永葆教育初心，醉心教育课堂，过完整而幸福的教育人生。

河南省基础教育课程与教学发展中心主任

自序　用心做好老师

不觉间，从踏上讲台至今已有 26 年。因为热爱，所以深情。一路走来，怀揣最初的梦想，在三尺讲台上不断求索，只为用心做个好老师！

一、用心做好老师需要合理规划、正确定位

追逐阳光是向日葵的方向，冲破土壤是种子的方向，努力做好老师是我的方向。"凡事预则立，不预则废"，为了不让自己迷失方向，一路走来，我不断地进行规划与定位。

刚参加工作时，茫然无知的我给自己确定的目标是：努力上好每一节课，让自己所带的班级考试成绩名列前茅。于是，朝着这个目标，我每天认真备课、做题、辅导学生，功夫不负有心人，我所带的班级每次考试都在整个镇里名列前茅，我做到了！

2002 年第一轮课程改革启动，这时，我给自己确定的目标是努力提高自己的课堂教学艺术，让枯燥的数学课堂灵动起来。朝着这个目标，为了设计一个有效的教学活动，我会绞尽脑汁，研究教材、研究学生；为了一个精美、完备的数学课件，我会在计算机前一坐就是六七个小时；为了演绎一堂真实、高效的数学课，我常常废寝忘食、挑灯夜战。2004 年，我执教的"日历中的数学"一课荣获河南省二等奖；2005 年，参加济源市初中数学优质课大赛，获得一等奖。

2010 年我有幸成为首届名师培养对象，已过而立之年的我把提升自身素养作为目标。于是，我开始博览群书。在阅读中，让我渐渐明白了为什么名师们能在课堂上得心应手、游刃有余，让人觉得听课是一种享受，而我的课

堂尽管精心准备、教学环节可谓设计得天衣无缝，但在课堂上却常常显得捉襟见肘，让人感到语言的贫乏，感染力的缺乏。心动不如行动，我的课堂这就开始改变！

2012年第二轮课程改革开始，一切都是全新的开始。这时，我把深入解读课程标准和新教材作为新的目标。通过对课程标准和12本小学《数学》教材的深入解读，再加上自己10年的初中数学教学经历，让我对整个小学数学体系有了比较全面理解和把握，让我的课堂开始变得游刃有余。

2016年我被评为济源名师之后，开始意识到自己不再是一个独立的个体，带领团队一起成长成为我的新目标。为了让团队中的每一个人都能有所收获，2016—2019年，我带领工作室成员，用了3年时间，只做一件事：培养学生的运算能力！我们一起梳理小学阶段的所有计算教学内容，一起研讨计算课如何上才能更有效，一起研究提升运算能力的策略，取得了很好的效果。随着研究的深入，单纯的学科知识已经不能满足我们的需求，于是，从2021年开始，我们开始将数学文化融入小学数学教学。两年来，大家一起收集整理可以融入小学数学教学的数学文化知识，一起扎实开展数学文化融入小学数学教学的课例研究，一起用心组织孩子们读数学故事、讲数学故事，在不断的思考、实践和研究中，脚步越走越扎实。

就这样，在不断前行中，适时调整目标，不断丰富自己！

二、用心做好老师需要抓住契机、提升素养

莫言曾经说过：当你的才华还撑不起你的野心的时候，你就应该静下心来学习；当你的能力还驾驭不了你的目标时，你就应该沉下心来历练。要做一个好老师，一个能让家长放心、学生爱戴的好老师，努力提升自身素养才是根本。

1. 广泛阅读提升人文素养

说到读书，首先要感谢的是师训科的常亚歌老师。曾经，阅读离我很远。

自 1996 年参加工作以来，我一直任教数学，也许是因为学科特点，也许是因为从小就没有养成读书的习惯，总说自己很忙，总说自己没有时间读书，每天习惯于跟数字打交道，习惯于徜徉在各种各样的数学题中，自得其乐。可以说数学课本及教辅资料外的书基本上与我无关。直到 2010 年，机缘巧合，我入选了济源市首届名师培养对象，走进这个团队，才知自己的浅薄无知，才知原来数学老师也是需要读"书"的，就这样"被动"走上了我的阅读路。从 2010 年起，在常亚歌老师的带领下，整个名师工作室全体成员一起开始了苏霍姆林斯基的《给教师的建议》批注工作，每周批注一条。说实在话，第一个月实在难熬，我是真心读不懂啊！但任务是真实存在的，只能硬着头皮去读。一周、两周……一个月、两个月……两年，我居然坚持了下来，真的是个奇迹！也正是这个奇迹打开了我的读书之旅！之后，每天坚持读书一小时就成了我的习惯，从被动读书，到自觉读书，再到现在带领我的名师工作室的成员们一起读书，一路走来，读书带给我太多的收获！在阅读中拓宽了自己的视野，让我看到了数学课本之外更广阔的天空。

2. 解读教材提升专业素养

随着《义务教育数学课程标准（2011 年版）》的颁布和 2014 年小学数学教材的全面改版，对小学数学教师提出了前所未有的挑战，面对全新改版的教材，如何走出"穿新鞋走老路"的困境？

第一，深入解读课程标准。课程标准是国家课程的基本纲领性文件，是国家对基础教育数学课程的基本规范和质量要求。它对学科教材、学科教育和评价具有重要的指导意义，是学科学习的出发点和归宿，也是其灵魂，因此我始终把深入解读课程标准放在备课的首位：一是解读每个领域、每个单元、每节课的学段目标和内容目标；二是解读三个基本思想（抽象、推理、模型）；三是解读 10 个核心概念。

第二，仔细阅读教师用书。人教版《数学》的教师用书总体上包含两大部分：一是整册书的说明，包含全册书教学内容、教学目标、编写特点、教学中需要准备的教具和学具，以及课时安排；二是各单元教材说明和教学建议，包含每单元的教材说明和教学建议、教学设计或教学片段、备课资料、评价建议和评价样例。仔细阅读教师用书，让我对各单元教材内容有了全面的理解，避免"只见树木不见森林"的教学误区。

第三，用心做好四份题。数学学习一定离不开做题，但单纯的刷题只会增加学生的学习负担。怎样才能既让学生得到充分的练习，又不增加学生学习的负担呢？那就需要教师提前做好功课。

一是每年寒暑假把数学书上的例题认真做一遍，一方面是熟悉教材内容，另一方面是在做题过程中梳理思路、寻找最佳方案。

二是每周末把下一周课本上的练习题认真做一遍，整理出哪些题是需要再补充一些同类题强化或者拓展的，哪些题是可以省略不做的，同时规范步骤，把握难易度和做题时间，以备合理布置作业。

三是每天在布置《学习与巩固》上的作业之前，自己先做一遍，做到心中有数，合理取舍。

四是为了使练习题和当天的学习内容更好地切合，为课堂教学起到最大的辅助作用，我尝试自编习题：每周末利用2个小时时间整理出一周里配套的练习题；每单元结束前编排好本单元的测试题；期末复习阶段结合课本内容和平时学习容易犯的错误进行归类梳理，整理系列复习题。在布置每份自编习题之前，自己先做一遍，根据做题时间和难易度再做一些适当调整。

第四，精心备好每节课。在教学中，备课是一个必不可少而且十分重要的环节。而由于平时工作比较忙，上课、批改作业、处理学生问题、学校教学工作安排部署，还有一些临时性事务等，所以长期以来，我就养成一个习惯：每周末用2个小时左右备好一周的课并写好教案，然后再在每次上课前用几分钟稍加梳理即可。我的记忆力不是太好，所以我也喜欢写，二十多年来我的教案全是手写的，哪怕只是简案，手写一遍既可以梳理思路，又能加深印象。

3. 课程建设提升综合素养

随着 2016 年教育局课程建设的深入开展，既带来了新的挑战，也带来了新的机遇。在教研室苗东军老师的号召下，我们十几个志同道合的小学数学教师自觉组建起一个课程建设研修团队，以"提高对新课程的整体理解与把握"为目标，以深入研究新课标和新教材为切入点开始进行研究。在研究中，我积极参与，主动献课。2016 年在团队的集体打磨下，我执教的"探索图形"一课在《小学数学教师》杂志社和河南省基础教育教学研究室主办的辩课进校园暨"小学数学综合与实践内容的实施与开发"研讨会上展示，深受好评，课堂实录和辩课实录全文刊发在《小学数学教师》杂志 2016 年第 12 期上。2018 年，我作为济源市小学数学课程建设团队的大组长，带领我们的成员一起进行数学拓展课"巧算 24 点"课例开发和研讨，我们不断改进方案、调整内容，六易其稿，最终团队成员在面向全市集体展示的"聚焦核心素养，玩转数学课堂"课例研讨活动中取得圆满成功。

机会只给有准备的人，抓住每一次契机，锤炼自己，成长自己！

三、用心做好老师需要团队协作、共同成长

除了自己的努力，我的成长还得益于两个团队，一个是师训科常亚歌老师带领的济源市名师工作室团队，另一个是教研室苗东军老师带领的济源市小学数学课程建设骨干团队。前者是以阅读为载体，用读书为引给予我精神领域的提升；后者是以教学为载体，用课例研究为引给予我专业的提升。

在团队中，大家自主学习，共同研讨，每次活动都是从大家共同关心的问题入手，利用每个成员的不同见解探寻解决问题的方案，最大限度地调动了集体的智慧与潜力，真正体现 1+1>2 的功效。大家一起学习、思考、实践、收获，一路耕耘一路高歌，缔造了一份又一份教学生命的精彩。

26 年来，我走在数学教学的路上，越走越坚实，逐步形成了"思行数学"

的教学思想和"慢话数学——慢慢学数学，快乐化成长"的教学主张，我希望自己用心做好老师，引领我的团队和我的学生们一起"慢"悟数学文化的深厚，"慢"享数学思维的快乐，"慢"步数学学习的乐园，快乐成长！

2022 年 11 月

目录 CONTENTS

✿ 第一篇　读懂教材是"思行数学"的源泉 ✿

"平行四边形的面积"教学设计 3

"平行与垂直"教学设计 10

"三角形的分类"教学设计 19

"方与圆"教学设计 26

"图形的旋转"教学设计 31

"有余数的除法"教学设计 38

"小数加减法"教学设计 44

"三位数乘两位数"教学设计 52

"口算乘法"教学设计 60

"口算除法"教学设计 67

"11~20 各数的认识"教学设计 74

"小数的初步认识"教学设计 80

"比的基本性质"教学设计 86

制订旅游计划 92

"找次品"教学设计 99

"数与形"教学设计 107

✿ 第二篇　研究课堂是"思行数学"的基石 ✿

在数与形的联系中建立模型
　　——"探索图形"教学设计、课堂实录及反思……………………121

在直观中孕育抽象
　　——"三角形的内角和"教学设计、课堂实录及反思……………140

立足知识本质　实现整体建构
　　——"大数的认识"教学设计、课堂实录及反思…………………158

经历过程，感悟神奇，积累经验
　　——"神奇的莫比乌斯带"教学设计、课堂实录及反思…………178

在测算中发展数感
　　——"1亿有多大"教学设计、课堂实录及反思…………………192

✿ 第三篇　总结反思是"思行数学"的助力 ✿

探寻数学史料　品味数学文化……………………………………………209

以纯净之心守好数学专业……………………………………………………213

以形助数，让学生明晰算理…………………………………………………218

基于核心素养培养学生的运算能力…………………………………………223

小学生阅读理解能力的培养…………………………………………………230

"数学思考"的另一种思考…………………………………………………236

等待另一种方法………………………………………………………………240

哥尼斯堡七桥问题……………………………………………………………242

好好读懂数学书………………………………………………………………245

以数学广角为载体提升学生数学素养………………………………………249

精彩在等待中绽放……………………………………………………………253

"抬足法"与"消元法"的关系 ………………………………………… 255
计算与推理的完美结合
　——由一道数学题引发的思考 ………………………………… 258
"多边形的面积"单元作业设计 ……………………………………… 262

✿ 第四篇　立德树人是"思行数学"的根本 ✿

为自己学习 …………………………………………………………… 277
老师，你能再给我讲讲分配律吗？ …………………………………… 281
适合的才是最好的 …………………………………………………… 284
让生活充满微笑 ……………………………………………………… 286
运用转化，以不变应万变 …………………………………………… 288
别着急，慢慢来 ……………………………………………………… 290
家庭作业谁来改 ……………………………………………………… 292
最好的爱意是陪伴 …………………………………………………… 295
"四心"成就好教师 …………………………………………………… 298

结束语　加减乘除，解锁"思行数学" …………………………… 302

第一篇

读懂教材是"思行数学"的源泉

"平行四边形的面积"教学设计

一、教学内容

人教版小学《数学》五年级上册第六单元第85~86页。

二、教材分析

平行四边形的面积是在学生掌握了平行四边形的特点及长方形、正方形面积计算的基础上学习的,是进一步学习三角形面积、梯形面积等图形面积的基础,本课的学习内容在整个教材体系中起着承上启下的作用。教材编排体现了从线到面、体螺旋递进的认知体系,基本符合学生的认知规律和心理特点。学生要想很好地理解与掌握平行四边形的面积公式,就必须以长方形的面积计算和平行四边形的特征为基础,运用转化思想,使"平行四边形面积的计算"这一新知识,纳入原有的认知结构之中,完成新知识的建构过程。同时,"平行四边形面积的计算"又是一个教授结构的过程,也为学生能够自主运用平行四边形面积计算的探究结构去学习"三角形面积和梯形面积的计算"夯实基石。在探究平行四边形面积的过程中,让学生自觉地产生转化、割补意识和方法,在真实的生成中逐步引向深入,使学生的认识从茫然逐步走向"恍然大悟",从模糊走向清晰,从表面走向深层。

三、教学目标

(1)通过操作、观察、比较等活动,经历平行四边形面积计算公式的探索过程,渗透转化思想,发展学生的空间观念,培养学生的推理能力。

（2）能正确运用平行四边形面积的计算公式解决实际问题，提升学生解决问题的能力，并培养学生的应用意识。

四、教学重点

探索并掌握平行四边形面积计算公式。

五、教学难点

理解平行四边形面积计算公式的推导过程，体会转化思想。

六、教学准备

准备PPT，一个框架式可以活动的平行四边形教具，每个学生准备一张底为6厘米、高为4厘米的平行四边形纸张。

七、教学过程

（一）激趣引入

（1）你能很快求出图1中阴影部分面积吗？你是怎么知道它们的面积的？（反馈重点：①数方格；②转化成长方形）

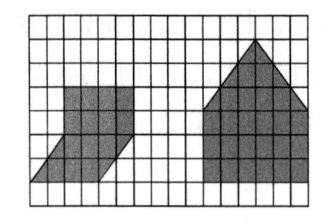

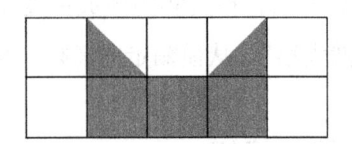

图1 阴影面积

（2）出示校门口情景图。

在学校门口有两个不同形状的花坛，它们分别是什么形状？（长方形、

平行四边形）

你会计算它们的面积吗？（回忆：长方形面积公式）

我们需要知道哪些信息？（长和宽）

如果我们知道它的长是6米，宽是4米，你能算出它的面积吗？（学生独立计算后全班交流）

那么这个平行四边形的花坛面积你会计算吗？

（3）揭示课题：今天，这节课我们就一起来研究平行四边形的面积。

【设计意图：转化思想是推导平面图形面积计算方法的指导思想，作为本单元的起始课，通过求阴影部分面积和计算长方形花坛面积，既复习了数方格求面积的方法，又复习了通过剪拼转化成熟悉的图形求面积的方法，为新知的探究做好铺垫。】

（二）新知探究

1. 合理猜想

（1）先请同学们猜想一下，这个平行四边形的面积可能会怎么计算？并说说你的理由。

预设1：邻边相乘。

预设2：底边乘高。

（2）同桌互相说一说，你同意哪一种猜想？理由是什么？

（3）反馈想法。

预设1：长方形的面积是长乘宽，所以平行四边形的面积是底乘邻边。把平行四边形拉一拉就可以变成长方形。

预设2：用底边乘高来计算。可以通过剪一剪、拼一拼，把平行四边形转化为长方形，再计算面积。

2. 验证猜想

同学们都想到将平行四边形的面积转化成长方形的面积来计算，那么这两种方法有什么不同？哪种方法更合理呢？

（1）邻边相乘的想法。

教师：就让我们先来研究一下"拉"的方法。（出示教具）请看，我们慢慢地把原来的平行四边形拉成长方形，仔细观察拉动前后什么没有变，什么发生了变化？

学生：边的长短没变，高和面积变了。

教师追问：周长变了吗？面积变大了还是变小了？能在图上更直观地表示出来吗？

教师：现在谁能说说这种拉的方法合理吗？为什么？

教师小结：在拉动前后平行四边形的面积与长方形的面积不相等。用底乘邻边算出的不是平行四边形的面积，而是拉动后的长方形的面积。

【设计意图：利用教具进行操作对比，让学生通过观察自觉修正自己的想法。】

（2）底边乘高的想法。

①数格子验证。

学生1：我用数格子的方法来验证的，我用一个方格代表1平方米。

教师：有的不是整格的怎么数？

学生1：不满一格的都按半格算，一共有20个整格和8个半格，所以面积是24平方米。

学生2：我也是数方格的方法，但我是通过拼一拼，变成整格后再数。

教师：拼一拼后，就变成了什么形状（长方形）？这个长方形的长和宽分别是多少（长6格，宽4格）？所以面积是多少（24平方米）？

②剪拼验证。

教师：谁还有不同的方法吗？

学生1：我想能不能不数方格，和长方形、正方形一样也用算式进行计算？

教师：那你想到办法了吗？能给大家说说看？

学生1：我采用的是剪拼的方法，从平行四边形的一个顶点出发，沿高剪开，把剪下的一个三角形补到另一边，拼成长方形。

教师：谁还有不同的想法吗？

学生2：我采用的也是剪拼的方法，但我是从平行四边形上面这条边上的任意一点出发，沿高剪开，把剪下的一个梯形补到另一边，拼成长方形。

教师：无论是从顶点开始沿高剪开，还是从边上任意一点开始沿高剪开，最终都拼成了一个长方形，拼成的这个长方形是个怎样的长方形（长6厘米，宽4厘米）？这个长方形的面积怎么算（平行四边形的面积是24平方厘米）？

【设计意图：让学生大胆提出假设，并让学生自主思考通过数格子、剪拼等实践操作进行验证。在操作反馈中，让他们在和同学、教师的交流过程中，展示自己的想法，完善自己的思考，对于知识的获取是很有益处的。】

3. 公式推导

教师：仔细观察，拼成的长方形和原来的平行四边形之间有哪些等量关系呢？

学生：长方形的长与平行四边形的底相等，长方形的宽与原来平行四边形的高相等，它们的面积相等。

教师：那么根据长方形的面积计算公式，平行四边形的面积该怎么计算呢？

学生：平行四边形的面积＝底×高。

教师：如果我们用 S 表示平行四边形的面积，用 a 表示平行四边形的底，用 h 表示平行四边形的高，那么平行四边形的面积计算公式可以用 $S=ah$ 来表示。

4. 回顾总结

回顾刚才的学习过程，谁能说说我们是怎样学习平行四边形的面积的计算方法的？

【设计意图：通过观察对比，让学生发现转化前后图形之间的相同点之后，沟通两个图形之间的内在联系，顺利地把新知识转化为旧知识，从而顺利推导出平行四边形面积的计算公式。】

（三）练习巩固

1. 基础练习

（1）回归课前问题。

要求算出平行四边形花坛的面积,我们需要先知道什么信息(对应的底和高)?

已知它的底是 6 米,高是 4 米,求出它的面积。

（学生独立完成后交流展示）

（2）完成练习十九第 1 题。

①请学生计算,并进行订正。

②反馈小结：在计算时,可以先写出面积公式,再进行计算。

（3）完成练习十九第 2 题（如图 2 所示）。

2. 计算下面每个平行四方形的面积。

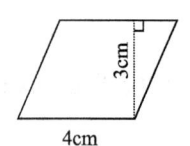

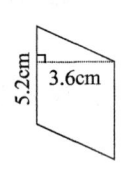

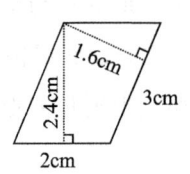

图 2　练习十九第 2 题

①请学生计算,并进行反馈。

②反馈侧重：最后一小题引导学生注意找准相对应的底和高。教师还可以根据学生的学习情况进行补充练习。

【设计意图：教材本身就提供了多层次的练习,教师在这里进行合理选择,通过基础题、变化题练习,帮助学生进一步明确计算平行四边形面积所需要的条件,巩固所学的知识。】

2. 拓展提升

一块平行四边形木板,底是 4 厘米,高是 3 厘米,它的面积是多少?

（1）引导学生算出它的面积。

（2）请学生在方格纸上画出这样的平行四边形。

（3）教师：像这样的平行四边形你能画出多少个（无数个）？它们的面积相等吗？说说你的理由。

（4）教师小结：是的，像这样的平行四边形剪拼之后都可以转化成一个长4厘米，宽3厘米的长方形，它们的面积都相等。由此，可以得到等底等高的平行四边形面积一定相等。

（5）思考：面积相等的平行四边形一定等底等高吗？为什么？

【设计意图：从"已知条件求面积"到"根据条件画图形"，让学生在画图反馈的过程中感受到"等底等高的平行四边形面积相等"，既提升了所学知识，又关注了学生的思考，培养了学生的分析归纳能力。】

（四）总结归纳

教师：回忆一下，这节课我们学习了什么？经历了怎样的学习过程？

总结：我们一起经历了"观察—猜测—验证—总结—运用"的学习过程，用把平行四边形转化成长方形的方法推导出了平行四边形的面积计算方法，这种转化的思想对于我们的数学学习很重要。

（五）数学文化

在平行四边形面积公式的推导过程中我们用到了一个非常重要的方法，叫作"割补法"。你知道这是谁最早发明的吗？

刘徽，中国古典数学理论的奠基人之一，被称作"中国数学史上的牛顿"。他发明的"割补术"系统地给出了各种图形的面积公式。

"割补术"，又叫"出入相补原理"：一个平面图形由一处移至他处，面积不变。又若把图形分割成若干块，那么各部分面积之和等于原来图形的面积，因而图形移至前后各个面积的和、差有简单的相等关系。

【设计意图：在本节课的最后，教师通过回忆帮助学生把本节课得到的数学活动经验进行总结，引导学生在后续的学习中也利用转化的思想对图形的面积进行自主探索。】

"平行与垂直"教学设计

一、教学内容

人教版小学《数学》四年级上册第五单元第 56~57 页。

二、教材分析

"平行与垂直"是人教版小学《数学》四年级上册第五单元的第一课时，是"图形与几何"学习中的一个重要基础。本课学习是在学生已经认识了直线、射线、线段的特点，初步认识了平行四边形，学习了角的度量的基础上进行的。

平行与垂直是同一平面内两条直线的两种特殊的位置关系，学生已经积累了关于垂直与平行的许多表象，但对空间观念认知尚浅，对"同一平面""永不相交"的理解有一定难度。因此，本课教学主要是通过画平面内的两条任意直线，让学生动脑、动手、动口，经历几何抽象的过程，在自主探索与交流中感悟平行与垂直的概念本质，并以此为载体培养学生的分析比较能力、空间想象能力和抽象概括能力。

三、教学目标

（1）引导学生通过观察、讨论，感知生活中的垂直与平行的现象。

（2）帮助学生初步理解垂直和平行是同一平面内两条直线的两种位置关系，初步认识垂线和平行线。

（3）培养学生的空间观念及空间想象能力，引导学生具有合作探究的学习意识。

三、教学重点

正确理解"相交""互相平行""互相垂直"的概念，发展学生的空间想象能力。

四、教学难点

相交现象的正确理解。

五、教学准备

PPT、方格纸、三角尺、量角器、铅笔、正方体模型。

六、教学过程

（一）情景引入

教师：上课前，老师想考考大家，大家以前学习过直线，那你们还记得直线有什么特点吗？（长、直、无限延伸）

教师：看来我们班同学知识学得非常扎实。那么老师相信，通过这节课的学习，你们也能掌握更多的知识。上课前，老师发现我们班一个同学的两支铅笔掉在地上了，同学们想一想，它们在地面上会产生怎么样的位置关系呢？用直线表示出来，并画在纸上。

（二）探究新知

1. 认识相交与不相交

（1）请学生在白纸上任意画两条直线。先想象这两条直线会产生怎样的情况，然后再画。

（2）反馈学生画的情况，认识相交和不相交。

教师：（实物投影展示作品1，如图1）：我们观察一下，他画的这两条直线是什么情况？（交叉关系）

教师：谁画的也是交叉的？（统计画的交叉的学生，再展示一幅交叉的作品，然后把两幅作品一起贴在黑板上）

教师：同学们说的没错，像这样的情况我们平时就叫作交叉。不过在数学上，我们可以把两条直线出现这样的情况叫作"相交"。（板书，齐读）

教师：有没有和这种情况不一样的？（实物投影展示作品2，如图2）他画的这两条直线有什么情况呢？（现在这两条直线没有相交）

（统计画成这种情况的人数，再展示一幅，然后也把作品贴在黑板上）

教师：在数学上，如果两条直线出现这样的情况，我们就可以把它们叫作"不相交"。（板书，齐读）

图1 实物投影展示作品1　　图2 实物投影展示作品2

图3 实物投影展示作品3

（3）辨别特殊情况，完善认识。

教师：现在有没有和这两种情况都不一样的？出示实物投影展示作品3（如图3），这是什么情况？

学生：碰撞了，相遇了，形成一个角。

教师：都有道理。那么请问现在这两条直线形成的情况是不是和黑板上的两种情况都不一样呢？（笔者觉得这种情况应该属于相交。因为直线是可以延长的，如果延长一下，那么就和前面相交的一样了）

教师：谁听懂了？（请学生复述）是呀，你们画的和我们看到的，其实都只是直线的一部分。如果我们继续画下去（老师示意延长），就是——相交。（把作品3贴到"相交"一类中）

教师：现在还有不一样的吗？来了个奇怪的（实物投影展示作品4，如图4），这又是什么情况？我们说说看这两条直线是什么情况？（应该是不相交）

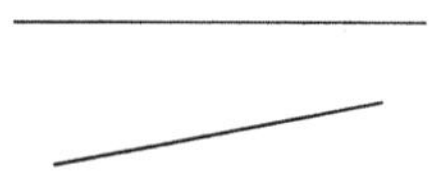

图4　实物投影展示作品4

教师：有同学认为应该归为不相交。好像还有别的意见（它们延长以后还是会相交的，因为下面那条是斜着的。其他学生纷纷认可，教师组织学生想象，最后确认还是相交，贴到"相交"一类）。

教师：现在还有没有不一样的？（没人举手）看来没有了。你们现在自己对照一下，自己刚才画的是相交，还是不相交？

（4）小结两条直线的关系。

教师：看来，在一张白纸上任意画两条直线，要么相交，要么不相交（板书"两条直线、相交、不相交"）。接下来，我们就要对这两种情况进行深入研究。

【设计意图："直线可以无限延长"是一个意义不大、一点就穿的"坎"，不值得学生花费大量时间去探究，因此笔者决定大胆地使用讲授告知的方法。先根据作品告知学生"相交""不相交"两种情况，然后顺势呈现两种比较特殊的"相交"，抓住部分学生的正确认知"直线可延长"，又快速地得出结论，完成分类。如此方式下的教学推进，思路清晰，简洁流畅，教学时间得以节省，可以在后面的学习中，使得学生深入感知概念的本质特征、深入研究概念的内在联系等更有意义的活动，时间上有了保证。】

2. 教学平行

（1）再次感知"不相交"。

教师：前面很多同学没有画出"不相交"的情况，现在为了研究它，请大家在另一张白纸上再画两条"不相交"的直线。

（学生操作，反馈。展示三幅学生作品，前两幅画得很"标准"，大家直接肯定，可第三幅图学生并不认可，如图5）

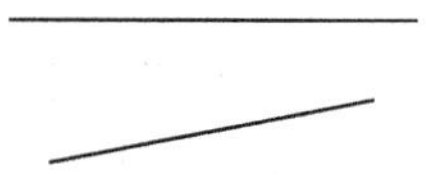

预设1：它们延长之后就会碰在一起。

预设2：一条线是平的，一条线是斜的，延长之后一

图5　学生作品

定会相交。

教师：老师也画了两幅图，你们能再来帮助判断一下吗？

预设1：上面的两条直线延长之后会相交，下面的两条好像不会相交。

预设2：下面的两条也不一定呀。

教师：老师借用一个办法，请你再来观察一下，它们到底会不会相交，为什么？（课件呈现方格背景，如图6）

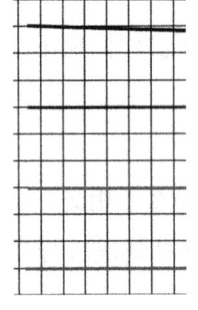

学生：上面两条直线很明显，原来空的是两格，后来距离变得越来越近，最后一定会相交了。

教师：如果老师再把它们延长，想象一下会怎么样？

（学生想象之后，课件演示延长，如图7，证实距离越来越近，最终会相交）

教师：再看下面这组，你们凭什么说它们不会相交？

学生：因为两条直线之间的距离一直都是两格，再怎么延长也不会相交。

图6 课件

（教师引导学生观察"距离都是两格"，然后课件演示延长证实，如图7下半幅，并追问"延长到屏幕外面""延长到教室外面"……距离都是两格，永远都不会相交）

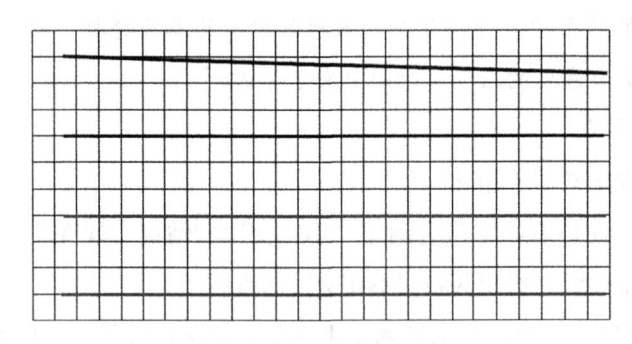

图7 课件延长为演示

（2）初步建构平行概念。

①揭示概念。屏幕上隐去方格，隐去上面一组相交的直线，留下下面一

组不相交的直线。然后教师揭示概念（课件呈现）：不相交的两条直线叫作平行线，也可以说这两条直线互相平行。

②尝试练习。

（3）直观感知"同一平面"，完善概念。

课件出示正方体，然后在正方体上出现两条直线——按图8中①②③④⑤的顺序依次出现，请学生判断两条直线是否平行。①②③④学生应该都没有问题，但是当⑤出现后，学生会有些困惑。

仔细观察：正方体上的两条直线是否平行？

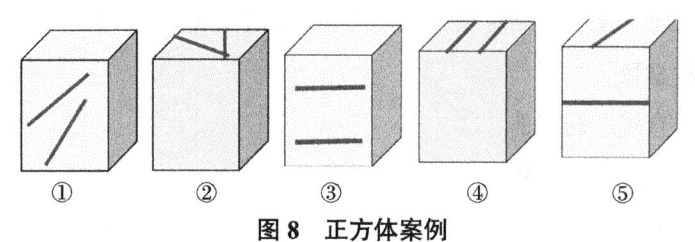

① ② ③ ④ ⑤

图8　正方体案例

教师：图⑤中这两条直线会相交吗？

学生：肯定不会相交，一条线在上面往前后延长，一条线在前面往左右延长，不会相交。

教师：既然它们不会相交，那它们不就是平行线吗？

预设1：它们应该不是平行线，我们刚刚看到的平行线都不是这样的。

预设2：这两条线跟前面的情况好像不一样。

教师：有什么不一样呢？

学生：之前的两条直线是在一个面上的，现在的两条直线是在两个面上的。

教师：真厉害，被你发现了这个秘密。是的，这两条直线虽然不相交，但我们也不能把它们叫作平行线，因为我们今天要研究的平行线，前提都是要在同一个平面上。

（课件回到揭示概念的页面，补上"在同一平面内"，从而完善"平行线"概念，学生齐读加深印象）

【设计意图：在"不相交"的教学推进中，课件呈现方格图，可以巧妙地运用"几何直观"的手段，直观地呈现两条直线之间虽微妙但却可定量分析的区别。课件演示直线的延长，就更加清晰地放大了这种区别，并引发了学生充分地感知并自主地揭示平行的特征——距离处处相等，永远不会相交。如此教学手段，直观而有效，简单却深刻。同样，"同一平面"这个概念，这是教师很难说明白、学生很难理解的一个概念。遇到这样的情况，就是多媒体作用发挥的时候了。案例中可见，教师借助课件，以在正方体面上画两条直线的方式，引导学生直观地感知同一平面、不同平面的不相交等抽象的几何概念，促使学生自觉地发现问题，从而形成完整的概念。】

3. 教学垂直

（1）垂直概念的教学。

（2）尝试练习：判断垂直。

【设计意图：在"判断两条直线是否垂直"的练习设计中（见图9），运用"变式教学"方法。这样的方式，不断"变换事物的非本质特征"：从常见的垂直开始，到一条直线出头一点点，到T字形，再到L形，最后是X形。在这样的变化中，学生要进行判断，就需要不断增强对"两直线相交成直角"这个本质特征的认识，而这个增强的过程，就是概念不断清晰、真正建立的过程。更为重要的，在这个过程中，学生的认知冲突不断，不停主动思考。尤其是对于直线与直线间的关系，由于直线长短、位置等变化，而引发了学生的观察、想象、辨析等有价值的思维行为，这就跳出了平常练习中静态的两条直线所蕴含的价值——静态的两条直线只需要用直角去检测，获得的仅是知识与技能，而通过"变式练习"有利于学生空间思维的发展。】

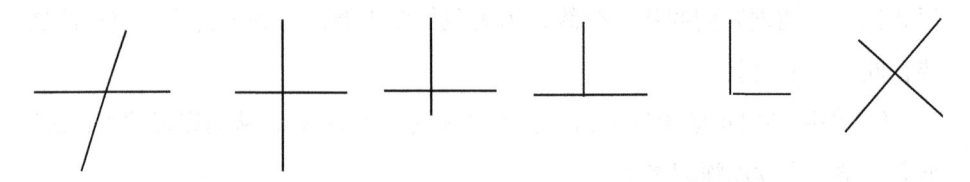

图9 判断垂直

4. 沟通知识间的联系

（1）把普通相交变成垂直。

教师：老师这里画了两条相交的直线（如图10），现在相交形成两个锐角和两个钝角。如果想把它们变的互相垂直，你有办法吗？

学生：可以把斜着的这条线移成竖着的。

教师：我听明白了，就是把这条线旋转一下。

图10　例子（1）

（教师课件演示，请学生帮助观察何时是"垂直"，学生都看不准。教师的课件显示角度，再细心地旋转至90°时，实现垂直，如图11）

教师：看来，垂直是非常特殊的一种相交，就是那一瞬间的事情！

（2）对重合现象的认识。

图11　例子（2）

教师：如果老师让这条直线继续顺时针旋转，想想会出现什么情况？

学生：又会出现两个锐角和两个钝角。

教师：如果继续旋转呢？

学生：那两条直线会重合。

教师：重合。你们听说过这个词？想象一下会重合吗？如果重合了，这个会是多少度？（课件演示两条直线重合，角度为0°，如图12）

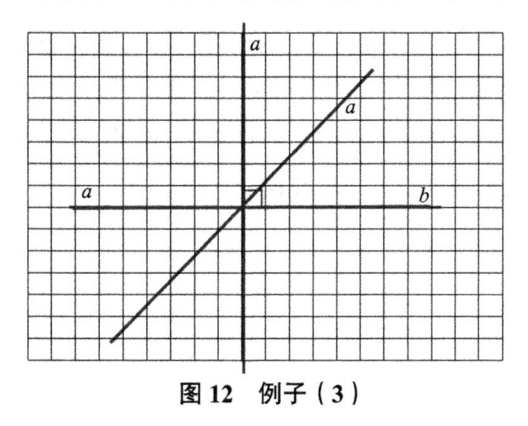

图12　例子（3）

教师：两条直线重合以后，角度没有了，两条直线就分不清了，所以我们数学上对这种情况一般不做研究。

（3）从重合到平行。

教师：普通相交可以通过旋转变成垂直。那么，能不能变成平行呢？

（有学生说到拉开两条直线。教师课件出现方格背景，演示一条直线向下平移2格）

教师：你看到了什么？

学生：两条直线分开了。

教师：怎么分开的？

学生：一条直线移下去了。

教师：随便移的吗？

学生：向下平移了两格。

教师：对，这是我们以前学过的平移。通过平移可以把重合变成平行。除了向下平移两格，还可以怎么移呢？（课件演示平移三格、四格等）

教师：是的，今天学习的垂直、平行，可以通过我们以前学过的旋转、平移来实现转换，看来知识之间都是有紧密联系的。大家课后把今天的学习内容和同桌互相比画一下吧。

【设计意图：此环节借助多媒体手段进行了直观的演示：平行、垂直，包括重合，都是两条直线在动态变化的过程中瞬间"定格"下来的状态，这种状态的揭示，多媒体的演示是最直观最清楚的；同时，平行、垂直和重合之间存在着精妙的关系，这个关系可用旋转、平移等图形运动的知识来解释，而这种解释同样需要多媒体直观形象地作支撑。如此，数学知识之间融会贯通，有效培养学生的数学思考能力，提升课堂内涵。】

"三角形的分类"教学设计

一、教学内容

人教版小学《数学》四年级下册第五单元第 61 页。

二、教材分析

分类是一种非常重要的数学思想，在学习数学的过程中经常会遇到分类问题，如数的分类、图形的分类等，分类的过程就是对事物共性的抽象过程，学会分类，既有助于学习新的数学知识，又有助于分析和解决新的数学问题。

"三角形的分类"是在学生认识了直角、钝角、锐角和三角形特征的基础上展开学习的，分为两个层次：一是三角形按角分类，分为锐角三角形、钝角三角形和直角三角形，并通过集合图形象地揭示三角形按角分的三种三角形之间的关系，体现分类的不重复和不遗漏原则；二是三角形按边分类，不等边三角形和等腰三角形，等腰三角形里又包含等边三角形。按边分类较难一些，教材不强调分成几类，着重引导学生认识等腰三角形、等边三角形的边和角的特征。

本课"按角分"是基于"角的分类"的学习基础，通过三角形的分类活动，可以帮助学生不断体会不同三角形的特征，巩固对三角形的认识。因此，在教学中需要引导学生逐步体会为什么要分类，如何分类，如何确定分类标准，在分类过程中如何认识图形特征，如何区别不同对象的不同性质等，有了这个学习经验后，可以为后续三角形按边分类作好铺垫。

三、教学目标

（1）会根据三角形角的特征给三角形进行分类，认识锐角三角形、直角三角形、钝角三角形。

（2）通过观察、比较等活动，知道三类三角形的特点，并能够辨认和区别它们，发展学生的空间观念。

（3）在动手操作中感悟分类的数学思想方法。

四、教学重点

会按角的特征给三角形分类，认识锐角三角形、直角三角形、钝角三角形的特征，并能辨认和区别它们。

五、教学难点

能根据三角形的特征判断每个三角形属于哪一类。

六、教学准备

PPT课件、学习记录单。

七、教学过程

（一）复习导入

1. 它们的名字？

你还记得图1中这些好朋友的名字吗？

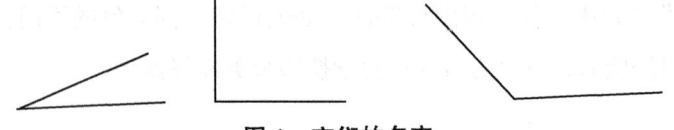

图1　它们的名字

回忆：辨别角的方法（用三角板上的直角比一比）。

【设计意图：通过对锐角、直角和钝角的复习，为新课中三角形的按角分类做好准备。】

2. 案例区分

出示一组三角形（如图2），仔细观察，它们有哪些共同特征？

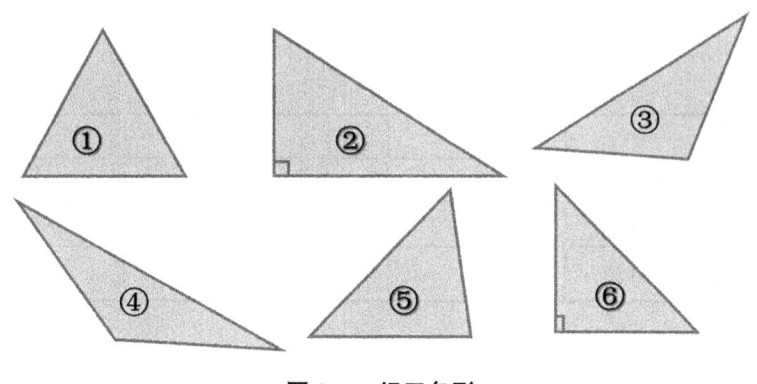

图2 一组三角形

（都有：3个顶点、3条边、3个角）

再仔细观察每个三角形，它们的大小、形状一样吗？为什么会不一样呢？

【设计意图：通过找6个三角形的相同点和不同点，让学生初步感受因为三角形的边和角的不同，导致三角形的家族成员形态各异。】

导入：那么，你会按照三角形角的特征给三角形家族成员分类吗？

（二）探究新知

1. 认识三类三角形

（1）独立完成1号研究任务单。

【1号研究任务单】

数一数，填一填（下面6个三角形中各类角分别有多少个？）

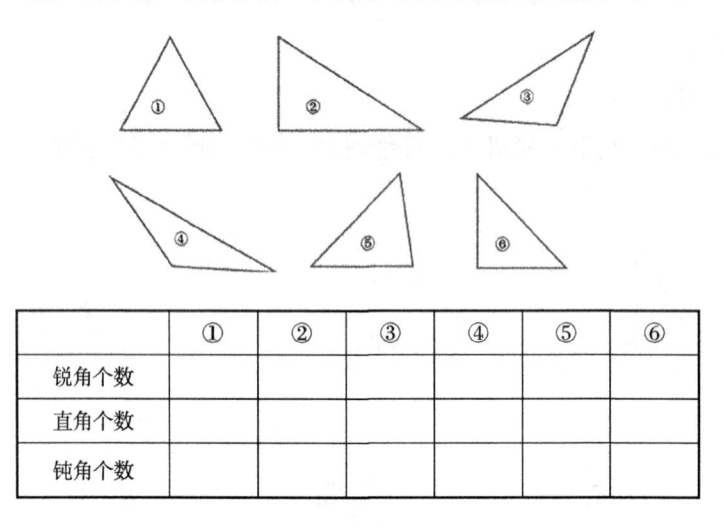

	①	②	③	④	⑤	⑥
锐角个数						
直角个数						
钝角个数						

看一看：这些三角形的角各有什么特点？

分一分：先确定分类标准，再与同桌合作进行分类。

说一说：你们是怎么分类的。

①我们把三角形_____放在一起，因为它们_____，它们叫作_____三角形。

②我们把三角形_____放在一起，因为它们_____，它们叫作_____三角形。

③我们把三角形_____放在一起，因为它们_____，它们叫作_____三角形。

（2）汇报交流。

按什么标准分？分了几类？分完了吗？

（3）总结梳理。

①有一个角是钝角的三角形是钝角三角形。

②有一个角是直角的三角形是直角三角形。

③三个角都是锐角的三角形是锐角三角形。

【设计意图：由于小学生受能力与经验的制约，他们的探究往往不能很好地确定重、难点，容易导致探究活动热烈而缺少实效。因此在这里借助研究任务单，引导学生找不同，学生对三角形的各部分进行观察、比较，探讨出分类的标准，初步感悟三角形按角分类的思想，全面掌握各类三角形的特征，并且学会从不同角度去看待问题，培养思维的灵活性，提高了探究活动的实效性。】

2. 辨别三类三角形

（1）小游戏。

同桌合作，一人快速画一个三角形，另一人报名称。

（2）交流：你是怎么快速辨认的？

三角形最大的内角是什么角，它就是什么三角形。

3. 沟通三类三角形

（1）画三角形。

我们看了也画了这么多三角形，按角分，它们要么是直角三角形，要么是锐角三角形，要么是钝角三角形。那有没有一个三角形既不属于直角三角形，也不属于锐角三角形，还不属于钝角三角形呢？如果有，你能把它画下来吗？

出示学生画的不同三角形，发现都是这三类中的一种。

（2）梳理小结。

追问：如果给你足够多的时间一直画下去，会有这三类三角形之外的情况吗？

小结：三角形按角可以分成直角三角形、锐角三角形、钝角三角形，把所有三角形作为一个整体，上面每种三角形作为这个整体的一部分，你可以用一个集合图表示出它们之间的关系吗？

【设计意图：通过画三角形，让学生再次感悟影响三角形形状的因素，并用集合图表示它们之间的关系，学会分类。】

（三）总结方法

刚才我们一起经历了三角形按角分类的全过程，现在，请你静静地思考一下，我们是怎么研究三角形按角分类的？

一要观察图形找特征，二要选好标准再分类，三要认真验证找关键。

（四）巩固运用

1. 猜三角形

在图3中，如果只露出三角形的一个角，你能判断属于哪一类三角形吗？

图3 猜一猜三角形

小结：判断一个三角形是什么三角形，我们只用看一个最大角就可以了。

2. 画三角形

在图4的点子图上画三角形，先在点子图画两个点，再按要求画第三个点。

图4 点子图

（1）画一个锐角三角形。点要落在哪里？你能画几个？

（2）画一个直角三角形，如果不画，你知道点落在哪里吗？有几种答案？

（3）画一个钝角三角形呢？

小结：以 AB 为一条边，再选一个点可以画出无数个各类三角形。

（4）在三角形内画一条线段，将三角形分成了2个怎样的三角形？请你画一画。

【设计意图：在练习题中设计形式多样的练习，特别是游戏的设计不仅可以使数学课堂增加一些情趣，激发学生学习的兴趣，调动学生学习的积极性，而且通过不同形式的练习让学生从根本上认识每种三角形的特征及各类三角形相同点和不同点，从而培养学生更加严密的逻辑思维能力。】

（五）课堂总结

这节课我们学习了三角形的分类，分类在生活和数学中无处不在，分类能帮助我们理解事物之间的关系。大家课后根据今天学习的分类的方法，研究一下三角形按边分类的情况。

"方与圆"教学设计

一、教学内容

人教版小学《数学》六年级上册第五单元第 67~68 页。

二、教材分析

"方与圆"是人教版小学《数学》六年级上册第五单元例 3 的内容，本课内容是在学生已经掌握了圆的面积计算方法的基础上进行学习的，学生已具备了计算圆的面积和正方形面积的能力，也能在具体情境中理解现实的问题，转化成要解决的数学问题，从而找到解决问题的方案并加以解决。通过中国建筑中常见的"外方内圆"和"内圆外方"的设计图引入，将数学与生活实际紧密结合，让学生解决圆内接正方形、外切正方形与圆之间部分的面积这一实际问题，探索发现更为一般的数学规律，经历问题解决的全过程，提高学生发现问题、提出问题、分析问题、解决问题的能力，同时让学生感受数学文化的魅力，体现数学学习的价值。

三、教学目标

（1）学生在"方与圆"的问题情境中，发现正方形和圆面积之间的关系，培养学生提出问题的能力和激发学生自主探究的欲望。

（2）通过观察、操作、猜想、验证等数学活动，经历问题解决的全过程，积累问题解决的经验，提高学生分析问题、解决问题的能力。

（3）学生在解决问题的过程中，进一步感受平面图形学习的价值，提高学习数学的兴趣和学好数学的自信心。

三、教学重点

经历问题解决的全过程，积累解决问题的经验。

四、教学难点

探究图形之间的关系，得出一般性规律。

五、教学准备

PPT、三角尺、铅笔。

六、教学过程

（一）情境导入

我们先来欣赏几张图片（图1）。从数学的角度观察，你找到了哪些图形？

图1 各种图形

同学们，当正方形和圆组合成新图形时，方中有圆，圆中有方，因为摆放位置不同，给我们带来不同的视觉感受。

在圆与方组合而成的图形中隐藏了很多数学奥秘，今天我们就一起来研究正方形和圆面积之间的差的问题。

（二）探究新知

1. 阅读与理解

外圆内方和外方内圆图，如图 2 所示。

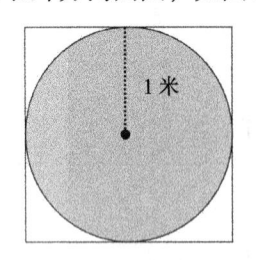

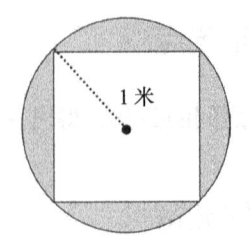

图 2　外方内圆图和外圆内方

通过看图，你知道哪些信息？

条件和问题：两个圆的半径都是 1 米，左图求的是正方形比圆多的面积，右图求的是圆比正方形多的面积。

2. 分析与解答

（1）自己试做外方内圆汇报。

问：你是怎么解答的？解答这道题的关键是什么？

小结：看来找到正方形与圆之间的关系，就能很快解决问题。

（类似于求组合图形的面积，用大面积减小面积）

（2）出示外圆内方。

A. 试做。

问：有什么困难？正方形的边长不知道，找不到正方形边长与圆之间的关系。

B. 小组讨论后。

（提示：看看能不能添加辅助线，找找图形之间的关系）

C. 交流。

展示学生画的图和做法。

对比画辅助线的不同方法，它们的共同之处是什么？

（画辅助线，分割图形，找到图形之间的联系或分割成三角形来计算正方形的面积）

小结：在"外圆内方的图形中"（图3），正方形的边长与圆之间没有直接的关系，通过画辅助线的方式找到圆与正方形之间的联系，抓住联系就确定了计算圆和正方形面积的核心要素。

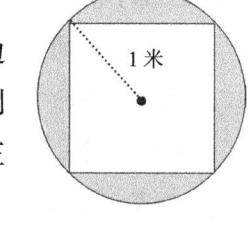

图3 外圆内方

【设计意图：在画图和讨论中理解"外方内圆"中正方形的边长等于圆的直径，"外圆内方"中圆的半径是正方形对角线的一半，从而理解方与圆之间的位置关系确定模型。】

3. 回顾与反思

（1）对比沟通。

教师：同样是"圆与方"组合的图形，为什么在解决"外方内圆"的问题时都能顺利解答，却在解决"外圆内方"的问题时遇到了困难？困难是什么？我们是怎么解决的？这两个问题在解决方法上有什么相同点？

A.都是找到图形之间的联系解决问题，如果不好找联系，可以试着画出辅助线来帮助思考和解决。

B.都是用大面积减小面积的方法去求阴影部分面积。

（2）探究规律。

教师：刚才我们解决了半径是1米时，正方形与圆面积差的问题，对于这个问题是否可以继续研究？

预设：猜想半径发生变化，面积差是否会变呢，会怎么变呢？

问：我们可以怎么研究？

预设：1.设数。2.设字母。

小组合作：算算当半径为2、3、4、5时，$S=$？面积差变了吗？发生了怎样的变化？

你发现了什么？

A.学生汇报预设：面积差随着半径增大而增大。

B. 纵向观察，半径为 2 时，面积差是半径为 1 时的 4 倍，半径为 3 时，面积差是半径为 1 时的 9 倍……

C. 用字母研究：$4r^2 - \pi r^2 = 0.86r^2$

教师：不论半径是几，面积差都是半径平方的 0.86 倍。

验证结论：用 $r = 2$、3、4 代入字母表达式中验证结论。

小结：我们利用图形之间的联系解决了课前的困难，发现阴影面积等于半径平方的 0.86 倍。看来不论半径是几，利用这个规律都可以很快得到面积之差。

4. 学生自主解决"外圆内方"图形中阴影面积的规律

【设计意图：让学生经历观察—猜想—验证—交流—结论解决问题的全部过程，培养学生发现问题的意识，以及探究问题的能力。在验证与交流用演绎推理的方式验证结论的合理性，建立外方内圆和外圆内方面积之间的关系模型。】

（三）总结升华

谈收获。关于知识、研究方法和问题解决的过程。

教师：正方形与圆之间还有许多值得探究的问题。同学们可以在课下继续研究。

（四）拓展延伸

教师：我们今天研究了"圆与方"，其实在"圆与方"中间有很多文化内涵，大家看，这是哪里？

学生：天坛、地坛。

教师：其实我们国家的古代建筑中就存在这样的设计理念，有着很深的文化内涵，天圆地方、天南地北、天大地小。在现代建筑设计中也体现了这一文化理念，如鸟巢、水立方。其实在我们生活中还有很多关于"圆与方"的设计，感兴趣的同学可以课下自己搜索研究。

"图形的旋转"教学设计

一、教学内容

人教版小学《数学》五年级下册第五单元第83~84页。

二、教材分析

"图形的旋转"属于图形与几何领域——"图形的运动"相关知识,对该内容在义务教育阶段三个学段分别有不同的要求,小学阶段《数学》教材关于"图形的旋转"的具体编排包括两个层次:

(1)在二年级下册初步感知生活中的旋转现象,以形象思维为主。

(2)在五年级下册从具体到抽象进一步认识图形的旋转,掌握在方格纸上画出简单图形旋转90°的方法,并运用它们在方格纸上设计简单的图案,能从旋转的角度欣赏生活中的图案,进一步增强空间观念。

通过分析可以发现,两个学段的教学目标,呈螺旋上升的态势。第一学段侧重直观感知生活中的旋转现象,第二学段对旋转的要求主要是从数字的角度探索旋转的特征和性质,即旋转中心位置不变,通过旋转中心的所有边旋转方向相同,旋转角度也相同,而旋转后的图形形状、大小都不变,只是位置变了。

三、教学目标

(1)通过不同的旋转现象,认识旋转的三要素:旋转中心、旋转方向和旋转角度。

（2）利用教具探索旋转的特征和性质，理解旋转的本质，掌握在方格纸上画出简单图形旋转 90° 的方法。

（3）欣赏图形的美，体验数学的价值。

四、教学重点

通过多种学习活动，理解旋转含义，明确旋转三要素；会在方格纸上画出线段旋转 90° 后的图形。

五、教学难点

会用数学语言描述物体的旋转过程；理解图形旋转的特征。

六、教学准备

PPT、三角尺、铅笔、方格纸。

七、教学过程

（一）不同旋转对象的对比

教师：二年级我们已经学过了旋转，说一说你在生活中看到的旋转现象。学生自由发言，之后教师出示不同的动态旋转现象，如图 1 所示。

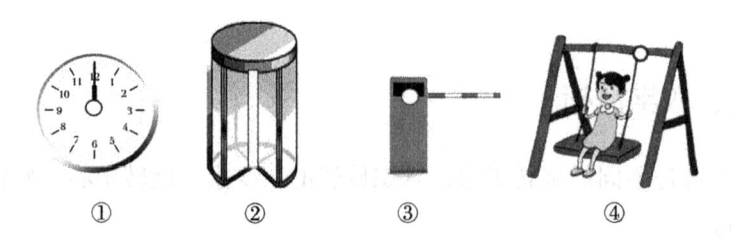

"图形的旋转"教学设计

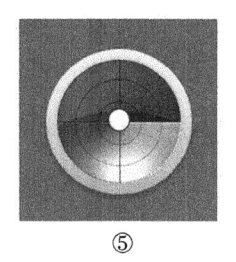

⑤　　　　　⑥　　　　　⑦

图1　旋转现象

【设计意图：选取生活中的典型实例，帮助学生建立正确的表象，直观感受旋转。】

教师：闭上眼睛想一想这些物体的旋转状态。并思考：这些不同的旋转现象背后，有哪些共同的特点？

【设计意图：观察与想象是发展学生空间观念的基础，通过对孩子们生活中常见的各种旋转现象的观察，去物留形，抽象出其共同特征，逐步梳理得到旋转的特点。】

学生先独立思考，再组内交流，最后整理出小组意见。

全班交流并明确：

学生1：每个图上的旋转现象都是按着一定的方向旋转的。

学生2：都在绕着一个轴或一个点旋转（明确：这点或者轴叫作旋转中心）。

学生3：有的旋转了一周，有的旋转了一部分（明确：旋转了一定的角度）。

【设计意图：全景观察足够丰富的旋转现象，观察、思考、总结出所有不同旋转最显性的本质特征（三要素），这个在"异"中察"同"的环节，是研究旋转现象不可逾越的第一步——非量化的、浪漫的、整体性的思考和分析。】

（二）旋转前后的对比

1. 整体认识

出示教具——方格纸和三角形，演示：将方格纸上的三角形手动顺时针旋转90°。

教师：这是旋转吗？为什么？（引导学生用刚刚学习过的三要素进行判断和描述）

【设计意图：学后即用，引导学生从生活化的描述上升到数学化的规范描述，这是培养学生数学表达素养的重要的一环。】

2. 探索旋转背后的隐性本质

（1）利用手中的研究单，通过观察、测量等手段，比较旋转前后三角形的每条边、每个顶点以及整个三角形，思考：什么在改变？什么一直保持不变？在这些改变中，有没有相同的地方？请把你的发现简要记录下来。

准备研究工具：量角器、直尺。

（2）小组交流：每个同学把自己的发现证明给其他同学。

（3）小组代表结合旋转的模型，上台反馈小组的发现。

学生1：位置变了（指向变了）。

学生2：大小没变、形状没变。

学生3：图形的每条线的长度保持不变。

学生4：图上各个点之间的位置关系保持不变。

学生5：旋转中每个边、每个点旋转的方向、角度都是一样的。

……

教师适时表扬学生，能分别从数量和空间的角度"看"旋转，而且在这里还出现了旋转90°的说法。

【设计意图：这是对旋转认识的进一步的数学化，是对旋转本质的精致化研究环节，主要目标是引导学生通过对旋转前后的整体与部分间的形状、相对位置、大小、属性的变与不变的观察，进一步深化认识旋转的本质属性。】

3. 深度理解、学会画图

我们画两条线段，研究步骤如下：

（1）讨论OA、OB的旋转度数，度数测量的起点线，旋转后，A点在哪个格点上，为什么？

"图形的旋转"教学设计

学生汇报 OA 在旋转过程中的变化：明确旋转中心 O 在线段 OA 上，侧重于观察参考线、角度和距离中心的距离，并在自制教具的方格纸上用黑色记号笔画出旋转角的两条边，利用三角板的直角验证角度、距离。

（2）猜测：线段 AB，是不是也向着这个方向旋转了 90°，为什么？

学生1：因为 A、B 两个点都顺时针旋转了 90°，所以线段 AB 顺时针旋转了 90°。

学生2：在线段 AB 上任意取一点 C（图2），找到点 C 旋转后的位置，从而验证线段 AB 也是顺时针旋转了 90°。（学生上台操作过程如图2所示）

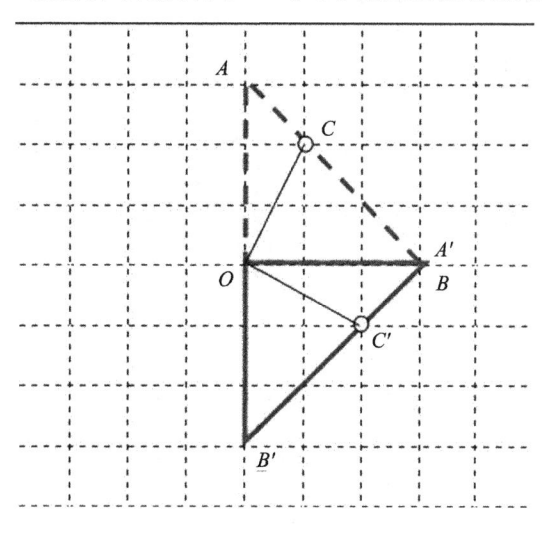

图 2 操作过程

教师：观察点 C 旋转前后到中心点的距离和 A、B 两点的距离，发现了什么？

学生通过讨论交流：

明确：每个点距离中心点的距离（长度）始终保持不变，每一个点和其他点的距离（相对位置不变）。

推想：线段 AB 上的每一个点及图形上的每个点是怎么旋转的？

教师总结：就是因为每一个都按照相同的方向、旋转相同的距离，而且任何两点间距离保持不变，才能保证旋转前后整个图形的形状大小不变。

【设计意图：借助自制教具在方格纸上的旋转的直观方式，选择最容易观察、度量、分析的边的旋转作为突破口，创造性引进参照物这个标准——即"第四要素"，让进一步感悟旋转前后数、形和位置方面的变与不变，并深化理解旋转的本质。此外，这一环节还为学生画旋转后的图形打好基础，使得每位学生学会的不再是一种生硬的形式或机械的操作，而是一种基于理解知识本质前提下的思维方式。】

（三）画旋转

（1）画出这个三角形按照逆时针方向旋转90°后的样子（见图3）。

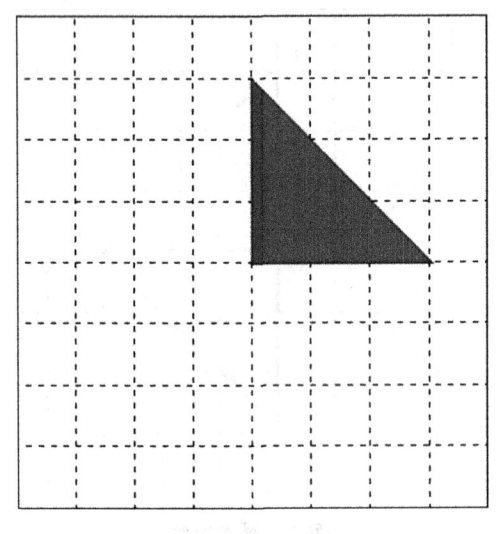

图3　画旋转

（2）交流展示学生作品，让学生说说画的过程及需要注意的问题。

【设计意图：在完整的"画旋转"过程、巩固加深一个图形旋转前后的数量和空间形式的关系，进一步感受旋转的显性和隐性的本质特征。】

（四）实用与形式之美

（1）生活中人们利用图形的旋转、平移和对称，创造出了许多美丽的图案，PPT动态演示一个基本图形经过旋转后得到的图形（见图4）。

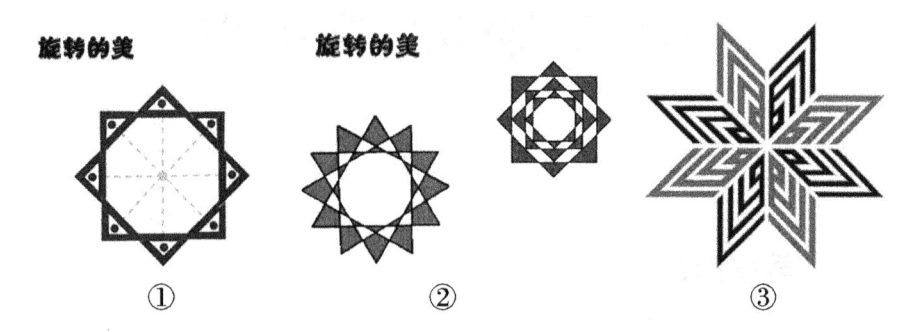

图 4　旋转案例

（2）利用旋转解决的实际问题（略）。

【设计意图：让学生能够运用数学的眼光看待现实世界，运用旋转的相关知识解决生活中的实际问题，发现并欣赏旋转运动的美，进一步体会数学的价值和美丽。】

（五）回顾和总结

（1）你现在对旋转有了哪些和原来不一样的认识？

（2）我们研究旋转经历了哪几个主要过程？

"有余数的除法"教学设计

一、教学内容

人教版小学《数学》二年级下册第六单元第57~59页。

二、教材分析

本单元内容是表内除法知识的延伸和扩展，是在表内除法的基础上进行教学的，也是后续学习除法的基础，具有承上启下的作用。本单元教学内容包括体会余数的含义及利用有余数的除法解决问题两大部分。

横向对比各个版本的教材，"有余数的除法"这部分知识虽然内容各不相同，都是安排在二年级下册初步认识除法之后，例题之前都有"摆一摆，分一分"的活动，旨在让学生在操作过程中体验平均分，感受日常生活中平均分物时的两种结果：一是恰好分完没有剩余（即没有余数）的情况，二是平均分后还有剩余（即余数不为0）的情况，这正是有余数除法要研究的内容。

人教版教材是把"有余数除法的意义"和"除数与余数的关系"分在两个课时进行。本课则把两个课时内容整合起来展开教学，其目的在于帮助学生理解有余数除法的意义，建立余数的概念，并探索余数的规律，发现余数和除数之间的关系，逐步培养学生整体建构知识的能力。

本课以"听数抱团"的游戏为载体，创设系列活动串联整节课堂：先让学生感知余数的意义，建立余数的概念；再进行有余数除法的计算，在改变被除数而除数不变的情况下，发现"余数小于除数"的规律；最后通过圈点子图的练习，让学生理解总数不变，除数在变，余数也会变，进一步加深理解余数比除数小。

三、教学目标

（1）让学生在平均分的操作基础上初步体会"有余数的除法"，理解余数的含义。

（2）引导学生在操作、观察、交流等活动基础上，直观感知"余数与除数的关系"，理解余数要比除数小的道理，发展学生的抽象思维能力。

（3）学生在自主探究解决问题的过程中，感受学数学，体验数学的快乐、成功的喜悦，激发学习兴趣。

四、教学重点

理解有余数除法和余数的含义，探索并发现余数和除数的关系。

五、教学难点

理解余数要比除数小的道理。

六、教学准备

PPT、学习记录单。

七、教学过程

（一）游戏导入

听数抱团：
请10名学生站在讲台上，听数抱团，同时写出除法算式，并介绍含义。
每2人一组——可以分5组，10÷2=5（组）
每5人一组——可以分2组，10÷5=2（组）
每3人一组——可以分3组，剩余1人。10÷3=3（组）……1（人）

（二）探究新知

1. 理解有余数除法的含义

【活动1】用1个○表示1个小朋友，画一画，分一分，并把分的过程用算式记录下来。

（1）独立完成。

（2）小组内交流。

（3）代表展示（结合图形）。

（4）总结梳理：10÷3=3（组）……1（人）。

①结合图形完整地说一说算式表示什么意思？

10个小朋友，每3人分一组，可以分3组，还剩1人。

重点理解：中间用省略号表示剩下的，这里指剩下了1人。

②介绍有余数除法：在平均分物时，有时正好分完没有剩余，有时出现分不完有剩余，这时就需要用这样的算式来表示，这就是我们今天要学习的"有余数的除法"。

【设计意图：帮助学生感受平均分物时有分完和分不完两种情况。恰好分完的可以用除法算式表示出来；分不完再进行有剩余的操作活动，通过对比使学生体会异同，帮助学生理解分完后有剩余的情况，并用除法算式表示，更好地理解余数的含义、有余数的除法的含义。】

2. 介绍有余数除法各部分名称及读法

教师：观察前面的2个算式，我们知道在除法算式里，每个数都有自己的名称，你知道在这个算式中每个数分别叫什么吗？

学生：10叫被除数，3是除数，得到的3组是商。

教师：那余下的1人呢？它叫余数。

教师：读作"10除以3等于3组余1人"。

【设计意图：在数形结合的过程中，充分调动学生的已有经验，在对比中让学生更好地理解余数及有余数的除法的含义。】

探求余数比除数小：

【活动2】

有11人，每3人一组，可以分（　　）组，余（　　）人。

有12人，每3人一组，可以分（　　）组，余（　　）人。

…………

（1）独立完成。

（2）小组内交流。

（3）全班展示（结合图形）。

（4）总结梳理：观察对比发现规律。

仔细观察这些除法算式，你发现了什么？它们有什么相同的地方？有什么不同的地方？

规律1：余数和除数的关系。

发现：都是除以3，有的刚好分完，有的有余数，余数总是1、2。

质疑：为什么余数总是1、2而不是其他的数？

猜想并验证：余数可能是3或4吗？为什么？

预设：3个还可以再分给一人。

教师：剩下的个数是由谁来决定的？

预设：每人分3个。

教师：这个3就是除法算式里的除数，那余数一定要比除数？

学生：小（板书：余数<除数）。

小结：余数既不能比3大，也不能和3相等，也就是余数必须比除数小。

规律2：被除数与除数、商和余数的关系。

发现：被除数=除数×商+余数。

【设计意图：在学生理解有余数的除法的意义的基础上，通过分不同个数的草莓的过程：一方面巩固除法和有余数的除法的含义，感知除法各部分之间的关系；另一方面向学生渗透借助直观研究问题的意识和方法。】

（三）学以致用

我们通过刚才的游戏，一起认识了有余数的除法，知道了有余数的除法的各部分名称，以及它们之间的关系。大家敢不敢挑战一下自己？

下面，我们来进行一下闯关练习吧。

【第一关。】

① 18 ÷ 5 = （　　）……（　　）

② 16 ÷ 3 = （　　）……（　　）

③ 14 ÷ 4 = （　　）……（　　）

【第二关。】

① （　　）÷ 4 = 3 …… 2

② （　　）÷ 5 = 3 …… 2

③ （　　）÷ 6 = 3 …… 2

【第三关。】

下面算式中，余数最大是多少？

① （　　）÷ 5 = （　　）……（　　）

② （　　）÷ 6 = （　　）……（　　）

③ （　　）÷ 8 = （　　）……（　　）

【设计意图：三组有梯度的闯关练习，难度逐步提升，让学生在独立思考的基础上进行交流，互相学习借鉴，进一步体会有余数的除法的意义及各部分之间的关系，拓展练习则是对余数与除数关系的巩固，通过系列练习有效培养学生综合运用数学知识的能力。】

（四）课堂总结

通过刚才的学习，我们一起认识了有余数的除法，不仅知道了余数必须小于除数，还知道了被除数等于商乘除数加余数。那么，大家知道我们为什么要研究这些规律吗？

下面是小马虎同学做的 5 道题，你能快速判断一下他做得对吗？

① $32 \div 6 = 5 \cdots\cdots 1$　　② $45 \div 7 = 6 \cdots\cdots 2$　　③ $19 \div 6 = 3 \cdots\cdots 1$

④ $15 \div 3 = 4 \cdots\cdots 3$　　⑤ $25 \div 4 = 5 \cdots\cdots 5$

这就是我们研究规律的作用，希望大家能够把我们发现的这些规律用到计算中，相信大家的计算能力一定会越来越好！

"小数加减法"教学设计

一、教学内容

人教版小学《数学》四年级下册第六单元第 69~70 页。

二、教材分析

《义务教育数学课程标准（2011 年版）》在"学段目标"的"第二学段"中提出"掌握必要的运算技能""初步形成数感""在观察、实验、猜想、验证等活动中，发展合情推理能力，能进行有条理的思考，能比较清楚地表达自己的思考过程与结果"。

《义务教育数学课程标准（2011 年版）》在"课程内容"的"第二学段"中提出："能进行简单的小数的加、减运算及混合运算（以两步为主，不超过三步）""能解决小数的简单实际问题""经历与他人交流各自算法的过程，并能表达自己的想法""会应用运算律进行一些简便运算"。

小数的加减法在人教版教材中分为两个学段来进行教学。三年级下册是学生初步认识小数之后，借助具体的十进制计量单位（人民币、长度）等为载体，在具体情境的支撑下进行学习，从理解算理逐步抽象到算法，学习方式以直观形象为主。四年级下册则是学生学习简单的小数加减法和小数意义之后在以计数单位为支撑下展开的学习。一般情况下学生基本能够比较容易地掌握小数计算的算法，但是对于算理的理解就比较具象化，很难用语言清晰地表达，也就是更加抽象。

在本册教材的第四单元刚学习完小数，掌握了小数的意义和基本性质，在学生已有的感性认识的基础上学习小数加减法的计算法则。理解和掌握小数加减法的算理（即只有计数单位相同的数才能相加减）和算法（把相同数位对齐，也就是把小数点对齐）是学习小数加减法的关键，是基本的而且是必备的数学知识、技能与方法，是形成良好的计算能力的重要组成部分。这部分知识在今后的学习和生活中将会得到广泛的应用，所以掌握这部分内容对学生以后学习及解决生活中的简单问题具有十分重要的意义。所以，教学中可以数形结合的形式呈现学习内容，使计算推理、概括这些抽象的数学活动变得令学生易于接纳、易于探究。

笔者认为课本中例1呈现相同数位小数加减法，表面形式和整数加减法的末尾对齐相同，并不能直击小数点对齐的关键点。如果教学时选择直接从例2——不同位数小数加减作为教学内容，或许可以更好地直击学习的关键点。另外，人教版教材的编排呈现比较单一，如果能用文字、图形、数位等多元表征来进一步明晰相同计数单位相加减的算理，逐步从具象到抽象的过程，这样可以更好地构建对算理本质的理解。因此，本节课笔者的教学设计基于学情，从学生认知水平出发，将例1和例2进行综合，改变例1中的数据，在操作活动和展示交流中逐步帮助学生建立正确的计算模型，然后通过探究活动明晰算理，渗透推理思想。最后运用模型思想和推理能力强化练习。

（一）核心能力

这一部分内容需要培养学生的核心能力，包含数学抽象、数感、运算能力、类比推理能力等。

（二）实施建议

1. 数形结合，明晰抽象算理

在基本技能的教学中，不仅要在活动中掌握技能操作的程序和步骤，还要理解程序和步骤的道理。然而，算理作为算法的理论依据往往比较抽象，本节课对于学生而言看似简单，实则更为抽象，学生牢记小数点要对齐，却不知为何要对齐。借助数轴的动态演示，将估算可视化，帮助确定计算结果范围。在探究小数点为什么要对齐中，借助方格图、计数器等沿用小数的意义的知识点，将数与形相结合，形的归类引出数的归类，由学生自主感知小数点对齐是为了数位对齐。课中多处数形结合的呈现，不仅帮助学生直观理解小数加减法的算理，同时也在无形中渗透数形结合思想。

2. 巧妙设问，提升推理能力

借助层层递进的问题，通过巧妙设问把握有效提问的技巧，使问题成为学生思维的导线，激发学生的推理需求。在教学"小数点为什么要对齐"时，借助单位、方格图等多元表征相结合，层层追问，打通学生思路，充分理解小数点为什么要对齐。在教学中，教师需要关注学生的"最近发展区"，当学生的思维出现疑难点时，教师需要把握时机，找准契机，善于以问引问，提升学生的推理能力，达到触类旁通的效果。

3. 比较提炼，促进知识联结

在比较中感知本质区别，通过对比整数与小数的加减法，在比较中发现知识关联。整数是末位对齐，小数是小数点对齐，而将关注点放到小数点中进行比较时，让学生充分地感受无论整数和小数加减法本质都是一样，都是相同数位对齐。在层层比较中，明晰知识本质的区别，同时也打通整数与小数算理、算法的联系。借助比较，提炼总结中促进知识体系的形成。

三、教学目标

（1）通过操作和思考，理解并掌握小数加减法的算理和算法，使小数加减法计算模型化，并能灵活运用这个模型正确进行计算。

（2）通过动手操作，经历小数加减法算理的探究过程，探索对比小数加减法与整数加减法的异同点，明晰加减法就是相同计数单位相加减，培养学生的推理能力，提升其数学思维能力。

（3）在生活情境中发现并提出小数加减法计算的数学问题，感受数学学习与实际生活的紧密联系，体会小数加减法在日常生活中的实际应用。

四、教学重点

构建小数加减法计算模型并熟练运用。

五、教学难点

明晰算理，渗透推理思想。

六、教学准备

PPT、学习记录单、方格纸、彩笔。

七、教学过程

（一）创设情境，提出数学问题

（1）出示例题图，明确信息。

小淘气买了两本绘本：《小房子》2.45元，《好朋友》1.3元。

（2）学生根据信息，提出用加法或减法解决数学问题。

问题1：《小房子》和《好朋友》一共多少元？

问题2：《小房子》比《好朋友》贵多少元？

或《好朋友》比《小房子》便宜多少元？

（3）怎样列式。2.45+1.3　　　　2.45–1.3

（4）引入课题。

观察这些算式，它们的共同点是什么？（都是小数的加法和减法）

解题：今天，我们就一起来学习"小数加减法"。

【设计意图：数学来源于生活，创设贴近学生生活实际的购物情境，能快速吸引学生的注意力，调动学生积极参与数学学习。在呈现例题后，让学生捕捉例题中提供的有用信息，并以大问题"你能提出哪些用加减法计算的数学问题"，调动学生在开放的情境中有序提出多种求和、求差的数学问题，培养学生发现并提出问题的能力。而这些问题提供了小数加减法计算的学习素材，有利于学生主动进入探究算法的学习。】

(二)借助直观，理解算理算法

1. 评估范围，培养估算意识

(1)提出要求：我们先来研究问题1（2.45+1.3），你能先估一估，大约需要多少钱？

(2)学生独立思考。

(3)展示交流。

方法一：把2.45元估成2元，1.3元估成1元，2元+1元是3元，估得小了，所以总钱数应该比3元多。

方法二：把2.45元估成3元，1.3元估成2元，3元+2元是5元，估得大了，所以总钱数应该比5元少。

【设计意图：计算前先估一估，可以帮助学生先确定答案的范围，培养学生的数感，长期坚持，更好地让学生体会到估算的价值，从而对"先估后算"的计算习惯进行潜移默化的渗透，并有效降低计算错误率。】

2. 思考交流，直观理解算理

(1)发现问题，引发思考。

刚才我们知道2.45+1.3的答案应该是比3大比5小，但正确答案到底是多少呢？范老师是这样做的（见图1）：

范老师做得对吗？

$$\begin{array}{r} 2.45 \\ +1.3 \\ \hline 2.58 \end{array}$$

图1 错误案例

因为我们估算知道2.45+1.3的答案应该是比3大比5小，那么2.58显然是错误的。大家发现什么？（小数加法不能末位对齐）

为什么小数加法不能末位对齐？小数加法到底该怎么算呢？

（2）尝试计算，展示交流。

可以画一画、算一算、说一说。

第一种：借助单位。2元+1元=3元，0.45元+0.3元=0.75元，3元+0.75元=3.75元。

完整表述：2.45元等于2元4角5分，1.3元等于1元3角。元加元，2加1元等于3元；角加角，4角加3角等于7角；分加分，5分加0分等于5分。再把3元加7角加5分等于3元7角5分，也就是3.75元。所以，2.45+1.3=3.75。

第二种：借助百格图。

完整表述：2.45用2个块4个条5个格表示，1.3用1个块3个条表示。块加块，2个块加1个块等于3个块；条加条，4个条加3个条等于7个条；格加格，5个格加0个格等于5个格。一共是3个块7个条5个格，表示3.75。所以，2.45+1.3=3.75。

第三种：借助竖式。

```
个 十 百
位 分 分
   位 位
2 . 4 5
+ 1 . 3 0
─────────
3 . 7 5
```

图2 案例

完整表述：小数点对齐，也就是相同数位对齐，利用小数点性质（如图2），1.3可以写成1.30。先算百分位上，5个百分之一加0个百分之一是5个百分之一，百分位上写5；再算十分位上，4个十分之一加3个十分之一是7个十分之一，十分位上写7；最后算个位上，2个一加1个一是3个一，个位上写3。所以，2.45+1.3=3.75。

【设计意图：学生在学习小数加减法时会根据自己已有的知识经验主动进行规则的迁移。通过出示从整数加减法的法则上进行迁移，采用末位对齐的计算方法，让学生发现错误，引发思考后，启发学生尝试用不同的方法去解决：可能利用单位进行计算，也可能利用格子图进行计算，还有部分学生可能采用情境迁移的策略，联系元角分的单位换算，采用小数点对齐的计算方法。】

3. 横向比较，凸显"相同单位"

（1）比较：这三种方法有什么相同点？（只有相同的单位才能相加）

（2）思考：竖式中如何体现相同单位的数相加呢？（只要将小数点对齐，相同数位就对齐了，就能将相同的单位相加）

（3）小结：小数加法怎么算？（小数点对齐，从低位算起）

（4）教师示范规范的计算过程。

【设计意图：学生在估算判断的环节，首先形成对"小数点对齐"进行计算的感知。在此基础上，给予学生充足的空间和必要的学具，放手让学生独立探索，学生能够借助直观理解计算过程，并结合操作完整地表述计算过程。其次，在不同计算方法的汇报交流中，思维从具体走向抽象，并在比较中凸显对"相同单位"的认识，形成对"小数点对齐"计算规则的深刻理解，逐步建立理解竖式计算的表象支撑。最后，教师的示范为学生接下来自己探索解决小数减法计算提供正确的导向。】

4. 迁移内化，类推小数减法

（1）问题：2.45–1.3，你能自己列竖式计算吗？

（2）思考：列竖式时应怎样对齐，为什么？（强调小数点对齐才能使小数的相同数位对齐）

（3）比较：小数减法与加法有什么相同之处和不同之处？

（4）独立计算 6.55+4.75 和 6.55–4.75，体会竖式计算过程中应注意什么。（数位对齐，并且计算结果要化简）

【设计意图：学生借助直观理解小数加法的算理并掌握计算方法后，能将相关经验迁移类推到小数减法的计算中，因此可以放手让学生独立解决小数减法的实际问题。学生在计算 2.45–1.3 的过程中规范书写过程、内化计算方法，并在与小数加法的比较中加深对相同单位相加减的认识；在计算 6.55+4.75 和 6.55–4.75 的过程中巩固对计算法则的运用，并在比较中发现计算结果可以进行化简，形成良好的计算习惯。】

（三）比较沟通，完善知识结构

（1）比较：小数加减法与整数加减法在计算时有什么相同点？（独立思考后，组内讨论）

明确：小数加减时小数点对齐使相同单位相加减，整数加减时末位对齐使相同单位相加减。因此，不管是小数加减法还是整数加减法，都必须相同数位对齐后相同单位相加减。计算时都是从低位开始算起。

（2）思考：计算小数加减法要注意什么？（小组讨论）

明确：小数点对齐（即数位对齐），低位算起（注意进位退位），结果化简。

【设计意图：通过探究，学生能快速地从头脑中提取小数加减法的表象支撑并再现，借助直观来帮助理解并说明。本环节进一步与整数加减法作比较，体会到小数计算中小数点对齐和整数计算中末位对齐的表象虽然不同，但本质是相同的，就是要让相同数位对齐使相同单位上的数相加减。学生在比较中形成更完整的计算小数加减法的认知结构，也为学习分数加减法做好了铺垫。】

（四）巩固应用，内化计算法则

1. 基础性练习（课本第69页做一做第1题和第70页做一做）

【设计意图：该练习重点考查学生在计算小数加减时数位如何对齐的技能，还应注意连续进位以及去掉结果中小数末尾的"0"进行化简等细节。学生通过做一做、说一说、议一议的方式巩固了计算法则，强化了计算注意点。】

2. 应用性练习（课本第69页做一做第2题）

【设计意图：应用性练习让学生比较直观地认识到小数加减法与整数加减法在解决问题中的联系与区别，并感受到小数加减法计算在生活中的广泛应用，体会数学的工具性作用。】

（五）全课总结

通过本课学习，你有什么收获？

"三位数乘两位数"教学设计

一、教学内容

人教版小学《数学》四年级上册第四单元47~55页。

二、教材分析

"三位数乘两位数"是在学生已经学会竖式计算两位数、三位数乘一位数、两位数乘两位数的基础上学习的,这三部分内容既有联系又各有特点。

首先,先来说"两位数、三位数乘一位数的笔算",这个内容可以理解为对加法竖式的简写。比如要计算 123×3,我们应该先考虑用加法竖式来计算(见图1):

$$\begin{array}{r} 1\ 2\ 3 \\ 1\ 2\ 3 \\ +\ 1\ 2\ 3 \\ \hline 3\ 6\ 9 \end{array}$$

图1 竖式计算

接下来通过观察这个加法竖式的特殊性,即3个加数都相同,这样就可以类推得到乘法竖式。

其次,再来说"两位数乘两位数的笔算",这部分内容需要利用乘法分配律,比如计算 24×12,先是借助数形结合,利用口算,是这样计算的:

$$24 \times 10 = 240$$
$$24 \times 2 = 48$$
$$240 + 48 = 288$$

"三位数乘两位数"教学设计

之后再把以上计算步骤按一种特殊的方式记录下来，就得到了"两位数乘两位数"的竖式计算方法。与"两、三位数乘一位数"相比，"两位数乘两位数"的竖式有了明显的不同，学生很难由"两位数、三位数乘一位数"的竖式直接类推出"两位数乘两位数"的竖式。因此，在教学中，需要先想办法计算出结果，再把计算过程整理成竖式。

最后，再来说"三位数乘两位数"的笔算，"三位数乘两位数"的笔算与"两位数乘两位数"的笔算并无本质不同。因此，教学"三位数乘两位数"的竖式计算时，其重要教学目标是：使学生能根据"两位数乘两位数"的笔算方法，类推并掌握"三位数乘两位数"的笔算方法。如计算 135×26，我们的目标就在于引导学生思考：与"两位数乘两位数"相比，今天的问题有什么不同？能不能利用"两位数乘两位数"的竖式来解决这个问题？而不是无视学生已有的竖式计算经验，一切从头做起。这样来看笔算"三位数乘两位数"与笔算"两位数乘两位数"，看起来内容差不多，但却各有其独特的教育价值。我们只有把握好其教育价值，才能真正做好教学设计，达到真正的因"材"施教。那么，"三位数乘两位数"的笔算其独特的教育价值何在呢？

本单元主要内容包括："三位数乘两位数"的笔算、积的变化规律、常见的数量关系，本单元教学内容主要有两方面的作用。

一是总结整数乘法的一般方法。本单元是整数乘法学习的最后一个阶段，需要对整数乘法的算理和算法进行回顾和整理。结合梳理进一步学会在整数乘法运算中采用估算的方法，初步确定结果的大致范围。进一步强调对乘法运算结果进行验算，以保证运算结果的准确性，养成良好的运算习惯。

二是研究"积的变化规律"，并能运用规律使一些计算简便；总结梳理基于乘法运算的数量关系，充分体验运用相应的数量关系解决一些实际问题的过程，以培养学生用乘法解决实际问题的能力，为后续进一步学习乘法运算作准备。

基于以上对本单元内容的分析，在整体教学理念的指导下，教学中既要充分调动学生已有的知识经验，让学生在独立尝试中将"两位数乘两位数"

的方法迁移到"三位数乘两位数",进而通过讨论交流总结出"多位数乘两位数"的一般方法；更要使学生在计算中,经历知识的再创造过程,认识知识的本质,发展学生思维能力,培养学生专心、严谨、细致的学习态度和认真审题、细心计算、书写工整、自觉检验的学习习惯。

（一）核心能力

这一部分内容需要培养学生的核心能力,包含符号意识、数学抽象、数感、运算能力、类比推理能力。

（二）实施建议

1. 充分发挥学生原有经验的作用,突出学生的自主探索

"三位数乘两位数"的计算方法与"两位数乘两位数"的计算方法,在算理上是一致的,所不同的是一个因数的位数由两位变成了三位。因此,应在学生已有知识基础上,让学生独立思考,将"两位数乘两位数"的方法迁移到"三位数乘两位数",通过讨论交流总结出多位数乘两位数的一般方法。

2. 重视引导学生探索运算中的数量关系,初步学习模型化的数学方法

"三位数乘两位数"的学习不仅要让学生掌握整数乘法的计算技能,还应当让学生掌握简单的具有实际背景的常见数量关系,并且能够用关系式或数学符号去表述它们。本单元学习的"单价、数量和总价"与"速度、时间和路程"之间的关系,是生活中常见的数量关系,提炼出数学模型则是"单价 × 数量＝总价"和"速度 × 时间＝路程"。教学时,应注重让全体学生通过解决例4、例5中的具体问题,感悟"单价、数量和总价"与"速度、时间和路程"之间的数量关系,经历将生活中的具体问题抽象成数学模型的过程,并经历将抽象的数学模型用于解决具体问题的过程。让学生在"解决具体问题—抽象出数学模型—解释并说明模型—再用模型解决问题"这样一系列的数学活动中,建立初步的模型化的数学思想方法。

3. 重视引导学生探究运算中的规律，并做一定的归纳与抽象

利用乘法运算，培养学生的推理能力，特别是合情推理能力是本单元教学的重要任务。本单元不但在相关的练习设计中，编排了一些引导学生探索规律的内容，如练习八中的第12题，练习九中的第4、6题等（这些题中虽然有些打上了"*"号，不作普遍要求，但却是发展学生推理能力的好素材），而且将探索"积的变化规律"作为例题专门加以研究。教学中，应鼓励、引导学生参与到探寻运算规律的活动中去，通过观察数据特点，解释计算的合理性等，不但可使学生形成合理、灵活的计算能力，而且还利于培养学生数感和推理能力。

4. 适当增加计算量，加强计算技能训练

"三位数乘两位数"作为整数乘法运算学习的最后一部分知识，具有一定的总结性和概括性。为了让学生掌握好这最基本的运算知识，熟练计算技能，适当加强运算训练也是帮助学生提高运算能力必不可少的。因为篇幅关系，教材的练习题量受到一定的限制。因此，教师在教学中应根据班级学生情况，适当增加一定题量的练习，以帮助学生牢固掌握整数乘法的相关知识。

三、教学目标

（1）经历探索"三位数乘两位数"计算方法的过程，掌握"三位数乘两位数"的笔算方法。

（2）在探索计算方法的过程中，通过"两位数乘两位数"到"三位数乘两位数"再到"多位数乘多位数"知识的迁移，感受数学知识和方法的内在联系，培养学生迁移类推的能力、概括能力和解决简单实际问题的能力。

（3）让学生获得运用已有知识解决新的计算问题的体会，体验成功的愉悦，进一步树立学习数学的自信心。

四、教学重点

掌握"三位数乘两位数"的笔算方法。

五、教学难点

正确理解笔算的算理,领会用第二个因数十位上的数去乘第一个因数个位上的数时,积的末位应写在十位上的道理。

六、教学准备

PPT、学习记录单、数学文化资料。

七、教学过程

(一)课前调研

(1) 235×14 表示(　　　　　　)。

(2) 写一写 235 的组成(　　　　　　)。

(3) 笔算。

$$
\begin{array}{r} 35 \\ \times\ 14 \\ \hline \end{array}
\qquad
\begin{array}{r} 14 \\ \times\ 35 \\ \hline \end{array}
\qquad
\begin{array}{r} 235 \\ \times\ 14 \\ \hline \end{array}
\qquad
\begin{array}{r} 14 \\ \times\ 235 \\ \hline \end{array}
$$

(4) 笔算三位数乘两位数的方法(　　　　　　)。

(二)探究新知

课前交流:大家知道怎么称呼我吗?你是怎么知道的?真是一个善于观察的孩子。我和你们的数学老师有什么共同特征呢?大家不仅善于观察还非常善于思考,观察和思考正是我们学好数学所必备的品质。接下来就让我们一起带着智慧的双眼开始今天的学习!

"三位数乘两位数"教学设计

今天我们要学习——三位数乘两位数。

看到这个课目你想说什么？

既然大家都已经学过了，那范老师想请大家帮我一个忙。

1. 提出问题

范老师乘火车去重庆，火车平均每小时行驶 135 千米，坐了 26 个小时的火车，全程大约多少千米？

2. 分析问题

这个问题是什么意思？该怎么解决呢？

（求 26 个 135 千米相加是多少，也就是 26×135 或者 135×26）

3. 解决问题

（1）独立尝试。你会计算吗？自己动手试一试吧（指名板演）。

（2）展示交流。说一说你的计算过程（重点解释每一步是怎么得来的，写在什么数位）。

4. 检查反思

怎么知道我们做得对吗？

方法一：估算范围。

方法二：计算器检查。

方法三：交换位置验算。

计算：

$$\begin{array}{r} 26 \\ \times 135 \\ \hline \end{array}$$

你会算吗？自己动手试一试，独立完成后展示交流，明确每一步的计算。

5. 总结多位数乘法笔算方法

观察 26×135、135×26 的竖式有什么相同点和不同点？

小结：多位数乘法的笔算方法。

相同数位对齐，从个位算起。

先用第二个因数的个位乘多位数的每一位，得数的末位和个位对齐；

再用第二个因数的十位乘多位数的每一位，得数的末位和十位对齐；

……

最后再把每次乘得的数相加。

你想提醒大家注意什么？

数位要对齐，从个位算起，一位一位地算，要记得进位，算十位、百位……不要对错了位。

多位数乘多位数，相同数位要对齐，个位开始依次乘，对应乘积写下方。

（三）学以致用

请2名学生到黑板前演示（见图2），其余学生在下面做，教师巡视。

$$\begin{array}{r} 237 \\ \times\ 82 \\ \hline \end{array} \qquad \begin{array}{r} 679 \\ \times\ 123 \\ \hline \end{array}$$

图2　笔算

（四）拓展延伸

通过刚才的练习，大家都已经掌握了多位数乘法的计算方法，其实关于多位数乘法，古人有很多有趣的方法。

（1）古埃及纸草书上记载的"倍乘法"。

（2）古印度的"画线法"。

（3）中国台湾地区的视窗记录心算法。

（4）意大利格子乘法。

早在15世纪中叶，意大利数学家帕乔利就在《算术、几何及比例性质摘要》一书中介绍了一种两个数相乘的计算方法，叫作"格子乘法"，介于画线和算式之间。这种方法传入中国之后，在明朝数学家程大位的《算法统宗》一书中被称为"铺地锦"。以135×26为例，大家一起来看一下（见图3）。

$135 \times 26 = 3510$

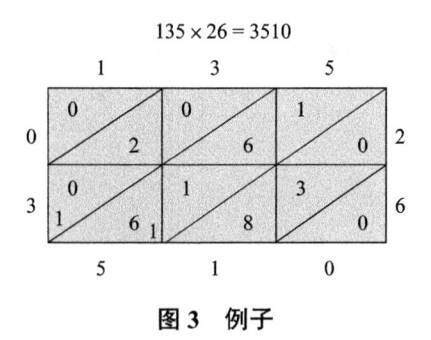

图3 例子

你看懂了吗？那接下来，自己写一道算式试一试吧！

（五）知识梳理

这种方法和我们的方法有什么相同之处？不管是古人的方法，还是我们的竖式，其实都是将数拆开来算的。那么如何拆的？

学生：第一种把26拆成20+6，竖式拆成6个135和20个135；第二种把135拆成100+30+5，竖式拆成5个26、30个26和100个26；古人的方法也是如此，然后用拆成的这些数与另一个因数分别相乘，再相加。

教师：没错，通过拆数的方法，我们就把一个新的问题转化成了学过的、可以解决的问题。在今后的学习中，遇到新问题时，我们就要想办法把它转化成学过的、容易解决的问题。

"口算乘法"教学设计

一、教学内容

人教版小学《数学》三年级上册第六单元第 56~57 页。

二、教材分析

"整十整百整千数乘一位数的口算乘法"是"多位数乘一位数"第一课时的内容。本单元是在学生已经熟练掌握了表内乘法和万以内数的认识后,能够正确地口算 100 以内加、减法的基础上进行教学的。本单元主要内容包括口算乘法、笔算乘法和应用乘法解决问题三部分。其中口算乘法包含两个层次:例 1 是"整十、整百、整千乘一位数"的口算乘法,例 2 是"两位数乘一位数"(不进位)的口算乘法。而本课的学习内容则是例 1"整十、整百、整千乘一位数"的口算乘法。口算是笔算和估算的学习基础,那么"整十、整百、整千数乘一位数"的口算则是多位数乘一位数口算的基础,因此本课的重要性就不言而喻了。

本课学习一方面能使学生将表内乘法的口算技能进一步得到延伸,有利于学生在更高层次上发展口算能力;另一方面也为学生掌握"三位数乘一位数"的估算、笔算及用估算检验笔算结果的合理性铺设必要的台阶。因此,在教学中先是充分利用学生已有的口算乘法的学习经验,引导学生主动探究"整十数乘一位数"的计算方法,而"整百数、整千数乘一位数"则与"整十数乘一位数"基本相同,则由学生运用刚刚建立的学习经验来实现有效的迁移。

三年级学生年龄还小,抽象思维能力还不完整,基本能用完整的语言表达出事物的本质特征，初步具备探究能力，有极强的好奇心，强烈的表现欲，这些都是课堂上需要利用和捕捉的闪光点。但是不足之处就是注意力仍不够集中，因此在课堂上多出示图片或以做游戏的形式，吸引学生注意力，激发学生的学习兴趣，培养学生的思维，从而提高学生对数学的认识，切实感受到数学源于生活，用于生活。

在算法的探究过程中学生的方法各有千秋，因此，笔者将努力让学生通过小组交流、全班交流，达到经验共享，这样既丰富了学习材料，又可以使学生对算理的理解和算法的形成顺理成章。

三、教学目标

（1）通过探究使学生理解"整十、整百、整千数乘一位数"的口算算理，掌握口算方法。

（2）培养学生的口算能力和类推能力。

（3）激发学生学习数学的兴趣，同时培养学生认真仔细的良好学习习惯。

四、教学重点

理解"整十、整百、整千数乘一位数"的口算算理，掌握口算方法。

五、教学难点

快速准确地进行"整十、整百、整千数乘一位数"的口算

六、教学准备

PPT课件、小棒图、口算训练题。

七、教学过程

（一）复习旧知

1. 口算

3×5=　　　8×9=　　　6×7=　　　4×5=　　　2×6=

3×3=　　　2×9=　　　6×8=　　　8×8=　　　6×5=

2. 填空

2个10是（　　）　　　15个10是（　　）　　　8个100是（　　）

40个100是（　　）　　　30是（　　）　　　120是（　　）

600是（　　）　　　1600是（　　）

【设计意图：知识都是相关联的，学生通过对表内乘法的口算和数的组成的复习可以帮助学生对新知识的学习有一定的理解。】

（二）情境导入

1. 谈话

同学们，大家喜不喜欢去游乐园呀？乐乐小朋友非常喜欢，这不，在刚刚过去的国庆长假里，乐乐和他的爸爸妈妈一起去游乐园痛痛快快玩了一天。想知道他们3人都玩了什么，分别花了多少钱吗？好，让我们先一起来看看游乐园里都有什么游乐项目吧！

2. 获取信息

旋转木马每人每次5元，登月火箭每人每次8元，激流勇进每人每次10元，碰碰车每人每次20元，过山车每人每次12元，有3人。

【设计意图：出示这个情境图，贴近学生生活实际，容易激发学生的学习兴趣，使他们更关注、更积极去参与教学活动，同时还可以使学生体会到他们要学习的内容源自现实生活，进而感悟生活中处处有数学。】

"口算乘法"教学设计

3. 学生自己提出一个用乘法的数学问题并试着解答

【设计意图："提出一个问题，比解决一个问题更重要"。创设贴近学生生活的情境，很快唤起了学生学习数学的情感，依据生活经验，从数学的角度提出数学问题，为主动探究新知识打下了坚实的基础。】

4. 全班交流各自的问题和算式

5. 提出问题

同学们真聪明，会观察会思考，提出了这么多问题。可是这些问题中有的能直接用乘法口诀计算，有的好像不能直接使用乘法口诀，你们是怎么算出得数的？别着急，这节课就让我们一起来研究一下吧。

（三）探究新知

1. 出示问题

坐碰碰车每人20元，3人需要多少元？

2. 探究 20×3 的计算方法

（1）独立思考，同桌交流。

（2）全班交流，总结方法。

可能的计算方法有：

第一种：20乘3是3个20，20+20+20就是60。

第二种：20可以看成是2个10，2个10乘3就是6个10，所以是60。

第三种：先算 2×3=6，再在6后面添个0，就是60。

【设计意图：通过学生的自主探索、合作交流，使学生经历计算方法的形成过程，不但体现了算法多样化的理念，而且开拓了学生的思维，培养了学生的合作精神。】

（3）优化方法，明确算理。

同学们真棒！想出这么多的计算方法，你喜欢哪一种方法？为什么？把你喜欢的方法告诉大家（引导学生用第二和第三种方法，让多名学生说一说）。

63

3. 尝试口算，迁移方法

想一想：200×3=　　　　　2000×3=（学生独立思考后，全班交流）

【设计意图：在学习"整十数乘一位数"的基础上，扩展到"整百、整千的数乘一位数"，有利于培养学生的迁移类推的能力，适时引导学生总结，完善学生的认知结构，培养学生的口算能力和归纳概括能力。】

4. 观察比较，揭示课题

仔细观察20×3、200×3、2000×3三个算式有什么特点？（它们都是整十数、整百数、整千数乘一位数）

今天这节课我们所研究的就是"整十、整百、整千数乘一位数"的口算乘法。

（四）巩固运用

【练习1】

1. 快速口算

2×4=	3×3=	2×9=
20×4=	30×3=	20×9=
200×4=	300×3=	200×9=
2000×4=	3000×3=	

口算之后，追问：同学们刚才在做完每一组算式的时候是不是都有话想说呀？有什么话想说？谁来说说看？

2. 总结算法

可以先把整十整百整千数末尾的0记心里，先用乘法口诀计算0前面的数与一位数的积，再看刚才末尾有几个0，就在积的末尾添上几个0。

3. 强化练习

你能编出一组这样的算式并算出得数吗？独立完成，同桌交换检查。

【设计意图：第一组练习是在新课学习基础上进行的一组基础练习，主要

目的在于进一步强化学生对"整十、整百、整千数乘一位数"的算理的认识，明确其算法。】

【练习2】

根据算式4×8=32，你能写出哪些不同的乘法算式？自己动手写一写，之后全班交流。

  40×8=   80×4=
  400×8=   800×4=
  4000×8=   8000×4=

【设计意图：第二组练习是第一组练习的基础上的一组深化练习，主要目的在于让学生巩固掌握"整十、整百、整千数乘一位数"的算法。】

【练习3】

抽卡游戏（看卡片写的数）。

  9×70=   30×2=   5×90=   500×5=
  900×4=   400×8=   2000×4=   400×5=

【设计意图：第三组练习则是一组口算能力训练题，一方面锻炼学生的口算速度和准确率，另一方面对口算中易错处的强调，如400×5=。】

【练习4】

给算式分类。

  4×90   700×6   7×6   4×9   400×9   60×7

方法1：按表内乘法、整十数乘一位数、整百数乘一位数、整千数乘一位数分。

方法2：按能用同一句口诀的分。

【设计意图：第四组练习则对本课所学知识的一个综合运用。】

（五）课堂小结

今天我们一起学习了"整十、整百、整千数乘一位数"，你有什么收获呢？

（六）拓展延伸

刚才我还看到有个同学提的问题是：玩过山车每人12元，3人需要多少钱？

这里的 12×3 该怎么算？这是咱们下节课要学习的内容，有兴趣的同学可以先尝试探究一下。

"口算除法"教学设计

一、教学内容

人教版小学《数学》四年级上册第 6 单元第 71 页。

二、教材分析

"口算除法"是建立在学生已经掌握"整十、整百、整千数除以一位数"的口算除法的基础上,本节课包含了"整十数和整百整十数除以整十数",以及相应的估算,它既是日常生活中经常要用到的,又是学生学习除数时两位数笔算除法的重要基础。因此,口算除法的熟练程度将直接影响后续学习。本课重点就是探索口算方法,在探索口算方法时需要注意两点:一是让学生充分利用已有的口算经验自主探索,二是注意提倡算法多样化。教学中既要注意让学生主动探索口算方法,组织学生进行交流,让学生亲历探索的过程获得新的口算方法;同时还要注意组织好口算练习,设计新颖、有趣的练习形式,注意给每个学生提供较多的练习机会,让不同的学生得到不同的发展。

(一)本课知识点梳理

"整十数除以整十数"的口算(三种方法:借助小棒计算、想乘法算除法、转化成表内除法进行计算)。

被除数是两位数的除法的估算(一般把算式中不是整十数的被除数或除数用"四舍五入"的方法把它看作与它接近的整十数,再进行口算)。

"几百几十数除以整十数"的口算（三种方法：利用数的组成计算、想乘法算除法、转化成表内除法进行计算）。

被除数是两位数的除法的估算（用"四舍五入"的方法把算式中的被除数看作与它接近的整百数或几百几十数，把除数看作与它接近的整十数，然后进行口算）。

（二）数学文化

除法的由来：在我国古代，人们很早就掌握了数的除法运算。最早使用是在先秦时期，或更早一些。形成于那个年代的《筭数书》中，关于除法的表示方式共有7类19种，涉及55条。

春秋战国之前，我国出现了用"九九"表计算乘法以后，人们也总结了用口诀来计算除法的方法。《孙子算经》上说："凡除之法，与乘正异。"当时我国主要是用算筹和口诀来计算除法的。

（三）设计说明

小学数学课程改革的主要目标之一就是改变学生学习数学的方式，要让学生积极主动地探究和解决数学问题，发现数学规律，获得数学源于生活的情感体验。本课在教学过程中不仅放手让学生自主探究、学习新知、掌握口算和估算方法，更注重学生对算理的理解和渗透类推迁移的数学思想方法，使学生的态度、学习能力及价值观得到培养。

第一，理解算理，掌握算法是计算教学的关键，也是本节课的核心内容。教学时让学生主动探索口算方法，组织学生进行交流，让学生亲历探索的过程，获得新的口算方法。

第二，设计多样化练习，提高学生口算能力是计算教学的目标。教学中组织碰碰车、小组对抗赛、速算大PK等游戏活动，让学生在愉悦的氛围中练习口算，提高口算能力。

三、教学目标

（1）充分利用已有的口算经验自主探索"整十数和几百几十数除以整十数"的口算方法，理解"整十数和几百几十数除以整十数"的口算算理，掌握"整十数和几百几十数除以整十数"的口算方法。

（2）能正确、快速地口算"整十数和几百几十数除以整十数"。

（3）掌握除数是两位数的除法的估算方法，培养学生的估算意识。

（4）在用所学知识解决实际问题的过程中，感受数学在生活中的作用，提高学习数学的兴趣和信心。

四、教学重点

掌握"整十数和几百几十数除以整十数"的口算方法。

五、教学难点

掌握除数是两位数的除法的估算方法。

六、教学准备

1. 课前学情检测

检测目标：复习表内除法和整十、整百、整千数除以一位数的口算，检测学生对之前学习内容的掌握情况，为本节课学习扫清障碍，做好准备。

检测内容：18÷3=　　　56÷8=　　　54÷9=　　　36÷4=

　　　　　42÷6=　　　450÷9=　　　6400÷8=　　　280÷4=

　　　　　2400÷3=　　560÷7=

2. 教具学具的准备

小棒、PPT 课件。

七、教学过程

（一）情境导入

范老师准备给大家编写一份口算比赛题，计划一共出80道，请问每列20道，可以排成几列？

【设计意图：利用学生习以为常的口算比赛题的编制引入，使学生很快投入新知识的学习中。】

（二）探究新知

1. 探究"整十数除以整十数"的口算方法

（1）认真读题，独立列式计算。

（2）同桌交流计算方法。

（3）全班交流。

预设一：每10道题为一小组，80道题就是8个小组，每列20道题就是把2个小组合在一起，这样就可以分成4组，所以80÷20 = 4（可以配合小棒图进行介绍）。

预设二：4个20是80，所以80÷20 = 4（也就是想到4×20=80，根据乘除法之间的关系来计算除法）。

预设三：8÷2=4，所以80÷20 = 4（也就是80是8个10，20是2个10，8个10除以2个10就得4）。

（4）对比评价。你觉得哪种方法更好？想乘算除或利用表内除法计算都比较方便。

（5）总结归纳方法。

（6）练一练。

90÷30=　　　60÷20=　　　80÷40=　　　60÷30=

【设计意图：通过学生的独立思考和合作交流，激发学生的求异思维，实现算法多样化,在此基础上,再借助"你觉得哪种方法更好?"让学生有意识地进行对比,使得算法得到优化。之后,及时进行优化后的方法总结和应用,达到理解和掌握的目的。】

2. 探究"几百几十数除以两位数"的口算方法

(1)出示算式:150÷50。

(2)独立计算后,同桌交流计算方法。

(3)全班交流。

预设一:3个50是150,所以150÷50=3(也就是想到3×50=150,根据乘除法之间的关系来计算除法)。

预设二:15÷5=3,所以150÷50=3(也就是150是15个10,50是5个10,15个10除以5个10就得3)。

(4)总结归纳方法。

(5)练一练。

270÷30=　　　120÷20=　　　280÷40=　　　360÷60=

【设计意图:学生已经有了"整十数除以整十数"的口算经验,这里当"几百几十数除以整十数"时,就放手让学生运用已学知识进行迁移,自主学习新知识。】

3. 探究估算的方法

(1)出示问题,独立列式计算。如果教师现在挑选出来的是83道题,还是每竖列20道题,大约可以写成几竖列?

(2)全班交流。83÷20,把83四舍五入估成80,80÷20=4,所以83÷20≈4。

(3)改变问题,继续思考,独立列式计算。如果教师现在挑选出来的是120道题,每竖列28道题,大约可以写成几竖列?

(4)全班交流。120÷28,把28四舍五入估成30,120÷30=4,所以120÷28≈4。

（5）巩固练习。从下面各题中任选一题估算一下，完成后同桌互相交流。

90÷31　　　　121÷40　　　　160÷38　　　　222÷70

（6）总结估算方法。除数是两位数的估算，一般利用"四舍五入"的方法，把被除数看作与它接近的整十数或几百几十数，把除数看作与它接近的整十数，再口算出结果。

【设计意图："四舍五入"的方法是学生三年级已经学过的方法，这里让学生通过自主尝试和交流总结得出方法，让学生在独立思考、交流表达的过程中促进其数学思维能力的提升。】

（三）巩固练习

1. 快乐碰碰车

60÷20	63÷20	90÷30	92÷30
40÷20	41÷20	100÷20	103÷20
180÷30	184÷30	240÷40	240÷37
420÷60	420÷62	210÷30	210÷29

2. 速算PK（3分钟速算比赛）

120÷20	63÷30	91÷30	180÷30
240÷61	141÷20	200÷40	102÷20
420÷71	212÷30	182÷30	180÷61
240÷60	280÷42	420÷69	420÷61
270÷30	540÷60	720÷80	564÷80

3. 假设

如果现在教师准备的速算比赛题一共有120道，我可以把它们怎么排列？请帮范老师设计一下排列方案。

【设计意图：三组题是三个层次，第一组题中的每小组两道是互相关联的，意在帮助学生进一步巩固口算方法；第二组则是没有联系的，独立存在的一

些题，意在为后续的试商做准备；第三组则是一道开放性练习题，可以较好地培养学生自主解决问题的能力和发散思维的能力。】

（四）课堂小结

通过这节课的学习，你有什么收获？

"11~20各数的认识"教学设计

一、教学内容

人教版小学《数学》一年级上册第六单元第73~74页。

二、教材分析

"11~20各数的认识"是建立数位概念的起始课，是在逐一计数的度量基础上，感受度量单位的累加，从而体会产生新的度量计数单位的必要性，是积累十进制概念活动经验的重要环节。

基于度量的视角认识人类计数的发展历程。

第一阶段：基于一一对应的以物计物层次，这时还没有符号化，应属于感知一般或一般感知阶段，已经开始了最初的量化，如结绳计数、摆小石子、画痕等。

第二阶段：发展了语言，但数字还不完全具有数字符号的功能。因为一粒米与一头牛是不可同日而语（虽然都是数字1的具体体现），但是这样的表达是无法进行运算的，因为无法理解一粒米加一头牛得到的是什么。数学研究的对象应当是更为一般的抽象，这就涉及数量、度量的本质，这个本质就是数量、度量的多与少。这个抽象过程最终导致自然数（符号化和十进制自然数）的发明。

第三阶段：位值制。用相同的符号或者相同的物体来表示不同的数量，但用不同的位置来表示（区别）不同单位的数。这时的单位不一定是十进制，也可以是二进制，也可以是五进制，但本节课主要探究十进制。

度量单位的形成过程大体可以分为两类：一类是通过抽象得到的，是人思维的结果；另一类是借助工具得到的，是人实践的结果。而《古人计数》主要是通过抽象的数字符号认识11~20各数，是人思维的结果，这些自然数的计数法也应属于度量的范畴。

三、学情分析

三岁的孩子在家长教会数1~10之后，就能够迁移地数出其他更大的数。但数到几十九后面的整十数时对孩子来说比较困难，需要家长帮助，一旦得到家长的帮助，数出整十数后，孩子又会顺次数出后面的数。

三岁的孩子已经能够自我感知"一样多"，如两个苹果和两颗糖果摆放在桌子上，孩子会说它们是一样多的。虽然不能明确说清楚是数量一样，但孩子确实是有数量上的感知的。

经过在幼儿园的学习之后，大多数幼儿能对数量较少的物品进行点数，少部分幼儿还知道最后数得的数表示的是物体的总数，但他们对于数的意义的理解是浅显的，甚至部分幼儿对基数与序数是混淆的。

根据专家学者对学龄前儿童数概念的发展研究来看：数概念是数学中最基础的知识，幼儿数概念的发展具有一定的顺序性和阶段性。掌握数概念是一个比较复杂的过程，因为幼儿年龄小，身心都在发育中，要在不断积累感性经验的基础上逐步形成数概念。两三岁幼儿大都处在数量感知阶段，对数仅有模糊观念，有些幼儿虽认识几个数，大多是靠直接感知的。四五岁幼儿大都进入数概念开始形成阶段，能点数数量不多的物体，并说出计数的结果，初步掌握一些数的顺序和大小，初步理解数的基数和序数含义。六七岁幼儿大都进入数概念基本形成阶段，能较顺利地一个一个点数较多的物体，有些还能按群计数，开始理解数的组成和数的守恒。

从上述情况分析，本课的教学建立在儿童对0~10的认识基础上，10以内数的认识教学大多是按照实物操作—表象—抽象概念的顺序，利于儿童掌握数的大小、顺序和意义。本课主要认识11~20的数，在孩子一一对应点数计数的基础上，形成以十为单位计数的方法，也应该遵循前面的教学方法。

四、教学目标

（1）认识计数单位十，能说出个位、十位上的数字表示的具体意义。

（2）能结合具体情境理解20以内数的具体意义，知道10个1就是1个10。

（3）用小棒、计数器模型表示20以内的数；能借助计数器、小棒模型，利用位值制解释20以内数的写法。

（4）感受数的发展历程，体会古人发明十进位值制计数法的价值，感受数学的魅力。

五、教学重点

理解11~20各数的组成，发展数感。

六、教学难点

理解"10个1是1个10"，感受位值。

七、教学准备

PPT、小棒、铅笔、"古人计数"小视频。

八、教学过程

（一）数一数，摆一摆

1. 数一数

图1中草地上有多少只羊？你是怎么知道的？

"11~20各数的认识"教学设计

图1 数一数

聪明的小朋友会数数，可是在很久以前的古代，牧羊人是不会数数的。他怎么知道自己有多少只羊呢？（学生说自己的看法）

视频播放"古人计数"。

2. 摆一摆

你能像牧羊人一样用小棒代替石子儿摆一摆吗？

学生摆一摆（见图2）并评价，提出一一对应、小棒和石头一样多。

图2 摆一摆

这里有10只羊，如果再来一只是多少只羊呢？（11，认识比10多1是11）

【设计意图：通过数一数和摆一摆，回顾一一对应并感受计数单位一的累加。】

（二）圈一圈，捆一捆

1. 圈出10个1

有一天，牧羊人找不到足够多的小石头了，就用一大一小的两个石头表示11只羊，你看懂了吗？

大石头表示多少只羊？圈一圈。

2. 捆出 1 个 10

你能像古人一样用一大一小的东西表示 11 吗？如果只有小棒，你会怎么表示 11 呢？如图 3，学生捆出 1 个 10，用 1 个 10 和 1 个 1 表示 11，10+1=11。

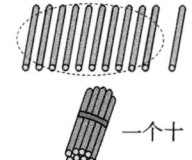

图 3 捆一捆

介绍 1 捆——计数单位十（新朋友）；数一数，这里有几个十？（师拿出 3 捆）

在图 4 中对比 14 个 1 和 1 个 10、4 个 1。

图 4 例子

你会用新朋友 10 和老朋友 1 表示 13、16 吗？

【设计意图：故事继续发展，倒逼学生理解大石头代表 10 只羊，强调大石头表示 10 的整体意义；在圈一圈、捆一捆的活动中调动学生多种感官理解 10 个 1 就是 1 个 10，体会按群计数的意义；用新、老朋友儿童化的语言让学生体会计数单位 1 和 10 的联系；在运用对比中学生强化对 10 的运用，突出按群计数的简便价值。】

（三）拨一拨，说一说

两个一样大小的珠子怎么表示 11 呢？（学生在讲台上把两个珠子左右、上下摆一摆）

都可以表示 11，不同位置上的珠子，一个表示 10，一个表示 1。为了方便，统一固定了个位和十位，介绍个位和十位的意义。

我说你拨：对比两种拨 10 的方法，理解满十进一 请拨 5、9、10（对比两种拨法，强调满十进一）；请拨 13、19、20。

【设计意图：通过计数器的认识，让学生进一步理解位值制，在拨一拨、说一说的活动中认识 11~20 各数的意义，理解和运用十进位值制的计数法。】

"11~20各数的认识"教学设计

（四）练一练，理一理

用你喜欢的方式（小棒、计数器、写数）表示 15 和 20。

观察小棒、计数器和写数表示的 15 和 20，你有什么发现吗？

明确小棒、计数器和写数之间的对应关系。

（五）看一看，说一说

今天的学习过程，就像这样一幅美丽的漫画。

我们跟着古人经历了哪些表示 11 的方法呢？

【设计意图：引导学生梳理古人计数的发展历程，感受古人的智慧，增强对数学的理解和热爱之情。】

"小数的初步认识"教学设计

一、教学内容

人教版小学《数学》三年级下册第七单元第 84~85 页。

二、教材分析

"认识小数"是建立在分数初步认识的基础上进行教学的，教材对这部分内容的教学要求很低，但是教材编排的跨度很大。从以元为单位的小数的认识跨到以米为单位的小数的改写。教材以学生日常生活中经常能接触到的元、角、分、米、分米、厘米的知识作为学习小数的知识的途径，每一个知识点，都充满了生活的气息。从数的发展历程来看，数的产生是先自然数（整数），然后分数，最后小数。我们学习时也是在整数、分数的基础上学习小数，学生对小数概念的理解要比小数计算的掌握困难得多，所以，现在刚接触小数，主要是让学生借助具体的量（米、分米、厘米、元、角、分）和直观图，直观感受小数与十进分数之间的关系，初步认识分数。

三、学情分析

小学三年级的学生对小数并不是全然不知，在日常生活中已经有所接触，但由于小数是十进分数的特殊表现形式，其意义具有一定程度的抽象性，学生要进一步理解小数的意义，还有一定的困难。针对这一现状，教学中应充分考虑学生的生活经验，找出生活与数学知识的契合点，利用小数与分数之间的联系，重视直观、引导，注重启发，让学生亲历知识的形成过程。

四、教学目标

（1）结合具体情境和直观图使学生初步了解小数的含义，会认、读、写不超过两位的小数。

（2）通过观察、比较等学习活动培养学生的观察能力、概括能力和类推能力。

（3）了解小数在日常生活中的广泛应用，体会数学与生活的密切联系。

五、教学重点

初步理解一位小数的意义，能正确地认、读、写不超过两位的小数。

六、教学难点

正确领会一位小数和十分之几分数之间的关系。

七、教学准备

课件、米尺。

八、教学过程

（一）唤醒经验，认读小数

1. 认小数

（1）自我介绍：我姓范，大家可以叫我范老师，我今年40岁，我的身高是160厘米，我的体重是58.5千克，我最喜欢吃的水果是苹果。昨天晚上，我去超市买了8个苹果，重2.5千克，每千克苹果是7.96元，一共花了19.9元，我付给收银员20元，找回0.1元。

（2）进行分类：在范老师刚才的介绍中，哪些数是我们以前认识过的数？

（40、160、8、20，这些叫作"整数"）

剩下的数你们认识吗？（小数）

（3）对比观察。小数和整数有什么不一样的地方？（小数的中间有小圆点）

（4）认识小数。这个小圆点叫作小数点，它把小数分成了左右两部分，这是小数的重要标志。下面，我们把这些小数请到一起来（58.5，2.5，7.96，19.9，0.1）。仔细观察，小数点要写在数字的右下方，它是一个小圆点，可不要写成了顿号。刚才我们说了，这个小圆点叫作——小数点（顺势板书），它的左边叫作"整数部分"，它的右边叫作"小数部分"。

像 58.5，2.5，7.96，19.9，0.1……这样的数都叫作小数。这节课，我们就一起来认识这个新的数朋友——小数（板书课题：认识小数）。

2. 读小数

刚才这些小数你会读吗？（学生试读，有错误的及时纠正）

读小数和读整数有哪些相同之处？哪些不同之处？（小数点左边也就是它的整数部分要按照整数的读法来读；小数点右边也就是小数部分要像报电话号码一样，一位一位地按顺序读出每个数字）

下面的小数，你会读吗？试一试？

（1）李阿姨买了 3.45 千克的西红柿。

（2）一支铅笔 0.85 元，一支中性笔 2.60 元。

（3）小明的体温是 36.6℃，体温正常。

（4）儿童票的标高线是 1.2~1.5 米。

生活中的小数还有很多，大家课下可以自己找一找。

（二）循序渐进，认识小数

1. 借助"元"，初识小数

刚才范老师买苹果找回了 0.1 元，你知道是多少钱吗？（0.1 元是 1 角，教师板书：0.1 元 =1 角）

那么，大家想一想我们在认识分数时，1角=多少元（板书：1角=1/10元）。

因为1角是1/10元，还可以写成0.1元，所以，0.1元=1/10元。

那么，2角呢？5角呢？9角呢？1元1角呢？5元8角呢？19.9元表示什么意思呢？

2. 借助"米"，再认小数

（1）认识0.1米。

回忆：我们知道1米=10分米，也就是说把1米平均分成10份，其中的一份是1分米，请大家在米尺上比画一下1分米，这个1分米用分数表示是多少米？（教师板书：1分米=1/10米）

思考：刚才我们知道1/10元=0.1元，那么1/10米用小数表示就是？（0.1米）

小结：1分米=1/10米=0.1米。

（2）认识零点几米。

我们知道了1分米=1/10米=0.1米，那么，3分米呢？（指认米尺）

在这把米尺上你还能找到其他小数吗？（如0.5米，0.6米……）

对比小结：观察刚才的这些分数，它们有什么相同之处？（分母都是10，都是十分之几）

观察刚才的这些小数，它们有什么相同之处？（小数点左边都是0，小数点右边都是一位小数）

我们把1米平均分成10份，其中的几份就是十分之几米，十分之几米可以用零点几米来表示，反过来，零点几米就表示——（十分之几米）。

3. 抽象提升，理解小数

（1）改变单位。

刚才，我们是把1米平均分成10份，其中的几份就用零点几米来表示。如果换个单位，也把它平均分成10份，你还会用分数和小数来表示吗？

这里有一条线段，平均分成了10份，自己选择一个合适的单位，用分数和小数表示出箭头所指的部分（先让一个学生说一说，给其他同学做好示范）。

独立完成后，全班展示交流。

（2）去掉单位。

无论是千克、千米还是其他单位，我们填的小数变了吗？如果我们把刚才的单位全部去掉，你还能在这条线段上找到其他小数和分数吗？（学生举例）

现在，我们再回过头来观察，只要是什么样的分数都可以写成零点几的小数？（十分之几）反过来，零点几就表示什么？（十分之几）

在 0 和 1 之间，像 0.1，0.2 这样的小数部分只有一位的小数有多少个呢？（9 个）0.9 再添一个 0.1 是多少？（1）

（3）对比沟通。

老师的身高是 160 厘米，你能换一种表示方法吗？（1 米 60 厘米，1 米 6 分米，1.6 米）

这个 1.6 米，在 0 和 1 之间能找到吗？它在哪两个整数之间呢？

那么，前面范老师买的 2.5 千克苹果，2.5 在哪两个整数之间？19.9 呢？58.5 呢？在这条直线上你还能找到其他的数吗？能找完吗？（找不完，所以用一个箭头来表示，这条直线很重要哦，我们在今后的学习中会经常见到，尤其是上初中以后）

（三）实践应用，巩固提高

（1）下面的小数一个零都不读的是（　　）。

A. 80.6　　B. 2.60　　C. 3.05

（2）把图中的黑色部分用小数和分数表示出来。

分数：(　　)

小数：(　　)

（3）把它们的价钱用小数表示出来。

小喇叭　　　　气球　　　　小手枪
7角　　　　　5角　　　　3元2角

（四）了解历史，拓展知识

早在1700多年前，我国古代数学家刘徽就开始应用小数了。我国古代用小棒表示数。为了表示小数，就把小数点后面的小棒放低一格。例如：3.12的表示方法如图1所示。

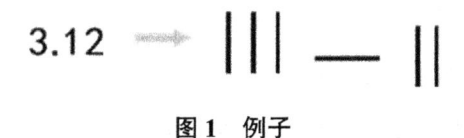

3.12 ➡ Ⅲ 一 Ⅱ

图1 例子

这是世界上最早的小数表示方法。有了阿拉伯数字后，先后出现了像这样表示小数的方法：3 12　3 12 。

在西方，小数出现很晚。最早使用小圆点作为小数点的是德国数学家克拉维斯，还有一部分国家是用逗号表示小数点的。

经过中外无数数学家的不断使用和改进，最终才形成了我们现在所使用的最简洁的形式。

（五）课堂小结

同学们，今天我们又认识了"数"家族的一个成员——小数，小数在我们的生活中应用广泛，留一个小作业给大家，请同学们回家后去收集三个小数，并写清楚是从哪里收集到的。

"比的基本性质"教学设计

一、教学内容

人教版小学《数学》六年级上册第四单元第48~49页。

二、教材分析

"比的基本性质"是人教版小学《数学》六年级上册第四单元第2课时的内容，本课学习是基于学生已经有了商不变的性质、分数的基本性质、比的意义的学习经验进行的。根据已有的学习经验，学生通过类比推理得出"比的基本性质"的困难不大，且大部分学生都能通过举例来验证比的基本性质。本课教学重在让学生经历"猜想—验证—运用"研究过程，学会利用旧知自主探索新知，提升推理能力和应用意识。

三、教学目标

（1）结合已有的知识经验，理解比的基本性质，并初步尝试运用比的基本性质把比化成最简单的整数比。

（2）通过观察、对比、交流等学习活动，经历知识迁移的过程，培养学生建立联系、质疑辨析、猜想推理的学习能力。

（3）体会比、除法、分数各知识间的内在联系，培养学生独立思考和合作交流的学习习惯，树立学好数学的信心。

四、教学重点

理解比的基本性质，能正确化简比。

五、教学难点

正确应用比的基本性质化简比。

六、教学准备

PPT、学习记录单。

七、教学过程

（一）复习导入

（1）什么叫两个数的比？（两个数的比表示两个数相除）

（2）想一想比与分数、除法的关系，填一填。

比	前项	：（比号）	后项	比值
分数				
除法				

3：4=（　）÷（　）=$\frac{(\ )}{(\ )}$　　　6：8=（　）÷（　）=$\frac{(\ )}{(\ )}$

12：16=（　）÷（　）=$\frac{(\ )}{(\ )}$　　15：20=（　）÷（　）=$\frac{(\ )}{(\ )}$

（3）复习商不变的规律和分数的基本性质：填一填，并说一说你的理由。

① 20÷25=（20÷5）÷（　　）=（　　）

　　2.4÷0.5=（　　）÷（0.5×2）=（　　）

② $\frac{12}{25} = \frac{12 \times (\ )}{25 \times 4}$ =（　　）　　$\frac{12}{18} = \frac{12 \div (\ )}{18 \div (\ )}$（　　）

商不变的性质：被除数和除数同时乘或除以相同的数（0除外），商不变。

87

分数的基本性质：分数的分子和分母同时乘或除以相同的数（0除外），分数的大小不变。

【设计意图：回顾比的意义和商不变的性质及分数的基本性质，厘清比与分数、除法的关系，为探究比的基本性质做好铺垫。】

(二) 探究新知

1. 猜想

既然比和分数、除法联系这么密切，那么在比中是否也存在像商不变的规律和分数的基本性质一样的"变"和"不变"的规律呢？

学生独立思考后，先在小组内交流自己的猜想，再进行全班交流。

猜想：比的前项和后项同时乘或除以相同的数，比值不变。

2. 探究

大胆的猜想能给我们的学习指明研究的方向，但是猜想是否正确，需要我们进行验证。

学生自主选择方法验证猜想。

3. 交流

（1）利用比和除法的关系进行验证。

如：$6 \div 8 = (6 \times 2) \div (8 \times 2) = 12 \div 16$

↓ ↓ ↓

$6 : 8 = (6 \times 2) : (8 \times 2) = 12 : 16$

规律：比的前项和后项同时乘相同的数，比值不变。

$6 \div 8 = (6 \div 2) \div (8 \div 2) = 3 \div 4$

↓ ↓ ↓

$6 : 8 = (6 \div 2) : (8 \div 2) = 3 : 4$

规律：比的前项和后项同时除以相同的数，比值不变。

（2）利用比和分数的关系进行验证。

如：$\dfrac{6}{8} = \dfrac{6\times 2}{8\times 2} = \dfrac{12}{16}$

　　　↓　　　　　↓　　　　　↓

　　6∶8 =（6×2）∶（8×2）= 3∶4

规律：比的前项和后项同时乘相同的数，比值不变。

$\dfrac{6}{8} = \dfrac{6\div 2}{8\div 2} = \dfrac{12}{16}$

　　　↓　　　　　↓　　　　　↓

　　6∶8 =（6÷2）∶（8÷2）= 3∶4

规律：比的前项和后项同时除以相同的数，比值不变。

4. 归纳

（1）小结。比的前项和后项同时乘或除以相同的数，比值不变。

（2）讨论。同时乘或除以的相同的数可以是0吗？为什么？

（不可以是0，因为除以0没有意义）

（3）归纳总结。比的基本性质：比的前项和后项同时乘或除以相同的数（0除外），比值不变。

【设计意图：先提出问题让学生进行猜想，再调动学生思考问题的积极性，由提出的问题，引发横向思维，建立各知识点之间的联系，最后通过观察、比较、思考、发现，逐渐完善比的基本性质，帮助学生养成比较完善的思维习惯。】

（三）应用新知

1. 整数比的化简方法

问题：PPT课件出示教材第50页例1（1）小题："神舟"五号搭载了两面联合国旗，一面长15厘米、宽10厘米，另一面长180厘米、宽120厘米，这两面联合国旗长和宽的最简单的整数比分别是多少？

（1）明确什么是最简单的整数比〔前项和后项是互质数（只有公因数1）的比叫作最简单的整数比〕。

（2）探究15∶10和180∶120的化简方法。

15∶10
= (15÷5) ∶ (10÷5)
= 3∶2

180∶120
= (180÷60) ∶ (120÷60)
= 3∶2

小结：化简整数比，可以把比的前项和后项同时除以它们的最大公因数。

2. 分数比和小数比的化简方法

问题：PPT课件出示教材第51页例1（2）小题：把下面各比化成最简单的整数比。

（1）探究分数比的化简方法（引导学生说出：要根据比的基本性质，把它的前项和后项同时乘它们分母的最小公倍数，才能化成最简单的整数比）。

①用乘最小公倍数的方法。②用求比值的方法。

（2）探究小数比的化简方法（引导学生说出：要根据比的基本性质，把它的前项和后项同时乘相同的数，使它们转化成整数比。如果这时还不是最简单的整数比，要再除以前项和后项的最大公因数，化成最简单的整数比）。

小结：用求比值的方法化简分数比时，要注意化简比与求比值的不同，无论是分数比的化简还是小数比的化简，简化比的结果仍要写成比的形式，而不能写成小数或整数的形式（板书：分数比的化简，小数比的化简）。

（四）总结方法

化简比的依据是比的基本性质，化简比的方法不是唯一的，要注意的是，化简后仍是比的形式。

【设计意图：在弄清比的基本性质的基础上，引导学生探索各类比的化简方法，结合实例，总结出各类比的化简方法，培养学生的概括能力。】

（五）巩固练习

（1）完成教材第51页"做一做"。

（2）填空。

16：200 =（　　）：（　　）=（　　）：（　　）=（　　）：（　　）

（独立尝试后交流，汇报时说明理由，答案不唯一，只要和 16：200 的比值相等就是正确的）

（六）拓展延伸

把一条线段分成两部分，如果较短部分与较长部分长度之比等于较长部分与全长之比，我们把这个比称为"黄金比"（约为 0.618：1）。当一个物体的两个部分长度的比大致符合黄金比时，常常会给人以一种优美的视觉感受。"黄金比"也叫"黄金分割"，黄金分割具有严格的比例性、艺术性、和谐性，蕴含着丰富的美学价值，而且呈现于不少动物和植物的外观。现今很多工业产品、电子产品、建筑物或艺术品均普遍应用黄金分割，展现其功能性与美观性。

制订旅游计划

一、教学内容

人教版小学《数学》六年级下册第六单元第 106~107 页。

二、教材分析

本次综合实践活动是对"数与代数""统计与概率"部分知识的综合应用，主要引导学生在为小芳一家规划旅游行程、进行旅游费用预算，以及为自己家制订一个外出旅游计划的过程中，体验综合运用所学知识解决问题的过程，感受数学知识的应用价值，提高发现和提出问题、分析解决问题的能力，提升数学素养。教材安排了提出问题、费用预算、尝试实践、回顾反思四个环节，四个环节可以分为三个层次：第一层次是根据提供的信息，帮助小芳一家制订旅游计划，并进行相应的费用预算，这是 1 个课时的内容。第二层次是确定一个全家外出旅游的目的地，收集相关信息，完成全家旅游计划的制订和费用预算，这部分内容安排学生课下完成。第三层次就是交流各自制订的旅游计划，并收集和整理全班同学选择的旅游地点，找出 4 个同学们比较喜欢的旅游地点，讨论并计划如果几家结伴旅行是否可以节省费用，这部分内容需要 1 个课时来完成。

本课研究内容是第一层次，即根据提供的信息，帮助小芳一家制订旅游计划，并进行相应的费用预算。

三、学情分析

本节活动课安排在小学六年级下册总复习后面，是对小学六年所学知识的综合应用。学生已经学完了小学六年的数学知识，掌握了一定的计算方法和统计知识，学生们在六年中或多或少的随父母外出旅游过，具有一定的生活经验和解决问题的能力，这些都为本次活动提供了保障。

四、教学目标

（1）使学生经历规划旅游行程、进行旅游费用预算的过程，进一步加深对"数与代数""统计与概率"部分相关知识的理解，体验综合运用所学知识解决问题的过程，培养学生发现和提出问题、分析和解决问题的能力，进而发展学生的数学思考能力。

（2）使学生在制订旅游计划的过程中，进一步体会所学习的有关计算、统计等知识和方法的应用价值，感受数学与生活的联系，获得学习成功的体验，培养对数学学习的兴趣。

五、教学重点

合理分析和处理信息，进行旅游线路安排和费用预算。

六、教学难点

合理提取信息，制订周密的旅游计划。

七、研究目标

（1）通过本次活动，让学生进一步感受数学在生活中的应用，数学与生活的紧密联系，同时利用同学们最感兴趣的旅游问题激发学生对数学的学习热情。

（2）使学生经历发现和提出问题、分析和解决问题及回顾反思的过程，掌握解决问题的方法，获得解决问题的经验。

（3）使学生经历合作交流、共同探讨等合作学习的方式，感受到团队合作的价值，共同分享成功的喜悦。

八、设计理念

本节课以"小芳一家制订旅游计划"为载体，在学生获得初步解决问题经验的基础上，再让课下为自己家设计一份旅游计划。一方面复习了数学知识，另一方面让学生学以致用，让学生获得解决问题的经验，激发学生的学习热情。另外，本节课具有一定的开放性，可以较好地锻炼学生灵活运用所学知识解决问题的能力和合理选择的能力。

九、教学准备

北京到济源的火车时刻表及票价信息、济源到北京的火车时刻表及票价信息、济源一日游线路及价格信息、每天的住宿费、市内交通费、伙食费以及其他费用。

十、教学过程

（一）谈话导入，引出课题

（播放短片：济源风光）

同学们，大家知道范老师来自哪里吗？（河南济源）

对，河南济源，也就是刚才大家在短片中看到的愚公故里。我的家乡美不美？（美！）正如大家在短片中所看到的，我的家乡是一座美丽的小城。

家住北京的小芳同学在网上看到了刚才这个短片，准备和爸爸妈妈利用暑假到济源旅游，今天这节课我们就一起帮小芳一家制订一份旅游计划。

【设计意图：通过简短的交流引入新课，既体现了数学内容的生活化，又可以让学生知道学习的是身边的数学，具有亲切感。】

（二）实践活动，设计方案

1. 活动准备，初步指导

要想制订一份合理的旅游计划需要考虑哪些方面的内容呢？请大家结合我们的生活实际想一想。谁来说一说？

根据学生的回答，择要板书：时间、地点、旅游线路、交通工具、费用、住宿、餐饮、可玩性……

大家想到了这么多，考虑得很周密，那么，要想预算费用需要先知道什么？（板书：预算费用）对，要知道门票、车票费、住宿费等，也就是说我们需要先收集信息、安排行程。（板书：收集信息——安排行程）可是到哪儿收集信息呢？（网上、旅行社等）

现在，我们一起来梳理一下，制订一份合理的旅游计划都需要哪些步骤呢？

学生：收集信息、安排行程、预算费用。

【设计意图：通过结合生活实际进行交流，让学生对如何制订旅游计划有一个初步感知，了解制订旅游计划的基本内容和基本步骤，初步建立模型。】

2. 出示信息，提出问题

下面请大家看大屏幕：

小芳和爸爸、妈妈准备利用暑假到济源旅游，他们计划 7 月 10 日从北京出发乘火车到济源，7 月 13 日从济源乘火车返回北京。

如果现在请大家小组合作帮助小芳制订一份合理的旅游计划，并准确进行费用预算。你需要先做什么？（收集信息）接下来呢？（安排行程、预算费用）

（北京到济源的火车时刻表及票价信息；济源到北京的火车时刻表及票价信息；小芳的身高、年龄；济源一日游线路及价格；一家人每天的住宿费、市内交通费、餐饮费及其他费用）

【设计意图：提出本课的核心问题，给出制订旅游计划的要求，明确本课的学习任务。】

3. 初步规划，预算费用

开始之前，先请大家认真阅读小组合作要求（大屏幕出示小组合作要求）。

（1）要先熟悉资料袋里的参考信息。

（由于课堂时间和条件的限制，老师提前帮大家收集了一些资料，放在学具袋里，可供大家参考）

（2）要明确制订计划的基本步骤。

（收集信息—安排行程—预算费用）

（3）要有计划按步骤进行设计。

（4）小组成员要分工合作。

（5）时间：15分钟。

【设计意图，为避免小组的合作盲目无组织，这里给出了明确的小组合作要求，为小组合作指明方向，可以较好地提高小组合作的效率。】

（学生小组合作制订旅游计划，教师巡视，适时予以指导）

4. 展示交流，说明理由

各小组的旅游计划都已经完成了，下面准备开始小组汇报，先请大家认真阅读小组展示要求：

（1）要说清楚整个行程的设计及设计理由。

（2）要讲清费用预算中每一项的具体数额。

（3）要征求大家的意见，解答大家的问题。

下面先请第 × 小组的代表来和大家一起交流，其他同学对照参考信息认真听讲，可以对他们的发言进行补充，或质疑。

第一次交流：先请存在问题较多的小组进行交流。

①一学生交流，另一学生协助完成黑板上的相应表格。

②针对问题质疑、释疑，教师适时提炼关键词并进行板书，如：合理、舒适、丰富、周密、准确、节约……

第二次交流：这次请计划比较合理周密的小组进行交流。

接下来请第 × 小组来和大家一起交流。

制订旅游计划

- 他们的行程安排非常周密，选择的交通工具不仅舒适，而且还很节约。
- 在他们的安排下，小芳一家可以在济源玩 4 天，旅游行程的安排真的非常丰富。
- 能发现他们计划中的漏洞，说明你听得很认真，希望大家都能向他学习。
- 这个建议听起来不错，你们觉得呢？
- 你们小组在计算时可得细心点儿了，一定要注意每个信息，准确进行计算。
- 听了大家的建议，你们组有什么想说的？
- 他的建议你们听明白了吗？谁还有不明白的或需要补充的，可以提出来。
- 在制订方案时，大家想法不同就会有不同的行程安排，但前提是必须安排合理。

【设计意图：分别选择问题较多的和合理周密的两个小组进行交流，目的是让学生通过交流发现问题，进而引导学生逐步学会自评和互评。同时根据两个小组的交流，及时予以评价和指导，引导学生进行修正，逐步培养学生自我反思的能力。】

结合刚才这两组制订的旅游计划，你有什么发现？

（学生发表各自的意见，让学生明确一份合理的旅游计划要做到：交通工具要舒适、行程安排要周密、旅游景点要丰富、费用预算要准确）

【设计意图：通过两个小组的展示交流，让大家互相质疑、释疑，逐步使设计思路更加清晰，从而培养学生发现问题、提出问题、解决问题的能力。】

经过大家刚才的周密的思考和交流，看看你们最初制订的计划，要不要修改一下呢？接下来给大家 2 分钟时间把你们的计划重新进行整理。

现在，哪个组愿意把自己修改后的计划和大家交流一下？

【设计意图：有了前两组的交流的经验做基础，学生对整个计划的设计会有一些新的认识，适时给学生时间重新整理一下自己的计划，培养学生的自我反思能力。】

5. 回顾总结，及时评价

通过刚才各小组的展示交流，大家觉得制订一份合理的旅游计划需要关注些什么呢？（学生发表各自的意见，再次明确一份合理的旅游计划要做到：交通工具要舒适、行程安排要周密、旅游景点要丰富、费用计算要准确……）

【设计意图：通过回顾总结，让学生在自我评价和互相评价中逐步培养其严密的数学思考能力。】

（三）课堂小结，明确思路

现在，各小组同学通过自己的努力，已经帮小芳一家制订好了旅游计划，回顾一下，我们这节课都经历了怎样的学习过程？首先是根据小芳一家准备到济源旅游这一生活现象提出了怎样制订一份合理的旅游计划的问题；其次大家通过小组合作一起制订旅游计划，解决实际问题；最后通过展示交流和回顾反思，让我们明白制订一份合理的旅游计划不仅可以帮我们节约开支，还可以让我们拥有一个愉快而充实的旅程！

同学们，其实，不只是旅游，我们的学习、生活也是如此，俗话说"凡事预则立，不预则废"，希望大家养成良好习惯，做个有计划的人！

【设计意图：通过总结制订旅游计划的全过程，让学生进一步体会数学学习的方法，同时感受数学思维品质在生活中的广泛应用。】

马上就要放五一假了，大家不妨选择一处旅游地点，收集相关信息，制订一份全家旅游计划，并做好费用预算。

预祝大家有一个愉快的旅程！谢谢大家！同学们，再见！

"找次品"教学设计

一、教学内容

人教版小学《数学》五年级下册第八单元第 111~112 页。

二、教材分析

"找次品"是人教版小学《数学》五年级下册"数学广角"的内容。"找次品"问题是一类经典的数学问题，在上本课之前学生已经在沏茶、烙饼和打电话等问题中积累了优化和图示的相关经验，对优化的本质——"充分利用资源，提高效率"有了一定的感悟，相比之下"找次品"问题的优化难度更高，图示更复杂。同时不断积累的优化策略和活动经验将为六年级探索"鸽巢问题"和总复习之"数学思考"打下坚实的基础。因此本课重点就是让学生通过观察、猜测、试验等方式，经历"找次品"的全过程，理解其一般性的解决方法，即"把这 n 个零件尽可能平均分为 3 份"（这是由天平的特点决定的，因为天平有两个托盘，所以次品所在的位置无外乎三个地方，即两个托盘上和天平外），学会用直观的方式清晰、简洁、有条理地表达逻辑推理过程，从而感受解决问题策略的多样化和优化思想，培养学生的观察、分析和逻辑推理能力。

三、教学目标

（1）通过观察、猜测、实验、推理等活动，理解"找次品"问题的基本原理，探索解决问题的策略，渗透优化思想，体会解决问题策略的多样性，培养学生观察、分析、推理的能力。

（2）能利用图形、符号、语言表述等多种表征，清晰、简明地表示数学思维过程，培养学生逻辑思维能力。

（3）以解决"找次品"问题为载体，初步培养学生的应用意识和解决实际问题的能力。

四、教学重点

体会解决问题策略的多样性，感悟解决问题的优化策略。

五、教学难点

能利用图形、符号、语言表述等多种表征，清晰、简明地表示数学的思维过程。

六、教学准备

多媒体课件、天平、若干个乒乓球、每人 3 个小圆片、研究记录单。

七、教学过程

（一）故事导入，提出问题

1. 小故事：一枚 O 型环引发的悲剧

1986 年 1 月 28 日，美国第二架航天飞机"挑战者"号在进行第 10 次飞行时，从发射架到升空 73 秒后爆炸解体，7 名宇航员殉职，价值 12 亿美元的航天飞机化为碎片，坠入大西洋。造成世界航天史上最沉重的悲剧。

事故调查表明，此次事故的根源来自一个不起眼的橡胶部件——O 型环。由于发射时气温过低，这个质量不合格的 O 型环失去了弹性，使固体火箭助推器内的高压高热气体泄漏，最终导致高速飞行的航天飞机在高空解体。

2. 出示问题

（微软公司招聘面试题）假设 81 个乒乓球中只有一个球稍重，如果只利用没有砝码的天平，最少几次才能找到稍重的球？

（1）如果把这 81 个乒乓球交给你，你会怎么找到这个稍重一些的球？独立思考 1 分钟，说想法。

预设：用手掂一掂（如果两个物体的差异很大、很明显，可以用掂一掂的方法。但差异很小，很难掂出来）

拆开数一数（如果拆开，手帕纸包装被破坏，没法卖了，不方便）

用秤称一称（一张手帕纸大约 1 克，太轻，一般的秤称不出来）

（2）理解"只利用没有砝码的天平"。

介绍天平：天平是一种衡器，是衡量物体质量的仪器。它是依据杠杆原理制成，在杠杆的两端各有一小盘，一端放砝码，另一端放要称的物体，杠杆中央装有指针，两端平衡时，两端的质量（重量）相等。

回忆天平在方程中的应用：学习等式基本性质和解方程时，我们用过天平，在数学中主要用来表示平衡，一般用的是没有砝码的天平。

（3）认识"次品"。

①外观不同的；

②外观相同但质量不同的。

【设计意图：理解问题是分析问题和解决问题的前提，当学生面对实际问题，首先想到的肯定是数一数、掂一掂，因为他们缺少使用天平的经验，所以先让他们了解"数"和"掂"的局限性，再引入天平，初步感受平衡，为后续研究做好准备。】

（二）化繁为简，初步感知

从 81 个球中找出一个次品，比较复杂，那么我们应该怎么研究呢？

（回忆"鸡兔同笼""指数问题""探索图形"等问题的研究经验：化繁为简）

1. 研究 2 个球的情况

（1）演示操作。画图表示：用"△"上加一条短横线表示天平，用长方形表示手帕纸。

（2）结论：2 个球，称 1 次可以保证找出次品。

2. 研究 3 个球的情况

（1）猜想。

（2）演示操作。

（3）画图表示。

（4）结论：3 个球，至少称 1 次可以保证找出次品。

（5）思考：为什么 2 个球称 1 次，3 个球还是称 1 次？

（6）小结：由于天平有两个托盘，2 个时平均分 2 组每边各放 1 个，3 个时平均分 3 组，天平上每边放 1 组，天平外还剩 1 组，都是只称 1 次即可。

2 个和 3 个虽然数量不同，但都是至少称 1 次就可以保证找出次品。

【设计意图：数学教学活动必须建立在学生的认知发展水平和已有的知识经验基础之上。化繁为简，先以 2 个、3 个待测物品为起点，降低了学生思考的难度，能较顺利地完成初步的逻辑推理，只有在此基础上厘清"找次品"的思路，才能保证后面的探究、推理活动顺利进行。在研究工程中根据天平的情况推断出剩下 1 包的情况，是解决"找次品"问题的关键，先将实验演示和语言表达结合起来，帮助学生初步理解原理，然后用图示法表示。图示是对问题进行抽象、概括的一种方式，通过图示使找次品的方法具有概括性，同时也可以培养学生的抽象思维能力。初步感知后及时进行方法的总结，可以分散本课的难点，有利于学生发现解决"找次品"问题的最优策略。】

（三）探索规律，优化策略

1. 探究 8 个球的情况

（1）提出问题。8 个球里有 1 个是次品（次品轻一些）。假如用天平称，至少称几次能保证找出次品？

"找次品"教学设计

（2）大胆猜测。

学生1：如果运气好一次就能找到次品，所以至少一次。

学生2：一次不能保证找出次品，因为如果运气不好，就找不到次品了。

学生3：每次称2个，4次保证找出次品。

（3）理解题意。

教师："至少称几次能保证找出次品"是什么意思？

学生：既要保证找出次品，又要次数最少。

【设计意图：在称量中会有多种多样的方法，代表着不同的解决方案，每种方案都能确保把次品找出来，但这些方案中能不能找到一种最优方案？这种方案有什么特点？帮助学生理解"至少"和"保证找出"就是从多样化到优化的关键。学生第一次遇到这类问题，往往不能兼顾两端，说"1次"的同学忽视了"保证"，说"4次"的同学没有考虑到至少。通过同学间的互相交流，否定错误，澄清认识，确定研究方向，在探究、解决问题的过程中不走错路，少走弯路，有利于课堂教学目标的达成。】

（4）独立尝试，小组交流，探索规律。

明确操作要求：①尝试独立画图思考；②组内交流，组长记录。

填写研究记录单：

	分的组数	每组的数量	至少要称的次数	在次数最少的后面画"√"
方法一				
方法二				
方法三				
方法四				
方法五				

观察记录单，你发现了什么？

（5）汇报交流，对比观察，总结规律。

8个球分成3组（3，3，2），其中有2组同样多，至少称2次就可以保证找出次品。

【设计意图：在这一环节，让学生动手动脑，亲身经历分、称、想的全过程，从不同的方法中体验解决问题策略的多样性。为了便于学生操作和节省时间，所以让学生用学具模拟天平实验来进行实践探究。图示法较为抽象，对学生来说不容易理解，在这里只是让学生初步感知，教师根据学生的回答同步板书，便于学生理解每项数据、每种符号的含义，为后面的学习打下基础。】

2. 探究9个球的情况

（1）提出问题：如果是9个球呢？

（2）大胆猜测：分3组，每组3个，至少2次。

（3）画图验证：用画图法表达自己的思考过程。

（4）交流评价：还有更好的分法得到更少的次数吗？

（5）总结规律：9个球平均分成3组，至少称2次就可以保证找出次品。

【设计意图：这一环节是本节课的重点也是难点，学生通过思考、分析，结合操作，尝试用图示法记录找次品过程，是完成由具体到抽象过渡中的重要一步。让学生在交流、对比中探索最简便的方法，经历学习、发现和探索的过程。】

（四）运用策略，验证推广

（1）研究10个球的情况：独立画图解决，全班展示交流。

10个球分成3组（3,3,4）或（4,4,2），至少称3次就可以保证找出次品。

（2）研究27个球的情况：独立画图解决，全班展示交流。

27个球平均分成3组，至少称3次就可以保证找出次品。

（3）那81个球呢？

81和我们前面解决的3，9，27之间有什么关系？

$3 \times 3=9$，$3 \times 3 \times 3=27$，$3 \times 3 \times 3 \times 3=81$……

【设计意图：一是进一步借助抽象的直观图示验证和应用发现的规律，初步学会数学思维。二是体会转化思想，大数据情形下可以经过平均分转化为小数据的情形，再直接运用前面已有的结论。三是81个和课前问题相呼应，前后次数的强烈反差，让学生不由地产生一种惊讶、一种感叹、一种震撼，在这种惊讶、感叹和震撼中学生会深深地感受到数学的价值，喜爱数学的情感油然而生。】

（五）总结提升，拓展延伸

1. 总结方法

（1）在找次品的过程中，首先需要将物品分成3组，这是为了每次尽量将次品所在的数量限制到最小的范围内，称一次可以判断次品在两个托盘和托盘外这三个位置中的其中一个。

（2）根据最不利的原则，3组的数量要尽量相等，如果不能平均分，最多与最少相差1个即可，这样才能把次品限制在更小的范围内，使得所用的次数最少。

（3）尽量平均分成3组。

2. 出示第114页表格

要辨别的物品数目	保证能找到次品至少需要测的次数
2~3	1
4~9	2
10~27	3
28~81	4
（　　）	5
……	……

3. 补全表格

（1）如果称5次，最多能从多少个物品中找到次品？请你想一想，补全表格。

（2）如果要从300个物品中辨辊出1个次品，至少需要称几次？

（3）10次最多能从多少个物品中找到次品呢？

最后送大家两个词：化繁为简（转化）、优化意识（统筹）。

【设计意图：第一，通过总结归纳，将找次品问题升华为最优化问题，让学生深刻感受到数学思想方法的价值；第二，转换角度，从给定次数推断出被测物品最多的数量，正反两方面的推理，有助于学生更好地理解"找次品"的最优方案；第三，通过对规律的总结归纳，形成解决"找次品问题"的一般模型和方法。】

"数与形"教学设计

一、教学内容

人教版小学《数学》六年级上册第八单元第105~106页。

二、教材分析

数形结合是一种非常重要的数学思想，把数与形结合起来解决问题，可使复杂的问题变得更简单，使抽象的问题变得更直观。数与形相结合的例子在小学数学中比比皆是。有时是图形中隐含数的规律可利用数的规律来解决图形的问题，有时是利用图形来直观地解释一些比较抽象的数学原理和事实，让人一目了然。尤其是小学生思维的抽象程度还不够高，经常需要借助直观模型来帮助理解。例如，利用长方形模型来教学分数乘法，利用线段图来帮助学生理解分数除法的算理，利用面积模型来解释"两位数乘两位数"的算理、乘法分配律等。

数与形密不可分，可用数来解决形的问题，也可用形来解决数的问题，二者互为解释、有机融合。本节课的教学内容是等差数列1、3、5……之和与正方形数的关系，教学中通过数与形的对照，从图形的角度直观地理解"正方形数"或"平方数"的特点，借助图形直观形象的特点清楚表示出数的规律。通过数形的对应关系，互相印证结果，让学生感受数学的魅力。

三、教学目标

（1）从数与形的不同角度，观察、发现数学规律，培养学生归纳、推理、探索规律的能力。

（2）体会数形结合思想在解决数学问题过程中的意义与作用。

（3）在探索规律的过程中培养学生的合作交流能力及互动互助的学习品质。

四、教学重点

探索数与形之间的联系，发现数的规律，感受数形结合思想方法的价值。

五、教学难点

发现数与形之间的联系，从数与形中发现规律，应用规律，培养学生的逻辑思维能力。

六、教学准备

PPT、学习记录单。

七、第一课时教学设计

（一）情境导入，初步感知

1. 和数学打招呼

认识数学就是研究数量关系与空间形式的科学，在数与形中再次来认识数学。

【设计意图：通过和"数学"打招呼，让学生对"数"与"形"有一个初步认识，同时通过审题训练调动学生学习积极性，培养学生良好的学习习惯。】

2. 猜数游戏

几个一年级小学生根据一个数分别画了一幅图，根据他们画的图你能猜到给的数是多少吗？（见图1）

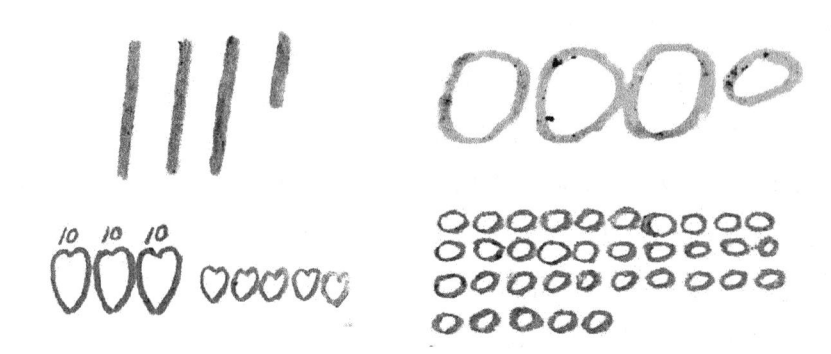

图1　学生画的数字

根据数能用形表示，通过这些形又能帮我们找到数，这说明数与形是有关系的。不只是我们在学习中发现了数与形的关系，很多数学家也发现了，他们还把此作为一个专门的内容来研究。想知道吗？一起来看看吧。

出示："数无形时少直觉，形无数时难入微"。这就是我们今天要研究的数与形。

【设计意图：通过对"35"的几种图形的描绘的猜测，唤醒学生已有的知识经验。借助华罗庚爷爷的"数无形时少直觉，形无数时难入微"，让学生对"数"与"形"之间的联系建立初步感知。】

（二）数形结合，探究新知

1. 数——初步理解数与形

【活动1】出示1个小正方形。

看到什么？（一个小正方形）

1个表示数，正方形表示形。

这是看来的？数来的？还是算来的？（看来的）

【活动2】再出示3个小正方形。

现在有几个小正方形？（4个）

这是看来的？数来的？还是算来的？

（数来的——一起数一数；算来的——1+3=4）

【活动3】再增加5个小正方形。

现在有几个小正方形？（9个）

这是看来的？数来的？还是算来的？

（数来的——从5接着数；算来的——1+3+5=9）

还敢挑战一下吗？猜一猜，接下来一共有多少个小正方形？

【活动4】再增加7个小正方形。

现在有几个小正方形？（16个）

怎么这么快就知道了？

（原来的9个加上新增加的？你怎么知道新增加几个？ 1、3、5、7……）

当别人还在等待的时候，他心里已经在猜了，这是很好的学习方法，他利用前面的数来推测新增加的数，这说明什么呀？（说明前面这些数是有规律的）

算式：1+3+5+7=16

我们看，这里已经有了规律，这里相加的是连续的奇数，这些奇数是以谁打头的？

好，接下来一共有多少个？（25）

25后面呢？（36）

……以此类推，由现象推出规律。

【设计意图：结合"1个小正方形—增加3个小正方形—增加5个小正方形—增加7个小正方形"这4个小活动，让学生通过一共几个小正方形？你怎么知道的？由此得出看来的—数来的—算来的，让学生逐步在观察中学会思考，发现规律。】

2. 算——深化理解数与形

1=1

1+3=4

1+3+5=9

1+3+5+7=16

"数与形"教学设计

观察右边的结果，它们有什么共同的特征？

（独立观察思考后把自己的想法和同桌进行交流）

预设1：奇、偶、奇、偶……

预设2：得数依次差3、差5、差7……（刚好相差的就是最后加的数，这个规律没有价值）

预设3：都是两个相同数相乘：1=1×1，4=2×2，9=3×3……

预设4：$1=1^2$，$4=2^2$，$9=3^2$……

【设计意图：通过学生的交流，让学生初步发现规律，并引发数形结合的思考。】

看到1^2、2^2、3^2、4^2……你想到了什么图形？（正方形）

$S=a^2$看作一个模型：

1^2表示边长是1的正方形的大小；

2^2表示边长是2的正方形的大小；

…………

你能把这些数转化成形吗？

教师画1个，你能把接下来的形清楚地表示出来吗？

学生补3个，变成一个正方形（这是什么图形？边长是多少？想到了哪个算式）。

我们看1+3=2^2，大家看这样算快吗？刚才凌乱的图形现在变成规则图形后还乱吗？

继续挑战！

把1+3+5改写成了一个边长是3的正方形，计算更快了。

课件依次出现相应的图形。看图2，说数。

【设计意图：借助正方形模型，从1^2—2^2—3^2……逐步发现"正方形数"的特点。】

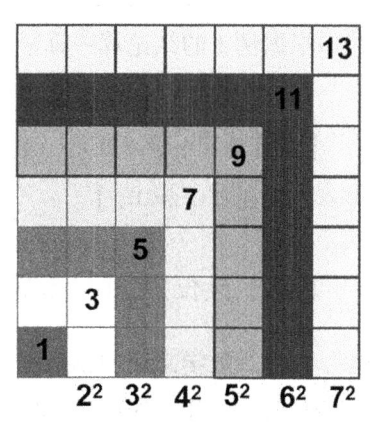

图2 课件

总结规律：

（1）从1开始，连续奇数相加的和，有几个数相加就是几的平方。

（2）每次所加的数与得数之间的关系。

（最后一个加数+1）÷2＝得数中下面的那个数；

得数中下面的那个数×2－1＝最后一个加数。

这个规律好不好？重要吗？

我们数学中这样的规律太多了，如果只把眼光盯在这些规律上你是走不远的，想要跟着范老师走得远一些吗？那范老师就告诉大家：我们研究规律的过程比这个规律更重要！

既然有了规律，咱们用这个规律解决点儿问题，好不好？

【设计意图：从关注结论到关注过程，让学生明白学会思考远比记住一个结论更重要。】

（三）巩固练习，学以致用

利用规律直接写一写：

1+3+5+7＝

1+3+5+7+9+11+13＝

_____＝9^2

根据例1的结论算一算：

1+3+5+7+5+3+1（加工成9^2）（$3^2+4^2=5^2$）

【设计意图：学以致用，第1题的3道是简单的应用，第2题则较为开放，可以分段也可以加工。】

（四）文化漫润，拓展延伸

1. 介绍数学文化勾股定理

$3^2+4^2=5^2$和一个形有关系。（直角三角形）

$a^2+b^2=c^2$ 猜想—验证（画图还原成正方形）

2. 回顾已有的数形经验

100以内数的认识

十位 个位
(3   6)

36是由（3）个10和（6）个1组成的。

关于分数的学习

$\dfrac{1}{2} \times \dfrac{3}{4} = \dfrac{3}{8}$

解决问题中画线段图表示数量关系

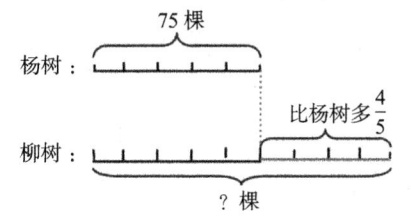

杨树：75棵

柳树：比杨树多$\dfrac{4}{5}$

？棵

柳树的棵=杨树棵数+柳树比杨树多的棵数

【设计意图：数学文化的介绍拓宽学生视野，丰富数学内涵。回顾已有的数形结合的经验，让学生明白数形结合在数学学习中的重要性。】

（五）课堂总结

数与形完美的结合创造了神奇的世界。还记得吗？什么叫数学？

到这儿，本节课就要结束了，这节课好玩吗？你们最该感谢谁？

最后让我们一起感谢华罗庚爷爷！继承文化，传承给下一代！（课后阅读"神奇的数"）

【设计意图：激发学生数学学习的热情，爱上数学。】

八、第二课时教学设计

（一）魔术导入，激发兴趣

（1）刘谦的拼图魔术（视频播放）。

（2）演示拼图魔术。

【设计意图：通过和"数学"打招呼，让学生对"数"与"形"有一个初步认识，同时通过审题训练调动学生学习积极性，培养学生良好的学习习惯。】

（二）出示问题，观察特征

观察下面这个算式，你发现了什么特点？猜一猜它的答案会是多少？

$$\frac{1}{2}+\frac{1}{4}+\frac{1}{8}+\frac{1}{16}+\frac{1}{32}+\frac{1}{64}+\cdots\cdots=$$

学生独立观察后汇报交流：

从第二个加数开始，后面每一个数都是前一个数的1/2。

通过通分计算，发现：

$$\frac{1}{2}+\frac{1}{4}=\frac{3}{4}=1-\frac{1}{4}$$

$$\frac{1}{2}+\frac{1}{4}+\frac{1}{8}=\frac{7}{8}=1-\frac{1}{8}$$

$$\frac{1}{2}+\frac{1}{4}+\frac{1}{8}+\frac{1}{16}=\frac{15}{16}=1-\frac{1}{16}$$

……

和的规律：分子总比分母小1，也就是"1-最后一个分数"。

（三）以形助数，初步感知

1. 自主操作

从下面三个图形中任选一个，在你选择的图形中先找到它的$\frac{1}{2}$，再在$\frac{1}{2}$的基础上,依次加上它的 $\frac{1}{4}$,$\frac{1}{8}$,$\frac{1}{16}$……一直加下去,你有什么发现?

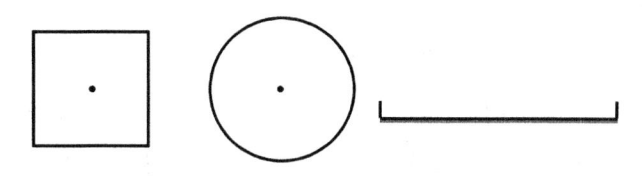

2. 展示交流

预设 1:利用正方形图,不停地无限加下去,最后留下的空白部分越来越少,最终的结果无限接近整个正方形。

预设 2:利用圆形图,不停地无限加下去,最后留下的空白部分越来越少,最终的结果无限接近整个圆。

预设 3:利用线段图,不停地无限加下去,最后留下的空白部分越来越少,最终的结果无限接近整条线段。

(四)以数解形,深入理解

1. 想一想,填一填

1= (　) + (　)
 = (　) + (　) + (　)
 = (　) + (　) + (　) + (　)
 = (　) + (　) + (　) + (　) + (　)
 = (　) + (　) + (　) + (　) + (　)
 = (　) + (　) + (　) + (　) + (　) + (　)
 = ……

2. 反观例题

$$\frac{1}{2} + \frac{1}{4} + \frac{1}{8} + \frac{1}{16} + \frac{1}{32} + \frac{1}{64} + \cdots\cdots =$$

无限地加下去,最终的和等于 1。

（五）数形互助，内化方法

1. 解释课前魔术原理

如图 3：变化前左下角的大三角形的两条直角边分别是 3 和 8，3∶8 = 0.375；变化后左下角的小三角形的两条直角边分别是 2 和 5，2∶5 = 0.4。所以图中的一大一小两个三角形的斜边是不在一条直线上的。如果没有通过这些数据的计算，我们就很容易被自己的眼睛给骗了，这就是数形结合的价值。

$\dfrac{3}{8}$ = 0.375

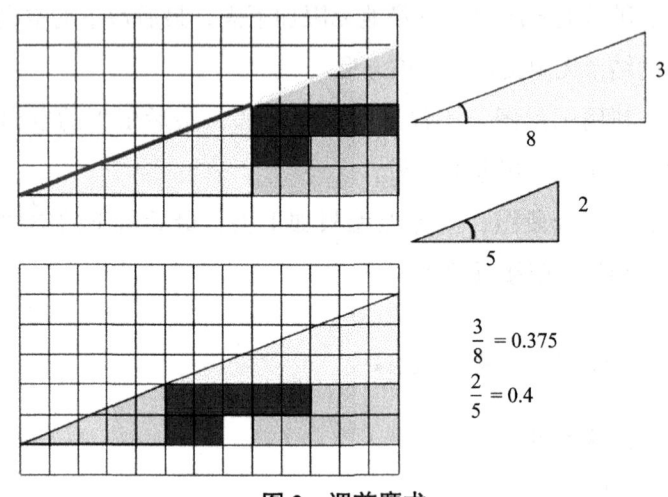

$\dfrac{2}{5}$ = 0.4

图 3　课前魔术

2. 联系旧知

数形结合的例子在我们的数学学习中随处可见。如图 4，我们通过测量发现两条直线之间的距离处处都是 5 厘米，可以得到这两条直线是互相平行的；如图 5，这个角看似 90°，而通过实际测量它是 89°。诸如这样的数形结合的例子，在我们的数学学习中还有很多，大家今天课后可以试着自己梳理一下。

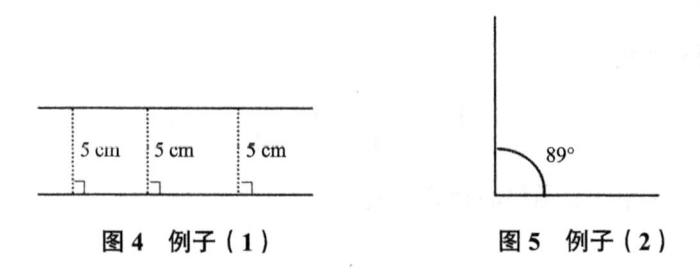

图 4　例子（1）　　　　**图 5　例子（2）**

3. 介绍数学文化

魏晋时期，我国的数学家刘徽在《九章算术注》中写道："以六觚之一面乘半径，因而三之，得十二觚之幂。若又割之，次以十二觚之一面乘半径，因而六之，则得二十四觚之幂。割之弥细，所失弥少。割之又割，以至于不可割，则与圆合体，而无所失矣。"这里"觚"是正多边形，"面"是正多边形的边，"幂"是正多边形的面积。刘徽的方法就是先做一个圆内接正六边形，然后平分每组对边的弧，作出圆的内接正十二边形，同样的方法继续作圆的内接正二十四边形、四十八边形……正多边形的边数越多，即所谓"割之弥细"，圆的面积与正多边形的面积相差就越少。当分割次数无限增加，也就是正多边形的边数无限增大时，正多边形将与圆重合。用我们今天的说法就是圆内接正多边形面积的极限即为圆面积。这就是刘徽著名的割圆术，割圆术是极限思想在几何上的应用。

【设计意图：以数解形解密"多了一格"的奥秘，让学生感受数形结合思想的重要性，深刻感受"以形助数"和"以数解形"的双重价值。回顾已有的数形结合的经验，让学生明白数形结合在数学学习中的重要性。"刘徽的割圆术"的介绍拓宽了学生的视野，进一步体会数形结合的精彩之处，丰富数学内涵。】

（六）巩固练习，课堂小结

练习：第108页第2题

只有数没有形缺少直观，只有形没有数不够精确，所以说"数形结合百般好，隔离分家万事休"。数形结合，互帮互助才能更好地解决问题。

其实，跳出数学看我们的生活，像这样完美结合的事物有很多，如花和蜜蜂，花借蜜蜂传播花粉，蜜蜂采蜜维持生存；没有水土，树木不能生存，没有树木，水土面临流失……大自然中像这样的相互依存、相互成全的事情有很多，只有这样相互帮助，我们的大自然才会更加美好，社会才会更加和谐！

第二篇

研究课堂是
"思行数学"的基石

在数与形的联系中建立模型

——"探索图形"教学设计、课堂实录及反思

一、教学内容

人教版小学《数学》五年级下册第44页"探索图形"。

二、教材分析

"探索图形"一课是安排在认识长方体和正方体之后的一节综合与实践活动课。目的是让学生运用所学过的正方体的特征等知识，探索由小正方体拼成的大正方体中各种涂色小正方体的数量，发现其中蕴含的数量上的规律，以及每种涂色小正方体的位置特征，培养学生的空间想象能力和推理能力，体会分类计数、以简驭繁、数形结合的思维方法，感受代数思维的优越性。

本活动分为四个层次：

第一个层次：创设情境，提出问题。

由生活情境"魔方灯"引出问题：用若干个棱长为1厘米的小正方体拼成大正方体，然后把大正方体的表面涂色，找出小正方体中三面、两面、一面涂色及没有涂色的个数。

第二个层次：尝试解决，探索规律。

学生尝试以简驭繁，从棱长为2厘米、3厘米、4厘米入手用列表法表示出问题，通过观察、想象和推理找出每种涂色情况的小正方体的块数。在尝试过程中，逐步发现每种涂色情况的位置特征和规律。

第三个层次：应用规律，解决问题。

在学生初步发现规律后，再利用规律找出棱长 5 厘米、6 厘米的大正方体的涂色情况，加以验证，明确规律，并进一步应用到更多的大正方体中。

第四个层次：巩固练习，拓展应用。

借助数图形的问题，利用前面积累的活动经验和方法进行问题解决的探究。

三、教学目标

（1）进一步认识和理解正方体特征。

（2）通过观察、列表、想象等活动经历"找规律"，获得"以简驭繁""数形结合""分类计数"等解决问题的经验，培养学生的空间想象力。

（3）让学生体会分类计数、数形结合、归纳、推理、模型等数学思维，培养学生代数思维的能力，积累数学思维的活动经验。

（4）在相互交流中，学会倾听他人意见，及时自我修正、自我反思，增强学好数学的信心。

四、教学重点

探索各类涂色的小正方体所在位置特征及数量规律，发展学生的空间想象能力。

五、教学难点

感悟数学归纳、推理、模型等数学思维。

六、教学准备

三种规格的正方体学具和教具、PPT。

七、教学过程

（一）创设情境，发现和提出问题

1. 创设情境

一个绚丽多彩的魔方灯是由四类小正方体灯箱拼成的，它们分别是：三面有灯板的、两面有灯板的、一面有灯板的和没有灯板的。这四类小正方体灯箱按照一定的规律拼在一起就组成了一个绚丽多彩的魔方灯。现在工人师傅准备定制一批下面这些魔方灯，想要快速配发这4类灯箱，你能找出它们的数量规律吗？（课件出示：LED魔方灯）

2. 明确问题

如果把魔方灯上有灯板的面看作是涂色的面，那么，我们现在要研究的问题就是：用棱长1厘米的小正方体拼成如下图①的大正方体后，把它们的表面分别涂上颜色。①、②、③中，三面、两面、一面涂色及没有涂色的小正方体各有多少块？

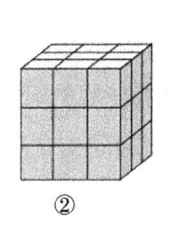

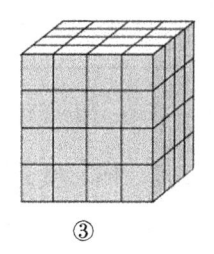

图1 例子

从题中你都知道了什么？要求的问题是什么？

（知道了：表面涂色就是指外面的六个面都涂上颜色，里面没有涂色，所以涂完后原来的小正方体就会出现三面涂色、两面涂色、一面涂色和没有涂色四类。要求的问题就是：这四类小正方体各有多少块？）

【设计意图："四能"的培养是"综合与实践"学习的重要目标之一。这里让学生根据"灯箱配套"的实际问题情境，将生活问题抽象成数学问题，把生活中的数学与课堂上的数学相联系，有利于感受数学学习的价值、激发

学习兴趣；有利于学生理解问题，明确学习实践任务，为后面有效开展自主合作实践学习奠定基础。】

（二）实践探索，自主尝试解决问题

1. 自主合作实践

请小组讨论一下：要研究这个问题，打算用什么方法？

我们可以利用列表的方法进行分类计数。

下面要求同桌合作完成1号研究记录单。我们先来看一下1号研究记录单上都有哪些任务？

任务一：数一数，填一填。可以在学具上做出不同的标记来数。

序号	棱上块数	观察与发现				检查与反思	
		三面涂色的块数	两面涂色的块数	一面涂色的块数	没有涂色的块数	合计	实有块数
	2						
	3						
	4						

任务二：想一想，说一说。要求在数的过程中认真观察各类小正方体分别在什么位置？你发现了什么规律？和同桌交流一下。

【设计意图：给学生充分的实践机会是综合与实践课区别与知识学习课的显著特征之一，是落实问题意识、应用意识、创新意识、实践能力、"四基""四能"培养目标的很好载体。综合运用知识进行问题解决的实践过程，是学习做数学、理解数学的良好机会。给学生自主解决问题的机会，有利于发挥学生的自主性、创造性，获得直接活动经验，为学生在交流展示中进一步提升发展奠定基础。】

2. 展示交流提升

（1）统一表1的答案。

我们先从简单的图形开始汇报吧。

谁来数一下棱上块数是2的正方体中四类小正方体各有多少块？

接下来，谁来数一下棱上块数是3的正方体中四类小正方体各有多少块？棱上块数是4的呢？

接下来，检查一下你们的研究结果，有问题的借助模型再数一数，想一想。

（2）探寻规律。

在数的过程中，你有什么发现？

● 三面涂色的——都是8块。

它们分别在哪里？（它们都在大正方体的顶点处）

每个顶点处有几块？一共有几块？（每个因为大正方体有8个顶点，所以三面涂色的都是8块）

<u>规律1：三面涂色的小正方体块数都是8。</u>

● 两面涂色的。在什么位置？（在大正方体的棱上）有什么数量规律？（12的倍数）为什么？（正方体有12条棱）每条棱上分别有几块"两面涂色"的？每条棱上"两面涂色"的块数和每条棱上的总块数有什么关系？

（数一数，再配合课件演示，明确"每条棱上两面涂色的块数都比棱上总块数少2"）

<u>规律2：两面涂色的小正方体块数：(棱上块数 - 2)×12。</u>

● 一面涂色的。在什么位置？（在大正方体的面中间）有什么数量规律？（6的倍数）为什么？（正方体有6个面）它们在每个面中间形成了什么图形？（正方形）每个面上分别有几块"一面涂色"的？每个面上"一面涂色"的块数和每个面上的总块数有什么关系？

（数一数，再配合课件演示，明确"每个面上一面涂色的块数是棱上总块数减2的差的平方"）

<u>规律3：一面涂色的小正方体块数：(棱上块数 - 2)²×6。</u>

● 没有涂色的小正方体在什么位置？

（在大正方体的中心，也就是把前后左右上下各剥离一层后剩下的部分）

125

剩下部分是什么形状？（新的正方体）

这个新正方体的块数和原来棱上总块数有什么关系？

（配合课件演示，明确"新正方体每条棱上块数比棱上总块数少2"）

规律4：没有涂色的小正方体块数：(棱上块数 – 2)³。

【设计意图：《义务教育数学课程标准（2022年版）》指出："学生的学习应该是一个主动的过程，认真听讲、独立思考、动手实践、自主探索、合作交流等是学习数学的重要方式。"只有充分的交流，才能将解决问题过程中出现的各种情况呈现出来；只有充分的交流，才能让学生明晰解决问题的最好途径和问题解决的最终结果；只有充分的交流，师生间、同伴间才能彼此增进了解并共同分享活动成功的喜悦。】

（3）验证猜想。

按这样的规律摆下去，第4个和第5个正方体的结果会是怎样的呢？

想一想，算一算，填一填。

棱上块数	三面涂色的块数	两面涂色的块数	一面涂色的块数	没有涂色的块数
5	8	36	54	27
6	8	48	96	64

小组合作完成后，全班交流。

（4）总结规律。

如果大正方体每条棱上的块数为 n，你能找到它们的数量规律吗？认真想一想，填一填。

学生同桌合作完成后全班交流：三面涂色的小正方体块数是8块；两面涂色的小正方体块数：$(n-2) \times 12$ 块；一面涂色的小正方体块数：$(n-2)^2 \times 6$ 块；没有涂色的小正方体块数：$(n-2)^3$ 块。

【设计意图：本环节旨在帮助学生经历由特殊到一般的数学研究过程，逐步积累寻找规律的一般经验，同时感受到探索规律的价值所在。】

（三）应用规律，独立解决问题

按照这样的规律摆下去，棱上块数是12，结果如何呢？

学生独立计算后全班交流。三面涂色的：8块；两面涂色的：$(12-2)\times 12=120$块；一面涂色的：$(12-2)^2\times 6=600$块；没有涂色的：$(12-2)^3=1000$块。

如果再大点儿，比如棱上块数是20呢？能解决吗？要是再大点儿呢？

在规律面前，再大的数都变得渺小了，这正是探索规律的价值所在。

（四）回顾反思，感悟数学思想

回想刚才的探索过程，我们先从简单图形入手进行研究，在发现规律之后再用规律去解决复杂的问题，这是一种解决问题的常用方法叫作"以简驭繁"。在探索四类小正方体的数量规律时，我们还运用了"数形结合"和"分类计数"的方法，这些都是我们数学研究中的常用方法，这些方法可以让原本复杂的问题变得简洁清晰，有助于我们发现规律。

【设计意图：综合与实践可以理解为一种数学探究或数学建模活动，是学生综合运用所学的数学知识、思想、方法解决一些数学问题或现实问题的过程。思想感悟与经验积累决定了人的思维方式。学生只有对所经历的活动通过回顾、反思等内在的思考，才能将经历内化为能够理解的经验。本课中所体现的"分类计数""数形结合""以简驭繁"等数学思想方法都是在数学研究中常用的方法，让学生有所感悟，有助于学生更好地利用这些活动经验解决更多的问题。】

（五）巩固练习，拓展运用

大家可以借助这些活动经验完成下面的练习题。

想一想，数一数，图2中各有多少块小正方体？

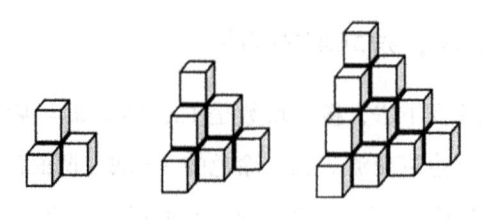

图 2 例子

如果把它们的表面分别涂上颜色，结果如何呢？（这个留给大家课下思考）

【设计意图：练习既要巩固基础，又要开拓创新。通过解决数小正方体个数这一问题，让学生再次经历运用"分类计数"的方法解决问题的全过程，这正是对之前积累的活动经验有效的拓展运用，学以致用的同时又有了新的感悟。】

（六）全课总结

我们这节课探索的只是图形问题中的冰山一角，在图形的世界里还有许多有趣的规律等待大家去发现和探索。只要大家认真观察，掌握方法，大胆探索，相信你们会有更多精彩的发现！

八、板书设计

探索图形

顶点（8）　　棱（12）　　面（6）　　新正方体

棱上块数	三面涂色的块数	两面涂色的块数	一面涂色的块数	没有涂色的块数
2	8	0	0	0
3	8	1×12=12	1×6=6	1
4	8	2×12=24	4×6=24	2×2×2=8
5	8	3×12=36	9×6=54	3×3×3=27
6	8	4×12=48	16×6=96	4×4×4=64
n	8	$(n-2)\times 12$	$(n-2)^2 \times 6$	$(n-2)^3$

九、教学实录

（一）创设情境，发现和提出问题

1. 创设情境

教师：同学们，请看大屏幕（图3），这是什么？

图3　魔方灯

学生：魔方灯。

教师：一个绚丽多彩的魔方灯是怎样组装而成的？

学生：是由四类小正方体灯箱拼成的：三面有灯板的、两面有灯板的、一面有灯板的和没有灯板的。

教师：是的，一个绚丽多彩的大魔方灯正是由这4类小正方体灯箱按照一定的规律组装成的。工人师傅要根据生产任务快速配发这四类小灯箱，你能找出它们的数量规律吗？

这节课就让我们一起来探索图形，寻找它们的数量规律！

2. 明确问题

教师：如果把魔方灯的灯箱拼装问题转换成这样一个数学情境：用棱长1厘米的小正方体拼成如图3的大正方体后，并把大正方体的表面涂上颜色。需要研究的问题是什么？

学生：就是求三面涂色、两面涂色、一面涂色和没有涂色的小正方体各有多少块。

①　　　　　②　　　　　　③

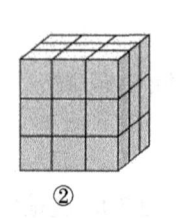

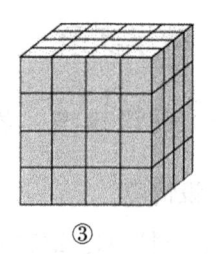

图4　大正方体

【设计意图：综合与实践是以一类问题为载体，师生共同参与的一种学习活动，这里从"灯箱拼装"的实际问题情境中抽象出数学问题，将现实问题转化为数学问题，把生活中的数学与课堂上的数学相联系，让学生感受数学在日常生活中的作用，体验能够运用所学知识和方法解决现实问题的过程，有利于学生感受数学学习的价值，激发学习兴趣，有利于学生理解问题，明确学习任务，进而有效开展自主合作的实践活动，积累数学活动经验。】

（二）实践探索，自主尝试解决问题

1. 自主合作实践

教师：（课件出示研究问题，学生自己读题）要研究这个问题可以用什么方法？

学生：拆开，数一数。

教师：块数可以数出来，数量规律该怎么找？

学生：列表。

教师：好方法！把各种小正方体的块数列成表格，容易发现和总结规律。请各小组选择合适的方法完成研究任务，并把研究结果填写到"学习任务单"上。

在数与形的联系中建立模型

数一数，填一填

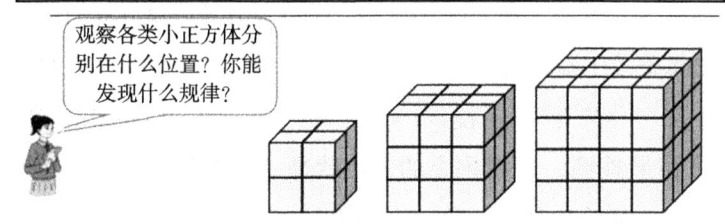

序号	棱上块数	观察与发现				检查与反思	
		三面涂色的块数	两面涂色的块数	一面涂色的块数	没有涂色的块数	合计	实有块数
①	2						
②	3						
③	4						

观察各类小正方体分别在什么位置？你能发现什么规律？

（学生认真阅读研究记录单，明确任务，分组开始实践活动，教师巡视并个别指导）

【设计意图：《义务教育数学课程标准（2022年版）》指出："'综合与实践'的教学，重在实践，重在综合。"综合是一种思维，实践是一种探索精神。让学生全员参与，合作探究，充分探索，这是本课的活动重点。整个探索活动通过任务的驱动和问题的引领，让学生全程完整地参与探索，在经历探索的过程中加深对相关数学知识的理解，体验各类小正方体的位置特征，并逐步发现规律。】

2. 展示交流提升

（1）优化思路方法，初步感悟规律。

教师：同学们都已经完成了研究记录，请右边第一组同桌上台和大家交流一下"棱上块数是2"的情况。

学生1：（一个学生演示讲解，另一个学生板书）棱上块数是2的大正方体中，三面涂色的小正方体在它的8个顶点上，所以三面涂色的块数就是8。

教师：我们一起跟着他数一下吧！（用教具同步演示，其余学生跟着一起数）

（教师示意学生继续分享）

学生1：大正方体总共由8块小正方体拼成，去掉这8块后三面涂色的就没有了，所以两面涂色的、一面涂色的和没有涂色的都是0块。

教师：大家听明白了吗？感谢这组同桌，他们讲解得非常好。那么，棱上块数是3时，结果又如何呢？请右边第三组同桌来跟大家交流一下吧。

学生2：（一个学生演示讲解，另一个学生板书）三面涂色的都在顶点上，正方体有8个顶点，所以三面涂色的有8块；两面涂色的在每条棱的中间，也就是每条棱上除去两个顶点处三面涂色的，剩下的1块为两面涂色的，一条棱上1块，一共有12条棱，1×12=12，所以两面涂色的一共有12块；每个面上去掉最外圈，中间剩余的1块就是一面涂色的，正方体有6个面，1×6=6，所以一面涂色的有6块；大正方体去掉最外层，剩余的就是没有涂色的，这里剥掉最外层后只剩1块了，所以没有涂色的是1块。

教师：条理很清楚！汇报继续，请中间第2组同桌交流一下棱上块数是4的研究结果吧。

学生3：（一个学生演示讲解，另一个学生板书）三面涂色的还是8块。

教师：为什么？

学生3：因为正方体有8个顶点，三面涂色的都在正方体的顶点处，所以有8块。

教师：继续。

学生3：两面涂色的有24块。

教师：怎么知道的？

学生3：我们是数出来的。

教师：请你给大家数一下吧。

学生3：（每次数一条棱上的）2，4，6……24。

教师：她们是一条棱、一条棱数出来的，谁还有不同的方法？

学生3：每条棱上除去两头三面涂色的，剩下2块是两面涂色的，正方体一共有12条棱，2×12=24，所以两面涂色的一共有24块。

在数与形的联系中建立模型

教师：这样一说是不是感觉更清楚一些？（学生点头）好，接着往下说吧。

学生3：一面涂色的也是24块，上面下面各4块，前面后面各4块，左面右面各4块，一共是6个4，4×6=24块。最后剩下没有涂色的，也就是把外面一层全部去掉，中间就剩8块了，所以没有涂色的是8块。

教师：中间剩下的没有涂色的是什么形状？

学生3：正方体。

教师：根据刚才三组同桌的交流，你有没有发现什么规律？

学生4：我发现三面涂色的都在顶点上，正方体有8个顶点，所以三面涂色的都是8块。（教师根据回答进行演示）

学生4：两面涂色的都在棱的中间，正方体有12条棱，每条棱上除去顶点后中间的块数乘12就是两面涂色的块数（教师根据回答进行演示，之后板书：棱中间的块数 ×12）。

学生4：一面涂色的在每个面的中间，也就是去掉每个面外圈的小正方体后剩下的部分，正方体有6个面，每个面上除去外面一圈后中间的块数乘6就是一面涂色的块数（板书：面中间的块数 ×6）。

教师：没有涂色的呢？

学生4：用小正方体的总块数减去三面涂色的、两面涂色的、一面涂色的，剩下的就是没有涂色的。

教师：有不同的想法吗？

学生5：没有涂色的是去掉外面的一层后剩下的，剩下部分是一个新的正方体。

教师：新正方体所含的块数该怎么计算呢？

学生5：先求出新正方体棱上小正方体的块数，再用棱上块数 × 棱上块数 × 棱上块数。比如，原来棱上块数是3时，除去外面一层后新正方体的棱上块数为1，所以没有涂色的有1×1×1=1个；原来棱上块数是4时，除去外面一层后新正方体的棱上块数为2，所以没有涂色的有2×2×2=8个。

教师：也就是新正方体棱上块数的立方（课件演示大正方体剥离外层后剩下的新正方体，板书：新正方体棱上块数的立方）。

教师：同学们，现在你感受到规律了吗？请借助你手上的学具，跟同桌说一说这些规律。

（2）巩固运用方法，深入探索规律。

教师：当棱上块数为5时，这四类小正方体又分别有多少块呢？自己想一想、算一算。

（学生独立完成）

教师：谁来介绍一下，你是怎么解决的？

学生1：正方体有8个顶点，所以三面涂色的有8块；每条棱上除了顶点位置的2块还剩3块，有12条棱，3×12=36，所以两面涂色的有36块；每个面上除去外面一圈后还剩9块，有6个面，9×6=54，所以一面涂色的有54块；除去三面涂色的、两面涂色的、一面涂色的后，还剩下一个棱上块数是3的新正方体，3^3是27块。

教师：这是棱上块数为5的研究结果，如果按照这个规律继续摆下去，棱上块数是6时，结果又如何呢？自己动手试试看。

（学生独立完成）

教师：谁来说一说，你是怎么解决的？

学生2：三面涂色的都在正方体的顶点上，正方体有8个顶点，所以三面涂色的有8块；两面涂色的都在每条棱的中间，每条棱上除了顶点位置的2块还剩4块，有12条棱，4×12=48，所以两面涂色的有48块；一面涂色的在面的中间，每个面上除去外面一圈后还剩16块，有6个面，16×6=96，所以一面涂色的有96块；把这个正方体中三面涂色的、两面涂色的、一面涂色的都去掉后，还剩下一个棱上块数是4的新正方体，4^3=64，没有涂色的就是64块。

教师：根据前面的研究经验，如果棱上块数为n，这四类小正方体又分别有多少块呢？先独立思考，然后和同桌交流。

在数与形的联系中建立模型

教师：谁来介绍一下你们组的研究结果？

学生3：三面涂色是8块，因为三面涂色的都在正方体的顶点处，所以都是8块；两面涂色的是 $(n-2)\times 12$ 块，因为两面涂色的在每条棱的中间，即棱上块数减去顶点处的2块，有12条棱，所以就是 $(n-2)\times 12$；一面涂色的是 $(n-2)^2 \times 6$，因为每个面上一面涂色的组成一个正方形，边长为 $(n-2)$，有6个面，所以是 $(n-2)^2 \times 6$；没有涂色的是 $(n-2)^3$，因为没有涂色的是去掉了外层后所形成的新正方体，新正方体的棱上块数是 $(n-2)$，所以一共有 $(n-2)$ 块。

教师：有了这样的规律，如果棱上块数是12，你能解决吗？100呢？

学生（齐）：能！

教师：看！在规律面前，再大的数都变得渺小，这正是探索规律的价值所在。

【设计意图：展示交流是课堂提升的关键环节。一方面，学生在实践活动中所运用的思想方法、所积累的思维经验，需要借助归纳梳理、展示交流，进行充分感悟和内化提升；另一方面，教师可以更好地了解学生的学习情况，适时点拨指导。让学生充分展现自己的实践成果，是培养学生积极的情感、态度和价值观的有效途径，有利于学生获得成就感、增强自信心。课上，这一环节的价值也得到了体现：在用数字算式（特殊、具体）和字母表达式（一般、抽象）描述规律的学习任务中，学生在潜移默化中完成了由算术思维向代数思维的跨越；在表述成果时内容完整、条理清晰，思维的层次性和条理性得到提升，对数形结合、归纳推理、模型等思想方法的感悟也逐步加深。】

（三）回顾反思，感悟数学思想方法

教师：回顾刚才的学习过程，你有什么收获？你从中学到了哪些解决问题的方法？

学生：遇到复杂问题时可以先从简单的情况开始研究。

教师：没错，这节课我们利用简单的图形研究出规律之后，再利用规律去解决复杂的问题，这是解决问题的一种有效方法，叫作"以简驭繁"。

学生：问题比较烦琐的时候可以用列表法解决。

教师：是的，这节课我们就运用列表法进行分类计数，这也是数学研究中的一种常用方法，它让原本繁杂的问题变得清晰，有助于我们发现规律。

学生：在研究各类小正方体的数量时还用到了数形结合，先找到它们各自所处的位置，再探索它们的数量规律。

【设计意图：综合与实践可以理解为一种数学探究或数学建模活动，是学生综合运用所学的数学知识、思想、方法解决数学问题或现实问题的过程。思想感悟与经验积累决定了人的思维方式。学生对所经历的活动进行回顾、梳理与反思，有助于经验的进一步内化提升。本课中所体现的"分类计数""数形结合""以简驭繁"等数学思维方法都是在问题解决中常用的方法，让学生认真感悟，有助于学生更好地利用这些活动经验解决问题。】

（四）巩固练习，拓展运用活动经验

教师：接下来，请大家借助刚才的探究经验，完成下面这道练习题（图4）。

想一想、数一数，下面图形中各有多少块小正方体？

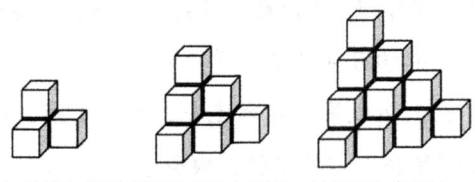

如果把它们的表现分别涂上颜色，结果又如何呢？

图4 练习题

（先独立完成，之后小组交流）

教师：谁来说一说，你是怎么解决的？

学生1：第一幅图从上往下看，第1层有1块，第二层比第一层多2块，一共就有1+1+2=4块；第二幅图从上往下看，第1层也是1块，第二

在数与形的联系中建立模型

层比第一层多2块，第三比第二层多3块，一共就有1+1+2+1+2+3=10块；第三幅图从上往下看，上面一样，第四层比第三层多4块，所以一共就有1+1+2+1+2+3+1+2+3+4=20块。

教师：学生1是先分层观察、发现规律，再列式计算，思路非常清晰。有不同的方法吗？

学生2：我是一层层进行计算的。第一幅图从上往下看，第1层有1块，第二层比第一层多2块，是1+2=3块，一共就有1+3=4块；第二幅图从上往下看，第1层也是1块，第二层也是3块，第三层是3+3=6块，一共就有1+3+6=10块；第三幅图从上往下看，第1层是1块，第二层是3块，第三层是6块，第四层是6+4=10块，一共就有1+3+6+10=20块。

教师：学生2是按照分层的方法进行了分类计数。他们俩的分类标准一样吗？

学生：一样。上面的1+2就是第二层，1+2+3就是第三层，1+2+3+4就是第四层。这样写虽然式子长，但不必先算每层的，根据规律可以直接写出式子。

教师：比较得很仔细。还有不同方法吗？

学生3：第一幅图我的计算方法和他们一样，第二幅图我是直接在第一幅图的基础上加上最底层的。大家看，第二幅图的上面两层不就是第一幅图吗？同样，第三幅图就是在第二幅的基础上加上最底层的。

教师：学生3不仅看到了每一幅图上下层之间的关系，而且看到了三幅图之间的内在联系。真是一个善于观察和思考的孩子！

教师：如果把它们的表面分别涂上颜色，那么不同涂色情况的小正方体的数量各是多少呢？这个问题留给大家课下思考。

【设计意图：练习既要巩固基础，又要有所创新。解决数小正方体个数这一问题的过程中，学生自觉地将前面解决问题的策略和经验进行了迁移运用，这既是对之前积累的活动经验的有效拓展，也是对学生实践能力的锻炼提升。

这样的任务有利于培养学生的应用意识、实践能力和创新能力,更好地凸显课程的内容价值。】

(五)全课总结

教师:同学们,这节课我们窥探的只是图形问题中的冰山一角,在图形的世界里还有许多有趣的规律等待大家去探索。只要认真观察、掌握方法、大胆求索,相信你们会有更多精彩的发现!

同学们,再见!

【设计意图:课末简短的小结旨在培养学生"用数学的眼光观察现实世界,用数学的思维思考现实世界,用数学的语言表达现实世界"的意识和习惯,在帮助学生进行反思和实现迁移,从而养成认真观察、自觉思考、勇于探索的数学学习习惯,感悟数学学习的价值,提升学生的数学素养。】

(本教学实录系《小学数学教师》"辩课进校园"第二十四站的教学内容,本文发表于《小学数学教师》2016年第12期第25~29页)

十、我的思考

"探索图形"是人教版五年级《数学》下册中的一节综合与实践活动课,本课设计分为四个层次:情境导入,提出问题—动手操作,探索规律—应用规律,解决问题—巩固练习,拓展应用。

1. 在问题引领下丰富数学活动的经验

新课伊始,借助生活中实有的素材——魔方灯来吸引学生的注意力,同时明确要研究的内容,进而将魔方灯的研究转换成了涂色问题。由实际问题转化成数学问题本身就是一种抽象的过程,由此展开活动。先从简单图形入手,先研究棱上块数为2、3、4时的各类小正方体的数量规律,在学生初步发现了三面涂色的、两面涂色的、一面涂色、没有涂色的数量特征之后,再引导学生去整体观察,给出新的任务:棱上块数是5、6的结果如何,让学生加深对规律的认识。在此基础上进而让学生去进行研究的提升，经历由特殊到一般规律的概括过程，总结棱上块数为 n 的情况，让学生用含字母 n 的数学式子来分别表示三面涂色、两面涂色、一面涂色、没有涂色的小正方体的块数。用字母 n 表示块数代表了一般性，这个环节是一个整理提升的环节，通过对特殊实例的研究，把它提升到一般化的结论，让学生充分经历由简单到复杂，由具体到抽象的认知过程，丰富数学活动经验。

2. 在实践操作中感悟数学思想的魅力

本课内容涵盖了化简为繁、分类计数、数形结合、建立数学模型等思想，教学中从简单的正方体开始，让学生先观察、再猜测、验证、归纳，一步一步地发现小正方体的位置特征和计数规律，层次非常清晰，以简驭繁，让学生经历了探究涂色小正方体的全过程。尤其是"数形结合思想"在本课体现得特别充分，加强了视觉直观和活动直观来形成学生的空间观念，从魔方灯的引入，到利用正方体学具观察，再到动画课件的演示，都为学生的空间观念形成提供了有力的直观支撑。数学家华罗庚曾经说过"数缺形时少直观，形少数时难入微；数形结合百般好，隔离分家万事休"，借助数形结合，有效地把数量规律与位置沟通起来，学生通过形的启迪，看到数的实质，实实在在地认识到规律的本质，进一步提高了抽象概括水平。

回顾全课，还有一些值得关注的问题：

第一，由于本节课是基于学生已经掌握了正方体特征之后学习的，整个规律的探索要用到正方体的表面积、体积等相关知识，而课前没有进行相关的复习，导致探究初期学生有些茫然，如果在探究之前做好复习准备，探索起来就会更顺利一些。

第二，在探索规律过程中，学生大多能发现其中的规律，但在交流中描述比较困难，这暴露出学生数学语言表达能力的欠缺，在今后教学中需着重培养。

教学是一门遗憾的艺术，而有效的反思可以帮助我们减少遗憾。"思之则活，思活则深，思深则透，思透则新，思新则进。"笔者将带着问题，带着思考，不断实践、反思、改进……

在直观中孕育抽象

——"三角形的内角和"教学设计、课堂实录及反思

一、教学内容

人教版小学《数学》四年级下册第五单元第 67 页"三角形的内角和"。

二、教材分析

"三角形的内角和"是人教版小学《数学》四年级下册第五单元第 3 节的内容,属于"空间与图形"领域。"三角形的内角和"是三角形的一个重要性质,学好它有助于学生理解三角形内角之间的关系,也是进一步学习几何图形的基础。本节课是基于学生已经学过角的度量、三角形的特征和分类等知识的基础上进行教学的,学生已经具备一定关于三角形的认识的直接经验,也已具备了一些相应的三角形知识和技能,这为感受、理解、抽象"三角形的内角和"的规律,以及后续学习几何图形的其他知识打下了坚实的基础。

三、教学目标

(1)使学生经历测量、剪拼、折拼等自主探索活动,发现三角形的内角和是 180°,能运用三角形内角和这一规律解决一些简单的问题。

(2)在猜想、操作验证、合作交流等具体活动中,掌握由特殊到一般的逻辑思维方法和先猜想后研究问题的方法,培养学生的逻辑推理、动手操作能力和合作意识。

（3）使学生感受数学的转化思想，感受数学的图形之美，体验数学就在我们身边，获得成功的体验，感受探索数学规律的乐趣。

四、教学重点

理解三角形的内角和是180°的形成发展及应用的过程。

五、教学难点

使学生体验探索三角形的内角和的不同方法，感知数学思想，拓宽学生思路。

六、教学准备

PPT、二阶正方体模型、三阶正方体模型、四阶正方体模型。

七、教学过程

（一）创设情境，激趣导入

教师：同学们，我们已经认识了三角形，大家看，范老师今天给大家带来一个会变的三角形（几何画板演示：会变的三角形）。仔细观察，在三角形的变化过程中，什么变了？什么没变？

预设：

学生：三角形的边在变，角在变，周长在变，面积在变。

教师：三个角有什么变化？

学生：有的角在变大，有的角在变小。

教师：三个角有的变大，有的变小，它们的和呢？

这节课我们继续来学习有关三角形的知识。

（二）动手操作，实验验证

1. 认识内角和

看到课题，谁来说说三角形的内角和指的是什么？

学生：三角形的内角和就是三角形三个内角相加的和。

教师：你理解得非常正确，能来讲台上边指边讲给同学们听吗？

教师小结：这三个角就是三角形的内角，为了便于区分，通常把它们编上序号，分别叫作角1、角2、角3（标出∠1、∠2、∠3），这三个角的度数和就是这个三角形的内角和。

2. 合作探索，验证发现

教师：三角形的内角和是多少呢？

学生猜想：是180°。

教师：怎么才能说明"三角形的内角和是180°"呢？我们需要进行验证。怎么验证呢？

预设：

学生1：可以把三个角都量一量，加起来算一算，看看是不是180°。

教师：这个方法不错，这种方法叫作度量法。

学生2：平角是180°，可以把三角形的三个角剪下来拼在一起，看看能不能拼成一个平角。

教师：这个主意也不错，我们给它取个名字吧。

学生：剪拼法。

教师：谁还有不同的方法吗？

学生3：还可以把三个角折在一起，看看能不能拼成一个平角。

教师：这也是一个不错的法子，我们可以把它叫作折拼法。

下面，进行小组合作，每个小组选择一种喜欢的方法进行验证。

（每个组提前准备三套学具：度量法、剪拼法、折拼法，每套学具里都有锐角三角形、直角三角形和钝角三角形三种不同的三角形）

3. 展示交流，深化发现

方法1：测量法

选择测量法的小组展示交流。

教师借助 flash 演示不同的三角形，三个内角的度数在变化，但内角和始终保持180°不变。

方法2：剪拼法

选择剪拼法的小组展示交流。

教师借助 PPT 演示不同的三角形的剪拼过程，发现不管三角形形状如何，三个内角都可以拼成一个平角，即180°。

方法3：折拼法

选择折拼法的小组展示交流。

教师借助 PPT 演示不同的三角形的剪拼过程，发现不管三角形形状如何，三个内角都可以拼成一个平角，即180°。

4. 小结规律，肯定发现

在三种方法展示交流的基础上，归纳出"三角形的内角和是180°，而且与它的大小、形状无关"这一数学规律。这三种方法都不错，但在操作的过程中，难免会有小小误差，还不够具有说服力。

（三）演绎推理，科学验证

教师：那你们想知道12岁的帕斯卡是怎样研究得出三角形的内角和的？

1. 长方形变直角三角形，推出直角三角形的内角和

教师：请看，帕斯卡是从一个长方形开始研究的（多媒体出示长方形）。很奇怪吧，研究三角形的内角和，为什么帕斯卡却从一个长方形开始研究呢？猜猜他的想法。

学生：长方形可以平分成两个完全一样的直角三角形。

教师：能根据长方形的内角和来推想直角三角形的内角和吗？

学生：因为长方形的内角和是360°，把长方形的内角平均分成两份，就是一个直角三角形的内角和。所以一个直角三角形的内角和是360°÷2=180°。

教师：同学们想一想，是不是所有的长方形都能平分成两个直角三角形。但有同学会说，我的直角三角形和他的不一样。（改变长方形的长和宽就可以得到任意形状的直角三角形）

教师：（展示不同长方形分成两个直角三角形）根据刚才的推想，是不是所有直角三角形的内角和都是180°?（是）

2. 一般三角形变直角三角形，推出任意三角形的内角和

教师：这时帕斯卡又想，如果不是直角三角形，而是一般的三角形，又该怎样推算它的内角和呢？（出示锐角三角形），帕斯卡是在这个锐角三角形中变出直角三角形，再根据直角三角形的内角和来推想原来三角形的内角和？你知道他是怎么想的吗？

学生：我知道了，在三角形内画高，就可以把这个三角形分成两个直角三角形。

学生：分成的每个直角三角形的内角和是180°，两个直角三角形的内角和就是360°，再减去画高增加的两个直角三角形的度数，就得出这个锐角三角形的内角和是180°。

教师：为什么要减去两个直角的度数？

学生解释后，教师利用课件引导总结，重点突出分成两个直角三角形后增加了两个直角，所以要把这两个直角三角形的内角和减去两个直角的度数，得出这个锐角三角形的内角和是180°。

教师：那么钝角三角形呢？自己独立思考后，同桌交流。

学生交流，得到：三角形的内角和都是180°。

教师：同学们太了不起了，帕斯卡就是用这样的方法发现了三角形的内角和是180°。在整个过程中都是把一个图形变成另一个图形来思考，这就是我们数学中应用非常广泛的一种思考方法叫转化，转化思想在数学学习中有着非常重要的作用。

（四）巩固练习，实践运用

1. 想一想

观察图1中三角形的两个锐角的变化情况，你发现了什么规律？

图1 三角形

2. 算一算

求出图2中∠1和∠2的度数。

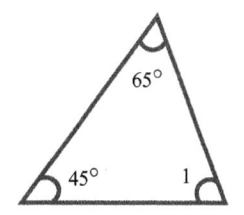

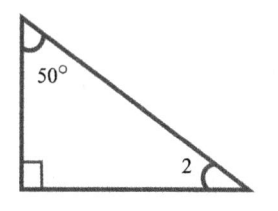

图2 三角形的内角和

3. 画一画

（1）画一个含有两个直角的三角形。
（2）画一个含有两个钝角的三角形。

（五）课堂小结，拓展延伸

这节课我们一起经历了猜想、验证、总结和应用"三角形内角和是180°"的全过程，整个过程中，我们用到了度量法、剪拼法、折拼法和推理证明法，而这些方法的应用过程中，转化思想起到了不可替代的作用。转化思想在我们的数学学习中有着非常重要的作用，大家课后不妨试着借助转化的方法，求出下面多边形的内角和。

1. "三角形的内角和"学习前测

（1）你知道这节课要学习什么吗？

（2）什么是三角形的内角？一个三角形有几个内角？

（3）三角形的内角和是多少度？你是怎么知道的？你能想到用什么方法来验证？

（4）量出下面两个角的度数。

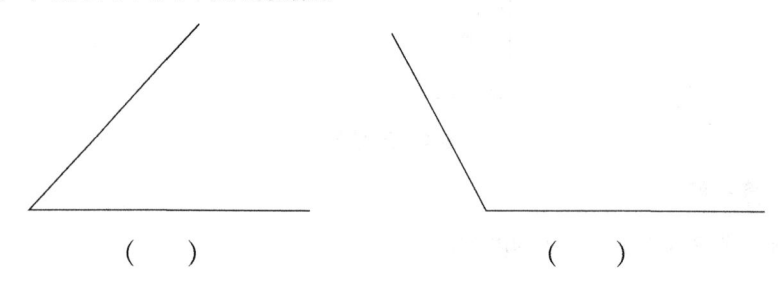

（　　）　　　　　　　　　　（　　）

（5）请你画出一个平角，并标出度数。

2. "三角形的内角和"学习单

从图3的三类三角形中各选一个，先量一量每个内角分别是多少度，然后算一算三个内角的和是多少度。

锐角三角形　　　直角三角形　　　钝角三角形

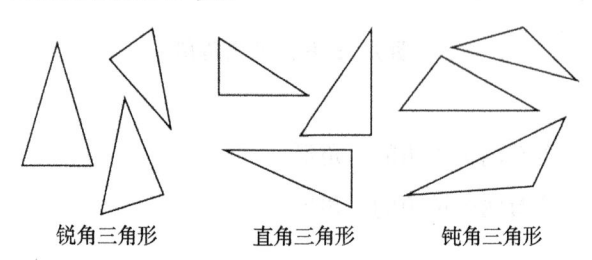

图3　三类三角形

表1　学习单

	锐角三角形	直角三角形	钝角三角形
我选的是	（　　）号	（　　）号	（　　）号
∠1=			
∠2=			
∠3=			
三个内角的和			

八、教学实录

（一）创设情境，激趣导入

教师：同学们，大家看，范老师给大家带来了一个什么图形（图4）？

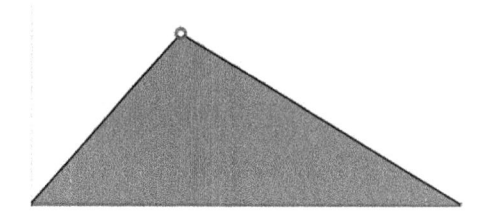

图4 三角形

学生：三角形。

教师：这是一个什么三角形？

学生：钝角三角形。

教师：在这个三角形中有几个顶点？几条边？几个角？

学生：3个顶点、3条边、3个角。

教师：接下来请大家仔细看几何画板，这可是一个会变的三角形。

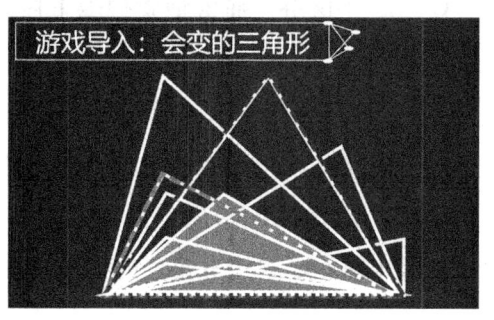

同学们，仔细观察，三角形一会儿长高了，一会儿变矮了，这里有直角三角形、锐角三角形、钝角三角形，在三角形的变化过程中，什么变了？什么没变？

学生1：我发现三角形中始终有两个锐角，第三个角一会儿变成锐角，一会儿变成直角，一会儿又变成了钝角。

教师：同学1观察的是三角形中角的规律。谁还有不同的发现？

学生2：我发现三角形中有一条边始终不变，另两条边在变化。

教师：同学2观察到的是三角形中边的规律。

教师：大家再来仔细观察三角形的三个角的读数，看看你有什么发现？（几何画板再次演示）

学生3：三个角的度数都在变。

教师：观察得真仔细，那么，在三个角的变化中是否有什么不变呢？这节课就让我们一起来研究：三角形的内角和。

（二）动手操作，实验验证

1. 认识内角和

教师：要想研究三角形的内角和，首先需要先知道什么是三角形的内角。什么是三角形的内角呢？

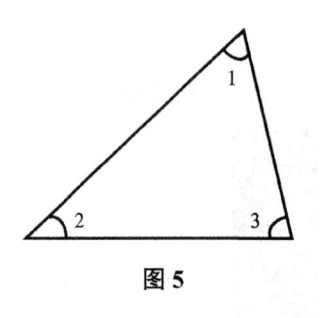

学生在图5中指认三角形的三个内角。

教师：这三个角就是三角形的内角，为了便于区分，通常把它们编上序号，分别叫作角1、角2、角3（标出∠1、∠2、∠3），这三个内角的度数和就是这个三角形的内角和。那么，三角形的内角和是多少度呢？我们不妨先从特殊的三角形开始研究吧！

图5

教师出示1号三角尺（图6），这个三角尺的三个内角分别是多少度？内角和是多少度？

学生：三个内角分别是30°、60°、90°，它们的和是180°。

教师：（教师出示2号三角尺，图7）这个三角尺的三个内角分别是多少度？内角和是多少度？

学生：三个内角分别是45°、45°、90°，它们的和是180°。

在直观中孕育抽象

图6　1号三角形　　　　　图7　2号三角形

2. 合作探索，验证发现

教师：刚才我们发现两个特殊三角形的内角和是180°，此时此刻，你有什么想法？

学生：我猜想三角形的内角和都是180°。

教师：怎么才能说明"三角形的内角和是180°"呢？我们需要进行验证。可怎么验证呢？

学生1：可以把三个角都量一量，加起来算一算，看看是不是180°。

教师：这个方法不错，这种方法叫作度量法。谁还有不同的想法？

学生2：平角是180°，可以把三角形的三个角剪下来拼在一起，看看能不能拼成一个平角。

教师：这个主意也不错，我们给它取个名字吧。

学生：剪拼法。

教师：谁还有不同的方法吗？

学生3：还可以把三个角折在一起，看看能不能拼成一个平角。

教师：这也是一个不错的法子，我们可以把它叫作折拼法。

下面，进行小组合作，合作要求：

（1）每个小组选择一种喜欢的方法进行验证。

（2）每个小组都要分别验证三种不同的三角形。

（每个组提前准备三套学具：度量法、剪拼法、折拼法，每套学具里都有锐角三角形、直角三角形和钝角三角形三种不同的三角形）

3. 展示交流，深化发现

教师：看到大家都已经完成了，下面我们一起来交流一下吧！哪个小组用的是测量法？

第9小组：

学生1：我测量的是一个锐角三角形，我量出这个三角形的三个角分别是65°、35°、80°，65°+35°+80°=180°。

学生2：我测量的是一个直角三角形，我量出这个三角形的三个角分别是70°、20°、90°，70°+20°+90°=180°。

学生3：我测量的是一个钝角三角形，我量出这个三角形的三个角分别是40°、110°、30°，40°+110°+30°=180°。

学生1：我们组得出的结论是"三角形的内角和可能是180°"。

教师："可能"这个词用得好！毕竟只测量了三个三角形，还不足以说明。

第5小组：

学生1：我测量的是一个锐角三角形，我量出这个三角形的三个角分别是75°、45°、60°，75°+45°+60°=180°。

学生2：我测量的是一个直角三角形，我量出这个三角形的三个角分别是60°、30°、90°，60°+30°+90°=180°。

学生3：我测量的是一个钝角三角形，我量出这个三角形的三个角分别是39°、100°、40°，39°+100°+40°=179°。

学生1：我们组得出的结论是"三角形的内角和不一定是180°"。

教师：这个组在测量中出现了一个179°，他们说"三角形的内角和不一定是180°"，你们有什么问题吗？

学生1：179°和180°相差很少，我认为应该是在测量中出现了一点儿误差。

教师：说得很好！在测量中，误差是难免的。下面，我们一起来通过

在直观中孕育抽象

flash 动画演示看一看吧！我们看，三个内角的度数在变化，但内角和始终保持 180° 不变。

其他组还有不同的方法吗？

第 2 小组：

学生 1：我们组用的是剪拼法。我剪拼的是一个锐角三角形，把三个内角剪下来拼在一起，刚好构成一个平角，也就是 180°。

学生 2：我剪拼的是一个直角三角形，把三个内角剪下来拼在一起，刚好也组成一个平角，也就是 180°。

学生 3：我剪拼的是一个钝角三角形，把三个内角剪下来拼在一起，刚好也形成一个平角，也就是 180°。

学生 1：我们组通过剪拼发现"三角形的内角和是 180°"。

教师：我们一起来梳理一下（教师借助 PPT 演示不同的三角形的剪拼过程）。通过剪拼，我们发现不管三角形形状如何，三个内角都可以拼成一个平角，即 180°。

其他组还有不同的方法吗？

第 6 小组：

学生 1：我们组用的是折拼法。我将一个锐角三角形沿着它的三条中位线分别折叠，三个内角的顶点折叠在一起，刚好构成一个平角，也就是 180°。

学生 2：我将一个直角三角形沿着它的三条中位线分别折叠，三个内角的顶点折叠在一起，刚好构成一个平角，也就是 180°。

学生 3：我将一个钝角三角形沿着它的三条中位线分别折叠，三个内角的顶点折叠在一起，刚好构成一个平角，也就是 180°。

学生 1：我们组通过折拼发现"三角形的内角和是 180°"。

教师：我们一起来梳理一下（教师借助 PPT 演示不同的三角形的折拼过程）。通过折拼，我们发现不管三角形形状如何，三个内角都可以拼成一个平角，即 180°。

4. 小结规律，肯定发现

教师：刚才我们通过三种不同的方法都得到了"三角形的内角和是180°"。这与三角形的大小、形状无关。但在刚才的操作过程中，我们也发现无论是度量、剪拼、折拼，都难免会有小小误差。怎么才能没有误差呢？

（三）演绎推理，科学验证

1. 长方形变直角三角形，推出直角三角形的内角和

教师：那你们想知道 12 岁的帕斯卡是怎样研究得出三角形的内角和的？请看，帕斯卡就是从一个长方形开始研究的（多媒体出示长方形）。

很奇怪吧，研究三角形的内角和，为什么帕斯卡却从一个长方形开始研究呢？猜猜他的想法。

学生：长方形可以沿着对角线被平分成两个完全一样的直角三角形。

教师：真是一个善于观察的孩子。知道长方形内角和是多少吗？

学生：长方形四个角都是直角，所以长方形的内角和是 360°。

教师：你能根据长方形的内角和来推算出直角三角形的内角和吗？请大家拿出我们准备好的长方形纸，分一分，试一试吧。

（学生小组合作进行操作）

学生：因为长方形的内角和是 360°，把长方形的内角平均分成两份，就是一个直角三角形的内角和，所以一个直角三角形的内角和是 360°÷2=180°。

教师：同学们想一想，是不是所有的长方形都能平分成两个直角三角形。

学生：是。

教师：刚才听到有同学说，他们组的直角三角形和刚才这个小组的不一样，那么不同的图形，内角和会变吗？自己验证一下（改变长方形的长和宽就可以得到任意形状的直角三角形）。

学生：我们组试了几个不同的直角三角形，发现所有直角三角形的内角和都是 180°。

2. 一般三角形变直角三角形，推出任意三角形的内角和

教师：帕斯卡和大家一样，也是验证了很多不同的直角三角形，都发现了这个规律。这时，帕斯卡又想，如果不是直角三角形，而是一般的三角形，又该怎样推算它的内角和呢？出示锐角三角形，帕斯卡是在这个锐角三角形中变出直角三角形，再根据直角三角形的内角和来推想原来三角形的内角和。你知道他是怎么想的吗？自己动手试一试吧！（小组合作）

学生：我知道了，我在一个锐角三角形内画了一条高（如图8），这样就可以把这个锐角三角形分成两个直角三角形。分成的每个直角三角形的内角和是180º，两个直角三角形的内角和的和就是360º，再减去画高增加的两个直角三角形的度数，就得出这个锐角三角形的内角和是180º。

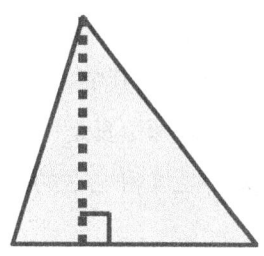

图8 锐角三角形

教师：为什么要减去两个直角的度数？

学生：因为在一个锐角三角形被一条高分成两个直角三角形的时候，增加了两个直角，这两个直角不是原来锐角三角形的内角，所以要减去。

教师：解释得很清楚！那么钝角三角形呢？自己独立思考后，同桌交流。

学生：我们组发现一个钝角三角形也可以像锐角三角形一样，沿着一条高被分成两个直角三角形，最终也可以得到"三角形的内角和都是180º"。

教师：同学们太了不起了，三百多年前，帕斯卡就是用这样的方法发现了三角形的内角和是180º的。在整个过程中都是把一个图形变成另一个图形来思考，这就是我们数学中应用非常广泛的一种思考方法叫转化，转化思想在数学学习中有着非常重要的作用。

（四）巩固练习，实践运用

教师：接下来，我们就一起运用"三角形的内角和都是180º"这个结论来解决实际问题吧！

请看第 1 题。想一想：观察图 9 中三角形的两个锐角的变化情况，你发现了什么规律？

学生：随着三角形的长高，直角不变，右边的锐角越来越大，上面的锐角越来越小。

教师：观察得很仔细！为什么这两个锐角会发生这样的变化呢？

图 9 案例

学生：因为三角形的内角是 180°，一个直角不变，余下两个锐角的和就是 90°，当其中一个锐角变大时，另一个锐角就要变小，这样才能保证和不变。

教师：真是一个善于思考的孩子！下面再来看第 2 题，算一算：求出图 10 中∠1 和∠2 的度数。自己独立完成。

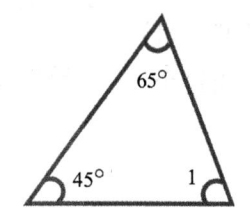

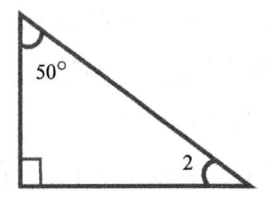

图 10 案例

教师：下面我们来看第 3 题，画一画。

（1）画一个含有两个直角的三角形。

（2）画一个含有两个钝角的三角形。

学生：画不出来！

教师：为什么？

学生：因为一个直角是 90°，两个直角的和已经是 180°了，第三个角是 0°，所以就画不出一个含有两个直角的三角形。钝角是比 90°还大的角，两个钝角就已经比 180°还大了，更画不出来了！

教师：真是善于思考的孩子！这就是我们在研究三角形分类时为什么说钝角三角形只有一个钝角，直角三角形只有一个直角的原因。

（五）课堂小结，拓展延伸

教师：这节课我们一起经历了猜想、验证、总结和应用"三角形内角和是180°"的全过程，整个过程中，我们用到了度量法、剪拼法、折拼法和推理证明法，而这些方法的应用过程中，转化思维起到了不可替代的作用。转化思维在我们的数学学习中有着非常重要的作用，大家课后不妨试着借助转化的方法，求出下面多边形的内角和。

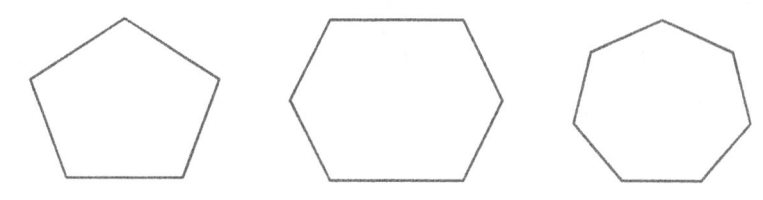

九、教学反思

"几何直观"是《义务教育数学课程标准（2011年版）》中新增的核心概念，在数学学习中有着非常重要的价值。借助几何直观可以把复杂的数学问题变得简明、形象，有助于探索解决问题的思路，预测结果，可以帮助学生直观地理解数学。比如在"三角形的内角和"一课中，我们常规的做法就如课本上的设计：先让同学们测量不同三角形三个内角的度数，然后求和，得到无论是锐角三角形、钝角三角形还是直角三角形，它们三个内角的和都是180°或接近180°，再告诉学生之所以不能精确得到180°，是因为我们的测量有误差。那怎么办呢？接下来教师就引导学生小组合作通过剪拼或者折拼等操作方法将三角形的三个内角拼在一起形成一个平角，从而得到三角形的内角和是180°。整个过程看起来很完美，既让学生经历了观察、实验、猜想、证明等数学活动，也很好地体现了动手操作、直观想象、合作探究的学习方式。但仔细想来，总觉得整个过程似乎还缺乏一点儿理性的思考，我们试想，测量会有误差，难道剪拼和折拼就不会有误差吗？如何才能确定拼成的角就一定丝毫不差是平角呢？如果不能确定是丝毫不差的平角，那又凭什么让我们公认"三角形的内角和是180°"这一结论呢？其实，从数学的严谨角度来说，任何操作都是无法消除误差的！"三角形的内角和是180°"是通过几何定理的证明得来的。然而，我们知道在小学阶段暂时不需要让学生学习证明，尤其是在四年级，我们更多的是让学生通过动手操作和仔细观察得出结论，我们注重的是让学生积累基本的活动经验。可是，如果我们的学习仅止于此，学生们的思维能力如何才能得到发展呢？

苏霍姆林斯基说："运用直观的手段绝不是为了整节课抓住学生的注意力不放，倒是为了在教学的某一个阶段上使儿童摆脱形象，在思维上过渡到概括性的真理和规律性上去。"那么，在"三角形的内角和"一课中，我们如何才能在直观中孕育抽象？

当学生通过测量、剪拼或折拼等一系列的操作活动成功得到"三角形的内角和是180°"后，我们应该向学生提出质疑：测量会有误差，难道剪拼和折拼等这样的操作过程中就不会有误差吗？既然无法消除误差，怎么才能认定"三角形的内角和是180°"呢？

这在学生已有的认知范围内是无法解释的。此时，教师就可以适时向学生介绍帕斯卡的两种三角形内角和的证明方法。

方法一：借助多媒体演示"分割直角三角形法"。

据说法国数学家帕斯卡11岁那年，他在玩长方形时，他想，任意长方形的四个直角和是360°，那么两个直角三角形的内角和就应该分别是180°。

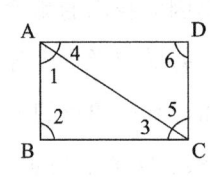

图11 长方形

如图11，根据长方形四个直角的和是360°，可知：∠1+∠2+∠3+∠4+∠5+∠6=360°，而其中∠2=∠6，∠1=∠5，∠4=∠3，那么∠1+∠2+∠3=∠4+∠5+∠6=360°÷2=180°。也就是说，直角三角形的内角和是180°。

接着帕斯卡又发现："任何三角形都可以沿着一条垂线将它分成两个小直角三角形"。这两个直角三角形共六个角加起来和是360°，如果去掉两个直角，剩下的就正好是原来三角形三个内角的和180°。所以他进一步推断："所有非直角三角形的内角和是180°。"

如图 12，∠1+∠2+∠3=180°，∠4+∠5+∠6=180°，那么∠1+∠2+∠3+∠4+∠5+∠6=360°，其中∠3=∠4=90°，所以∠1+∠2+∠5+∠6=180°，即非直角三角形 ABC 的内角和也是 180°。

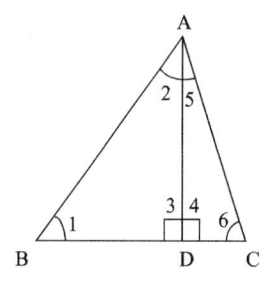

至此，可以得到：三角形的内角和是 180°。

方法二：借助多媒体演示"铅笔旋转法"。

让学生们跟着教师拿出铅笔，我们一起来做一个旋转铅笔的游戏——笔尖向左，旋转第一个角，依次旋转第二个角，再旋转第三个角。然后让学生观察"开始和结束时的笔尖方向有什么变化"？发现"开始笔尖向左，现在的笔尖向右，刚好旋转 180°"。

方法三：借助多媒体演示"高空观察法"。

除此之外，我们还可以介绍其他教材中的方法。

几个小孩站在不同高度看地面上的一块三角形绿地，随着观察高度的变化，观察点越来越高，三条路交叉形成的三角形绿地成了一个点，如图 13 所示。原来的∠1+∠2+∠3+∠4+∠5+∠6=180°×3=540°，现在∠1+∠4+∠6=360°，那么∠2+∠3+∠5=180°。也就是三角形的内角和是 180°。

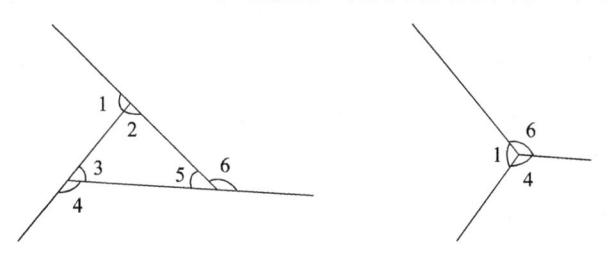

图 13　三角形绿地

有了这些方法的补充，可以让学生在原有的直观操作的基础上初步感受几何推理的严谨，从直观到抽象，进而获得理性的思考，让数学学习更加深入！

立足知识本质　实现整体建构

——"大数的认识"教学设计、课堂实录及反思

一、教学内容

人教版小学《数学》四年级上册第 1 单元第 2~4 页、第 18 页。

二、教材分析

（一）课程标准要求

"大数的认识"属于"数与代数"领域"第二学段"的学习内容，《义务教育数学课程标准（2022 年版）》中，在"内容要求"中具体表述为"在具体情境中，认识万以上的数，了解十进制计数法"；在"学业要求"中具体表述为"能够结合具体实例解释万以上数的含义，能认、读、写万以上的数，会用万、亿为单位表示大数"；在"教学提示"中具体表述为"数的认识教学应为学生提供合理的情境，引导学生进一步经历整数的抽象过程，知道大数的意义和四位一级的表示方法，建立数感"。

（二）内容分析

"大数的认识"是人教版四年级上册第一单元中的一节整合课，本课整合了"亿以内"和"亿以上"数的认识这两个内容。

教材中安排的相关内容主要有：万以上数的计数单位、排列顺序，数位的分级，万以上数的认、读、写与比较大小，十进制计数法等。在整体教学

立足知识本质　实现整体建构

理念的指导下，学习这些内容，既要使学生获得上述的数学知识，对有关数概念的知识进行系统的整理，为学生形成科学、合理的数学认知结构奠定基础；更要使学生在不同数级的数的联系认识中，经历知识的再创造过程，探寻知识的本质，使学生的数学抽象、类比迁移、发现创造、归纳概括等能力得到进一步训练和发展，从而培养学生的数感、符号意识、创新意识等核心素养。

（三）学情分析

大数的认识是在学生认识和掌握了万以内数的基础上学习的，是对万以内数认识的巩固和发展，也是整数认识在小学中的最后一次单元教学内容安排。

"大数的认识"是小学中整数认识的最后阶段。本单元是在学生认识和掌握了万以内数的基础上学习的，是万以内数的认识的巩固和扩展。万以上的数在日常生活和生产中应用广泛，是学生必须掌握的基础知识，也是学生进一步学习数学和其他学科知识的基础。四年级小学生的认知水平正处于具体到抽象的过程，抓住了学生这一心理特点，在教学中，要有效引导学生亲历知识的生成过程，有效利用学生的生活经验，训练学生的认知能力。

本课从学生已有的知识经验出发，让学生亲身经历数位顺序表逐步完善的过程，感受十进制计数法的价值，进而使学生提高对数学的理解，在思维能力、情感态度与价值观等多方面得到发展与提升。与此同时，把学生以往对万以内大数分散的、不规范的感性认识作为教学的基础，在发现规律、应用规律中逐步科学、规范的理性认识大数。

三、教学目标

（1）理解计数单位的含义，经历计数单位"十万""百万""千万""亿""十亿""百亿""千亿"的创造过程，掌握计数单位整体结构，发展类比迁移和推理能力。

（2）探索十进制计数法的具体方法和规律，了解十进制计数法，知道相邻两个计数单位之间的关系，感受自然数有始、有序、无限的性质。

（3）在对计数单位名称、四位分级等相关知识的探索中，增强对数学知识科学性、逻辑性的感悟，发展学生的创新意识。

四、教学重点

认识"十万""百万""千万""亿""十亿""百亿""千亿"等计数单位，知道相邻两个计数单位之间的关系，掌握计数单位整体结构。

五、教学难点

了解十进制计数法，理解四位分级，感受自然数有始、有序、无限的性质。

六、教学准备

PPT、数位顺序表。

七、教学方法

（1）以知识之间的联系为主题整合与组织教学内容，增强学习活动的整体性、关联性和发展性。

（2）以知识获得、能力和情感发展为目标，以问题（任务）串引领学生深度参与学习活动，厘清知识之间的识别和联系，不断加深对知识本质的认识及其体现的数学思想，感悟数学思想，积累数学活动经验。

（3）以"利用旧知""学习新知"为主要的学习策略，以建构学习理论为指导开展教学，以类比迁移为主要的思维方法，在原有生活经验、知识经验和思维经验的基础上开展学习，增强学生的主体参与性，强化能力培养，提高教学质量。

立足知识本质　实现整体建构

（4）抓住数学能力培养的整体关联性、结构逻辑性和动态发展性，启发引导学生充分利用已有的知识经验、思维经验开展学习。

八、教学过程

（一）复习旧知，唤醒经验

导入：我们可以用数来表示物体的个数，当物体个数很多时，我们就需要用大数来表示，今天我们就一起来学习大数。

问题1：图1中这个数是多少？（9999）

问题2：每个数位上的"9"分别表示什么含义？（个位上的9表示9个一，十位上的9表示9个十，百位上的9表示9个百，千位上的9表示9个千）

图1　例子

（教师根据学生的回答板书相应的计数单位和数位，明确：一、十、百、千是计数单位，在表示数时，这些计数单位要按照一定的顺序排列起来，它们所占的位置叫作数位）

问题3：9999再加1是多少？你能拨着计数器演示一下吗？

学生边演示边介绍：9999再加1，个位满十向十位进1，十位满十向百位进1，百位满十向千位进1，千位满十向万位进1。

（教师进行板书：10个一是十，10个十是一百，10个一百是一千，10个一千是一万。引导学生初步体会感受十进制）

【设计意图：通过学生独立思考—师生、生生互动—教师启发引导，使学生借助计数器经历由9999到10 000的进位过程，感受十进制满十进一、进位时需要创造新的数位和计数单位，初步认识十进制的计数方法，进一步感受自然数的性质，为新知学习奠定基础。】

161

（二）类比迁移，探索新知

1. 经历万级中各数位及其计数单位的创造过程，发现规律

（1）理解"十万"。

①计数器演示，猜测新的计数单位名称。

问题串1：有了"万"这个计数单位，就可以表示更大的数。我们现在利用计数器一万一万地数：1万，2万，3万……9万。如果再加一万呢？（再加一万是十万）

计数器上该怎么表示呢？（满十要向前一位进1，在前一位上拨1颗珠子）

要在哪里增加一位呢？（在万位的左边增加一位）

你能给这个数位取个名字吗？（十万位）

它所对应的计数单位是什么呢？（十万）

②感受"十万"的广泛应用，认可"十万"。生活中听说过像"十万"这样的大数吗？你能举个例子吗？

（2）认识"百万、千万"。

问题串2：生活中这样的大数随处可见。我们认识了十万，下面我们一起来十万十万地数一数吧：十万、二十万、三十万、四十万……

4个十万和5个一万合起来是多少？（四十五万）

我们再一万一万地数：四十五万、四十六万、四十七万、四十八万、四十九万……

再加一万呢？（万位满十向十万位进一，是五十万）

继续十万十万地数下去：五十万、六十万、七十万、八十万、九十万……

9个十万和7个一万合起来是多少？（九十七万）

再一万一万地数：九十七万、九十八万、九十九万……

再加一万呢？（万位满十向十万位进一，十个一万是十万）

十万位也满十了，十个十万是多少呢？（一百万）

立足知识本质 实现整体建构

该怎么表示呢?（满十向前一位进一,在前一位上拨 1 颗珠子）

在哪里再增加一位?（十万位的左边）

这个数位叫什么名字?它对应的计数单位是什么?（百万位,计数单位是百万）

10 个十万是一百万。那么,10 个一百万呢?（10 个一百万是一千万）

该怎么表示呢?（在百万位的左边再增加一个数位,就是千万位,计数单位是千万,这里 1 颗珠子表示一千万）

观察这 8 个数位和计数单位,你发现了什么规律?

满十进一——十进制计数法。

四位一级——数位与数级。

2. 应用规律,认识亿级中各数位及其计数单位

（1）认识"亿"。

问题串 3:继续往下数,10 个一千万是多少?该怎么表示呢?（需要在千万位的左边再增加一个数位）

这个数位该取什么名字呢?

预设 1:万万位、万万——根据我们发现的"四位一级"的规律,"万万位"符合这个规律吗?那该怎么办呢?

预设 2:亿位、亿——说说你是怎么知道的?为什么要这样命名呢?

教师:按四位一级的命名规则,10 个一千万是应该取个新名字,它就是一亿,这里需要一个新的数位:亿位。

（2）认识"十亿、百亿、千亿"。

问题串 4:按照四位一级的规律,亿位左边的三个数位分别叫什么?（十亿位、百亿位、千亿位）

它们对应的计数单位分别是什么?（十亿、百亿、千亿）

相邻两个计数单位的进率呢?（都是 10）

这四位对应的数级呢?（亿级）

学生自主补全数位顺序表:

163

数级	……	亿级				万级				个级			
数位	……	千亿位	百亿位	十亿位	亿位	千万位	百万位	十万位	万位	千位	百位	十位	个位
计数单位	……	千亿	百亿	十亿	亿	千万	百万	十万	万	千	百	十	个

【设计意图：通过问题驱动学生思考、操作、表达——教师再启发引导，促使学生在数数活动中自觉巩固和运用万级中数位和计数单位的命名方法，经历亿级中数位和计数单位的再创造过程，进一步认识十进制，增强数感和符号意识，扩充和完善数位顺序表。】

3. 观察对比，深入理解十进制计数法

问题串5：观察扩充后的数位顺序表，回顾数位及其计数单位的产生过程，这里都有哪些规则呢？（满十向前一位进一）

这就是十进制计数法。

你还发现了什么？（它们是按照"一、十、百、千"的顺序每四位一级循环反复的，只是在后面添上一个单位）

每四位一级有什么好处呢？（有规律，这样记起来方便，写起来方便，读起来也方便）

刚才我们一起认识了计数单位、数位、数级，知道了十进制计数法和四位一级，下面咱们一起来巩固练习吧！

【设计意图：通过系列问题驱动学生思考、操作、表达和教师再启发引导，促使学生在归纳与总结活动中提升归纳概括能力，体会感悟知识的数学实质，对概念的认识更加具体清晰。】

（三）应用规津，内化新知

1. 想一想，填一填

（1）从个位向左数，第（　　）位是万位，第（　　）位是亿位；第8位是（　　）位，第12位是（　　）位。

（2）400 305 000 000 是由4个（   ）、3个（   ）和5个（   ）组成的。

2. 想一想，选一选

（1）2010年北京市人口19 612 368人，数中的9表示9（   ）。

A. 亿　　　　　B. 千万　　　　　C. 百万

（2）2010年我国人口1 339 724 852人，数中的1表示1个（   ）。

A. 十亿　　　　B. 亿　　　　　C. 千万　　　　　D. 百万

（3）2010年河南省人口94 023 567人，横线上的数（   ）1亿。

A. 超过了　　　B. 不够　　　　C. 无法确定

【设计意图：通过巩固练习，一方面可以起到巩固数位顺序表的目的，另一方面让学生感受到大数分级的价值。】

（四）课堂总结，拓展延伸

（1）通过今天的学习你有哪些收获呢？

（2）关于"数的认识"你还知道什么？（介绍十进制计数法的历史）

九、教学实录

（一）复习旧知，唤醒经验

教师：同学们，我们二年级已经学过万以内的数，图2中这个数是多少？每个数位上的数字分别表示什么含义？

课件出示如图2所示：

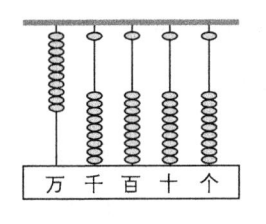

图2　例子

学生：这个数是9999。个位上的9表示9个一，十位上的9表示9个十，百位上的9表示9个百，千位上的9表示9个千。

教师：9999再加1是多少？你能拨着计数器演示一下吗？

学生边演示边介绍：9999再加1，个位满十向十位进1，十位满十向百位进1，百位满十向千位进1，千位满十向万位进1。

教师：你的思路可真清晰。我们一起来回忆一下整个过程：个位满十向十位进1，10个一是十；十位满十向百位进1，10个十是一百；百位满十向千位进1，10个一百是一千；千位满十向万位进1，10个一千是一万。

教师：这里的一、十、百、千、万都是计数单位；在用数字表示数的时候，这些计数单位要按照一定的顺序排列起来，它们所占的位置叫作数位。

【设计意图：从复习万以内数入手，通过学生独立思考—师生，生生互动—教师启发引导，让学生借助计数器经历由9999到10 000的进位过程，在复习万以内的数位和计数单位的同时，充分感受"满十进一"，理解每次进位时需要创造新的数位和计数单位，初步认识十进制的计数方法，进一步感受自然数的有始、有序的性质，为新知学习奠定基础。】

（二）类比迁移，探索新知

1. 经历万级中各数位及其计数单位的创造过程，发现规律

（1）理解"十万"。

①计数器演示，猜测新的计数单位名称。

教师：有了"万"这个计数单位，就可以表示较大的数。现在我们利用计数器一万一万地数：

齐数：1万，2万，3万……9万。

教师：如果再加一万呢？

课件出示如图3所示：

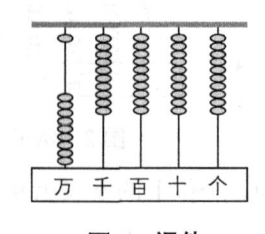

图3　课件

学生：再加一万是十万。

师：不错，10个一万是十万。

像图4这样表示行吗？如果不行，在计数器上该怎么表示？想一想，同桌互相说一说自己的理由。

课件出示如图4所示：

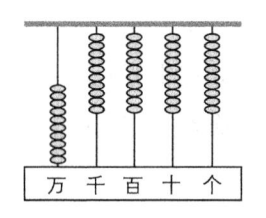

图4　课件

学生：这样不行，因为这种表示和万以内数的表示方法不一致，万位上不能是10，每个数位满十就要向前一位进1。

教师：你的意思是要再增加一个新的数位。在哪里增添一位呢？

学生：在万位的左边。

教师：没错，按照我们刚才发现的满十进一的方法，的确应该增加一个新数位，你能给这个新的数位取个名字吗？

学生：十万位。

教师：大家有意见吗？

学生表示同意。

教师：大家都没意见，那我们就先暂时把它叫作"十万位"吧，它对应的计数单位是什么呢？

学生异口同声：十万。

【设计意图："十万位"的产生与个级的四个数位是一致的，都是满十向前一位进一，但其命名却不同于"个位""十位""百位""千位"这样独立的名字，而是在"万"的前面添了一个"十"，这正是"四位一级"规律的探究起点，其重要性不言而喻。范老师在个级数位和计数单位复习的基础上，充分利用学生已有的知识经验和思维经验，借助计数器，让学生经历从九万到十万的进位过程，体验十万位的产生价值，进一步感悟十进制计数法。】

②感受"十万"的广泛应用，认可"十万"。

教师："十万"和我们之前认识的"一、十、百、千、万"有何不同？

学生："十万"是两个字，"一、十、百、千、万"都是一个字。

教师：那两个字的"十万"是计数单位吗？你在生活中听说过这个单位吗？

学生：买一套房子大约九十万元。

学生：买一辆宝马车需要三十万元。

学生：我们济源市大约有八十万人口。

……………

教师：生活中这么多地方都用到了"十万"，看来这个"十万"的确是一个计数单位，那么为什么用"十万"，而不是像"一、十、百、千、万"一样创造一个全新的名字呢？一会儿我们再揭晓答案。

【设计意图："十万"是一个与"一、十、百、千"表达方式不同的新的计数单位，它们同时又有着密切联系，更是余下计数单位学习的基础。范老师在这里通过让学生举例生活中的"十万"，让学生充分感受到这个计数单位的真实存在，同时又抛出一个耐人寻味的问题"为什么用'十万'，而不是像'一、十、百、千、万'一样创造一个全新的名字呢？一会儿我们再揭晓答案"。如此，设置悬念，激发学生学习兴趣。】

（2）认识"百万、千万"。

教师：刚才我们认识了十万，下面一起来十万十万地数一数吧。

师生齐数：十万、二十万、三十万、四十万。

教师：4个十万和5个一万合起来是多少？

课件出示如图5所示：

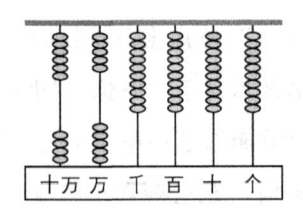

图5　课件

学生：四十五万。

教师：我们再一万一万地数。

师生齐数：四十五万、四十六万、四十七万、四十八万、四十九万。

课件出示如图6所示：

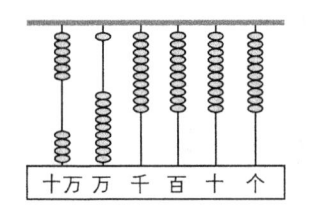

图6 课件

教师：再加一万呢？

学生：万位满十向十万位进一，是五十万。

教师：继续十万十万地数下去。

师生齐数：五十万、六十万、七十万、八十万、九十万。

教师：9个十万和7个一万合起来是多少？

课件出示如图7所示：

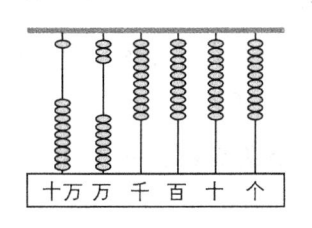

图7 课件

学生：九十七万。

教师：再一万一万地往后数。

齐数：九十七、九十八万、九十九万。

教师：再加一万呢？

学生：一百万。

教师：说说你的想法吧。

学生：10个一万是十万，万位满十向十万位进一，这时十万位也满十了，10个十万应该是一百万。

教师：那一百万在计数器上该怎么表示呢？

学生：需要增加一个新的数位，在这个数位上拨1颗珠子。

教师：在哪里增添一个新的数位呢？

学生：要在十万位的左边再增添一个数位。

课件出示如图8所示：

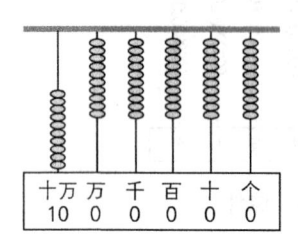

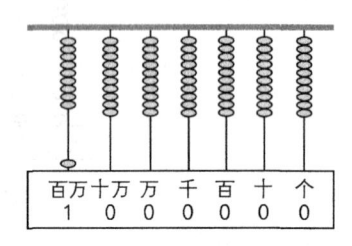

图8 课件

教师：这个数位该叫什么名字？它对应的计数单位是什么？这个数位上的1颗珠子表示多少呢？

学生：这个数位是百万位，它对应的计数单位是百万，这个数位上的1颗珠子表示1个百万。

教师：10个十万是一百万。那么，10个百万呢？

学生：10个百万是一千万。

教师：在计数器上该怎么表示呢？

学生：需要再增添一个数位。

教师：在哪里增添一个新的数位呢？它对应的计数单位是什么呢？

学生：在百万位的左边再增加一个数位，就是千万位。它对应的计数单位是千万，这里1颗珠子表示1个千万。

课件出示如图9所示：

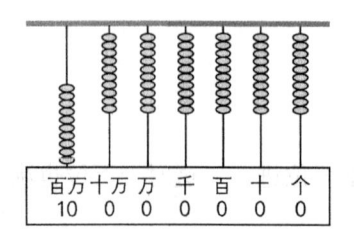

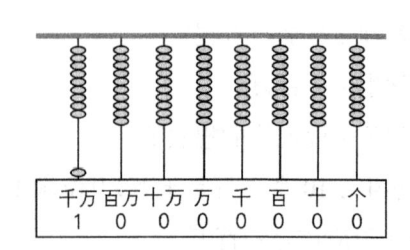

图9 课件

立足知识本质　实现整体建构

教师：观察这8个数位和计数单位，你发现了什么规律？

学生：每位满十都向前一位进1，每相邻两个计数单位的进率都是10。

教师：你观察得很仔细，像这样每相邻两个计数单位之间的进率都是10的计数方法，叫作十进制计数法，十进制计数法可是我国古代的一项重大发明哦。谁还有不同的发现？

学生：每四位可以分一组。

师：真是一个善于观察和思考的孩子，"四位一级"是我国特有的一种计数习惯。这里"个位、十位、百位、千位"合起来是"个级"，"万位、十万位、百万位、千万位"合起来是"万级"。"个级"和"万级"叫作"数级"。

【设计意图：从十万位的产生开始，到百万位、千万位的产生，范老师始终通过"在计数器上该怎么表示呢？""满十要向前一位进一，应该在哪里增添一位呢？""你能给这个数位取个名字吗？""它对应的计数单位是什么？"这一系列的问题串引领学生深度思考，在感受"十万"产生的基础上，让学生类比创造"百万""千万"，不断丰富完善数位顺序表，厘清各数位和计数单位间的区别和联系，不断加深对知识本质的认识，促进学生对"四位一级"和"十进制计数法"的结构化理解，进而发展学生的推理能力，感悟数学思想，积累数学活动经验。】

2. 应用规律，认识亿级中各数位及其计数单位

（1）认识"亿"。

教师：我们继续往下数，10个千万是多少？计数器上该怎么表示呢？

学生：在千万位的左边再增加一个数位。

教师：这个数位该取什么名字呢？

学生：万万位。

教师：说一说你的理由吧。

学生：按个、十、百、千、万的排列顺序，十万、百万、千万，所以该是万万了。

教师：有道理！生活中也确实有"万万"这样的说法。在聂荣臻致父母的家书中曾经这样说："况男远出留学，所学何为？决非一衣一食自为计，而在四万万同胞之均有衣食也。"这里的四万万用到了"万万"。如果把10个千万叫一万万，那我们继续数下去：二万万、三万万……九万万，下一个呢？

学生：十万万。

教师：如果一直这样数下去，10个十万万呢？

学生：一百万万。

教师：10个百万万？

学生：一千万万。

教师：10个千万万？

学生：一万万万。

教师：一直这样数下去，你有什么感觉？

学生：说起来太不方便了！

教师：真的是太不方便了。再根据我们发现的"四位一级"的规律，看一看"万万位"符合这个规律吗？

学生：不符合规律。

教师：那该怎么办呢？

学生：应该创造一个全新的数位。

教师：对！应该创造一个新的名称！它就是亿位。它所对应的计数单位应该是什么？

学生：亿。

教师：是的，10个千万是一亿。

教师：现在，我们再回头看，假如刚才再在万位的后面我们就创造一个新的数位叫亿位，它的前一位就得再创造一个新的，如此下去，每次都创造新的名称，你有什么感觉呢？

学生：新的单位太多了，记不清楚了。

教师：是的，"四位一级"的方法恰好帮我们解决了这个难题，既方便表示还便于记忆。

立足知识本质 实现整体建构

【设计意图:"十万"是与"一、十、百、千、万"表达方式不同的一种新的表达方式,它的产生为"四位一级"埋下伏笔。而"亿"则又是打破刚刚建立的"十万、百万、千万"这一规则产生的一个新的数位,它的产生才真正让学生对"四位一级"有了清晰的感知。在经历"亿"的产生过程中,范老师充分尊重学生已有的知识经验,从"一万万"到"十万万""百万万""千万万",再到"万万万",让学生真实感受到"亿"产生的价值。与此同时,又呼应之前的问题,在理解"十万"和"亿"这两个计数单位的同时,又加深了对"四位一级"和"满十进一"的理解。】

(2)认识"十亿、百亿、千亿"。

教师:按照"四位一级"的规律,亿位左边的三个数位分别叫什么?它们对应的计数单位分别是什么?这四位对应的数级呢?相邻两个计数单位的进率又是多少呢?请拿出学习研究单,独立思考后补全数位顺序表。

(学生独立完成学习研究单,一名学生到黑板上补全数位顺序表)

知识梳理

数级	……	亿级				万级				个级			
数位	……	千亿位	百亿位	十亿位	亿位	千万位	百万位	十万位	万位	千位	百位	十位	个位
计数单位	……	千亿	百亿	十亿	亿	千万	百万	十万	万	千	百	十	个

【设计意图:教师通过问题驱动学生思考、操作、表达,教师再启发引导,促使学生自觉运用万级中数位和计数单位的命名方法,类推迁移,经历亿级中数位和计数单位的再创造过程,进一步认识十进制,增强数感和符号意识,不断扩充和完善数位顺序表。】

3. 观察对比,深入理解十进制计数法

教师:观察扩充后的数位顺序表,回顾数位及其计数单位的产生过程,这里都有哪些规则呢?

学生:满十向前一位进一。

教师：也就是十进制计数法。

教师：你还发现了什么？

学生：它们是按照"一、十、百、千"的顺序每四位一级循环反复的，只是在后面添上一个单位。

教师：每四位一级有什么好处呢？

学生：有规律，这样记起来方便，写起来方便，读起来也方便。

教师：刚才我们一起认识了计数单位、数位、数级，知道了十进制计数法和四位一级，下面咱们一起巩固练习吧！

【设计意图：通过问题驱动学生思考、操作、表达和教师再启发引导，促使学生在归纳与总结活动中提升归纳概括能力，体会感悟知识的数学实质，对概念的认识更加具体清晰。】

（三）应用规律，内化新知

（1）从个位向左数，第（ ）位是万位，第（ ）位是亿位；第8位是（ ）位，第12位是（ ）位。

教师：谁来说一说你是怎么解决的？

学生1：我是一位一位数出来的：第5位是万位，第9位是亿位，第8位是千万位，第12位是千亿位。

教师：谁还有不同的方法吗？

学生2：我是利用"四位一级"的规律做的：万位是万级的第1位，个级有4位，4+1=5，所以第5位是万位；亿位是亿级的第1位，个级和万级一共有2×4=8位，8+1=9，所以第9位是亿位；个级和万级一共8位，所以第八位就是万级的最高位，也就是千万位；个级、万级、亿级一共12位，所以第12位就是亿级的最高位，也就是千亿位。

教师：同学们，大家听明白了吗？你更喜欢哪一种方法呢？

学生：喜欢第二种，第二种更方便。

立足知识本质 实现整体建构

教师：下面，你能用"四位一级"的方法解决第2题吗？动手试一试吧！

（2）400 305 000 000是由4个（　　）、3个（　　）和5个（　　）组成的。

教师：谁来说说自己的方法？

学生：每四位一级，分级后，很快就发现"4"在亿级的最高位，就是"千亿位"上，所以是4个千亿；"3"在亿级最低位，就是"亿位"上，所以是3个亿；5在万级的右数第三位，就是"十万位"上，所以是5个十万。

教师：思路很清晰！看来"四位一级"真的是一个不错的方法哦！

【设计意图：通过巩固练习，学以致用，第一题的处理中，通过两位学生不同方法的对比，一方面起到巩固数位顺序表的作用，另一方面让学生充分感受到大数"四位一级"分级的好处，为后面几道题的练习做好铺垫，事半功倍。】

（四）课堂总结，拓展延伸

教师：同学们，通过今天的学习你有哪些收获呢？

学生1：看到大数，可以用"四位一级"的方法先把大数进行分级，这样大数就会变得很简单。

学生2：我发现所有大数通过分级后，都可以按照万以内的数的认识方法来认识。

学生3：通过今天的学习，我知道了什么是十进制计数法。

教师：同学们，我们今天所认识的十进制计数法是我国古代的一大发明，在世界数学史上有着非常重要的意义。英国著名的科学史学家李约瑟教授说："如果没有这种十进制，就几乎不可能出现我们现在这个统一化的世界了。"

十、我的思考

整数的认识小学阶段分为四个阶段：20以内数的认识、100以内数的认识、万以内数的认识、大数的认识。"大数的认识"安排在人教版四年级上

175

册第一单元,是在学生认识和掌握了万以内数的基础上学习的,既是对万以内数认识的巩固和发展,也是整数认识在小学阶段的最后一次单元教学安排,教学中需要把学生以往对万以内数的分散的、不规范的感性认识作为教学的基础,在发现规律、应用规律中逐步科学、规范的理性认识大数,从而对整数获得完整的认识。

本课是对"亿以内数的认识"和"十进制计数法"两节课进行的一节整合课,在教材中安排的内容主要有:万以上数的计数单位和数位、数位的分级、十进制计数法。整节课教学以万以内数与万以上大数各知识之间的联系为主线,立足知识本质,通过整合教学内容,增强学习的整体性、关联性和发展性,进而实现知识的整体建构。

1. 结构化整合,发展类推迁移能力

教学中以建构学习理论为指导,抓住各知识之间的整体关联性、结构逻辑性和动态发展性,启发引导学生充分利用已有的知识经验、思维经验,以"在计数器上该怎么表示呢?""满十要向前一位进一,应该在哪里增添一位呢?""你能给这个数位取个名字吗?""它对应的计数单位是什么?"这样的问题串引领,让学生在复习"一、十、百、千、万"的基础上,依次经历"十万、百万、千万、亿"的生成过程,再自主类推迁移到"十万、百万、千万"的认识,引领学生深度思考,厘清知识之间的区别和联系,不断加深对整数本质的认识,促进"四位一级"和"十进制计数法"的结构化理解,进而发展学生的推理能力,感悟数学思想,积累数学活动经验。

2. 丰富数数活动,感悟十进制计数法

数是数出来的。史宁中教授在《基本概念与运算法则》一书中说:"表示自然数的关键是十个符号与数位。自然数有无穷多个,可是为什么用十个符号就能够表示所有的自然数呢?关键在于数位。"在本课中,设计了大量的数数活动:首先通过"9999加1是多少"入手,复习"万以内数的认识",然后通过"一万一万地数"的基础上认识"十万",接下来经历"十万十万地数、4个十万和5个一万合起来是多少、再一万一万地数、十万十万地数、

9个十万和7个一万合起来是多少、再一万一万地数一直数到一百万",在此基础上再"一百万一百万的数""一千万一千万的数"等一系列的数数活动,整个过程借助计数器,让学生在充分经历数数的过程中深刻感悟十进制计数法和位值制的价值。

3. 突出四位一级,加强数感培养

读写万以上的数都要按照数级一级一级地读、写,因此,牢固掌握数位顺序和数的分级,是后续读写数的关键。首先从万级的合作学习到亿级的自主探究过程中,让学生进行对比观察,理解"四位一级"的原理,接下来的练习过程中通过两个学生的对比,一个是"数出来的",另一个是"按四位一级的规律"发现的,让学生进一步感受到"四位一级"的价值,再及时学以致用,在不断的应用中让学生的数感得到培养。

总之,大数的认识是一次数范围的扩展,但十进位制计数法的本质是不变的。教学中,我们唯有立足知识本质,深入解读教材,才能实现教学内容的整体建构,为后续读数、写数、大小比较、计算等积累宝贵的学习经验,使学生的综合能力得到提升。

经历过程，感悟神奇，积累经验

——"神奇的莫比乌斯带"教学设计、教学实录及反思

一、教学内容

西南师大版《数学文化》四年级上册"8.神奇的莫比乌斯带"。

二、教学分析

（一）内容分析

莫比乌斯带属于拓扑学内容，它是德国数学家莫比乌斯在1858年研究"四色定理"时偶然发现的，如果把一张纸条扭转180°后再两头粘接起来，便具有魔术般的性质。因为普通纸带具有两个面（即双侧曲面），一个正面，一个反面，而这样的纸带只有一个面（即单侧曲面）。

本课的数学内涵有两个方面：

第一，学生在了解莫比乌斯带原理的过程中，初次接触单侧曲面的物体，学生的认知从双侧曲面发展到单侧曲面，拓展了学生的空间观念。在向学生展示单侧曲面的神奇之处的同时，在等分莫比乌斯带中发现了剪开的莫比乌斯带呈现的并非两个相同的莫比乌斯带，这些都能激发学生学习的兴趣。教学中要凸显"神奇"二字，以此激发学生的好奇心，让学生学会用善于思考的方式观察生活中的现象。

第二，通过介绍数学家莫比乌斯的故事，向学生渗透数学家身上仔细

观察、乐于思考、勇于创新的数学精神，鼓励学生勤思考、不怕难、爱创新。在了解数学史的过程中渗透人文价值，体会数学的应用价值，开阔视野，寻找数学进步的历史轨迹，受到优秀文化的熏陶，领会数学的美学价值，从而提高自身的文化价值和创新意识，这对培养学生直观想象的数学核心素养有重要的价值。

（二）学情分析

四年级的学生对身边的事物有强烈的好奇心和求知欲，喜欢大胆猜想，有一定的动手能力。但在教学中不能只让学生简单地做一做、剪一剪了事，否则与一节普通的手工课无异。数学文化课就要凸显数学味，让学生在做、验、剪的过程中经历猜想、验证、归纳等环节，使猜想和实验结果之间产生强烈的对比，感受数学的神奇，激发学习兴趣。在经历探索过程中丰富学生的数学活动经验，融入数学思考，从而感受到数学的无穷魅力。

（三）设计思路

本课设计为操作性实验活动，通过"猜测—验证—探究"来组织新课，以问题为载体，由易到难，步步推进，让学生感受数学神奇魅力的同时也感受到自主探索数学知识的快乐。

首先，从一张普通的纸入手，一步一步把学生的思维引向神奇的莫比乌斯带，通过探讨线与面的关系，培养学生的空间观念。

其次，从创设悬念入手，通过沿着莫比乌斯带的二分之一、三分之一剪开，变幻出神奇的结果，让学生经历"猜想—验证—探索"的全过程，在一次又一次感受神奇的同时，潜移默化地渗透"猜测—验证"的数学思考方法。

最后，通过欣赏莫比乌斯带的一些应用，让学生感受莫比乌斯带的作用，感受到数学的美和实用性，再一次感受数学的神奇魅力。

三、教学目标

（1）让学生了解莫比乌斯的故事和莫比乌斯带的来历，感受莫比乌斯身上的数学精神，学习他的优秀品质。

（2）让学生能够动手制作莫比乌斯带，会等分莫比乌斯带，体会莫比乌斯带的特点，拓展学生的空间观念。

（3）在数学活动中经历猜想与探索验证的过程，感受莫比乌斯带魔术般的变化，感受数学的魅力及探索研究的策略，进一步激发学生学习数学的兴趣。

（4）让学生了解莫比乌斯带在生活中的应用，感受生活中数学的神奇。

四、教学重点

制作莫比乌斯带，体会莫比乌斯带的特点。

五、教学难点

莫比乌斯带的扭动粘贴。

六、教学准备

PPT、普通纸条、有二等分线的纸条、有三等分线的纸条、两种颜色的彩笔、学生剪刀。

七、教学过程

（一）魔术导入

一张长方形纸条正面的左边有半颗红色爱心，背面右边有半颗黄色的爱心，教师如何通过"变魔术"使其变成一个完整的爱心。

经历过程，感悟神奇，积累经验

（二）探究新知

1. 初识"莫比乌斯带"，激发兴趣

（1）制作普通圆形纸带。

问题1：请大家拿出1号长方形纸条，仔细观察，它有几条边？几个面？

问题2：你能把它变成2条边，2个面吗？同桌合作，赶紧动手试一试吧！

问题3：你能把它变成1条边，1个面吗？（同桌合作尝试）

【设计意图：有趣的魔术激起学生的兴趣，有趣的问题促使学生思考和探究，在探究过程中，问题层层深入：由"一张普通长方形纸片，它有几条边？几个面？"到"你能把它变成两条边，两个面吗？"再到"想想办法，你能把它的边和面变得更少一些，把它变成一条边，一个面吗？"问题层层深入，一个比一个更有难度，大大激发了学生的学习兴趣。】

（2）制作"莫比乌斯带"。

①操作：一名学生介绍制作过程，其他学生跟着做（强调：翻转180°）。

②验证：先指导学生用彩笔验证只有一条边、一个面，再通过课件动态演示。

③小结：讲述"莫比乌斯带产生"的故事，交流从数学家莫比乌斯的身上你学到了什么？（仔细观察、大胆猜想、小心验证）

【设计意图：首先，从纸条到普通纸圈再到"莫比乌斯带"，学生经历了一个从熟悉到陌生，从普通到神奇的体验过程，使学生初步感受到"莫比乌斯带"的神奇。其次，借助莫比乌斯的故事，感受数学家仔细观察、乐于思考、勇于创新的数学精神，鼓励学生勤思考、不怕难、爱创新，在了解数学史的过程中渗透人文价值，体会数学的应用价值，开阔视野，寻找数学进步的历史轨迹，受到优秀文化的熏陶，领会数学的美学价值，从而提高自身的文化价值和创新意识。最后制作莫比乌斯带，为后续研究做铺垫。】

（3）比较普通圆形纸带和"莫比乌斯带"的区别。

演示莫比乌斯带为什么只有一个面和一条边，介绍双侧曲面和单侧曲面。

（4）"莫比乌斯带"的价值。

生活中常见的扶手电梯的传送带、打印机的色带。

2. 研究"莫比乌斯带"，体验神奇

（1）剪"莫比乌斯带"（二分之一）。

看一看：如果沿着普通环形纸带的中间剪开，会是什么结果？（课件演示）

猜一猜：如果沿"莫比乌斯带"的中间剪开，会出现什么结果？（学生猜想）

剪一剪：同桌合作，进行验证。

展示交流：结果是一个2倍长的扭转的圈，但不是莫比乌斯圈。

（2）剪"莫比乌斯带"（三分之一）。

猜一猜：如果我们沿着三等分线剪，剪的结果又会是怎样呢？（学生猜想）

剪一剪：同桌合作，进行验证。

展示交流：一个大圈套一个小圈，大圈不是莫比乌斯带，小圈是莫比乌斯带。

如果沿四等分线或五等分线剪开又会是什么结果呢？

【设计意图：学生动手，沿着"莫比乌斯带"的二分之一和三分之一剪下来，学生好奇而兴奋地经历了"猜测—验证—归纳"的过程，在学生一次又一次感受到神奇的同时，也潜移默化地渗透数学思想方法和数学的美。】

3. 应用"莫比乌斯带"，感受魅力

"莫比乌斯带"蕴含着永恒和无限的意义：

（1）作为"可回收的标志"，表示可循环使用的意思。

（2）中国科技馆的三叶扭结，象征着科学没有界限。

（3）2007年世界特奥会的会标雕塑和主火炬，转换一种生命方式，您将获得无限发展。

（4）小偷和农民的故事。

（5）克莱因瓶。

一直以来，很多数学家为此着迷，他们对"莫比乌斯带"不断研究，后来形成了一种新的学说，叫作拓扑几何学，有兴趣的同学课后可以了解一下！

【设计意图：在感受"莫比乌斯带"神奇的同时，了解它在生活中的应用，就更能让学生体会到：数学就在我们身边，正在为我们服务。】

4. 总结拓展

通过今天的学习，希望同学们能够向莫比乌斯学习，养成勤于观察、大胆猜测、小心验证的良好的学习数学习惯，相信在座的你们就是未来的数学家！

【设计意图：拓展延伸，让学生养成用数学的眼光看生活、用数学的方法研究生活的良好习惯，感悟数学的魅力与价值。】

八、教学实录

（一）魔术导入

教师：大家看范老师手中拿的是什么？

学生：是一张长方形纸条。

教师：这可不是一张普通的长方形纸条，大家看它的正面左边有半颗红色的爱心，背面右边有半颗黄色的爱心，大家看仔细，这两个半颗爱心可不在一起，一个在正面一个在反面。但是范老师会"变魔术"。

见证奇迹的时刻到了（教师操作，将纸条圈起来，变成一个完整的爱心）。

教师：大家看范老师厉害不？

学生：厉害！

教师：那是不是得给范老师点儿掌声。

（学生鼓掌）

教师：谢谢大家的掌声！其实也不是范老师厉害，而是这张纸条很神奇！下面就让我们一起带着这张神奇的纸条开始今天的数学之旅吧！

（二）探究新知

1. 认识"莫比乌斯带"

（1）制作普通圆形纸带。

教师：下面请大家从学具袋中拿出我们准备的1号长方形纸条，仔细观察1号长方形纸条有几条边？几个面？

学生：有上下左右四条边，正反两个面。

教师：大家一起再来指认一下吧！一张普通纸条有4条边和4个面。你能把它变成两条边，两个面吗？同桌合作想一想，试一试。

（学生动手操作）

学生：我把这张长方形纸条两端粘在一起，制作成圆形纸圈，它就是两条边和两个面。

教师：怎么会少了两条边呢？

学生：那两条边被粘贴在了一起。

教师：我们来看看这个纸圈，它真的只有两条边和两个面。大家赶紧照样子做一做，用手摸一摸，感受一下两条边，两个面。同学们，大家想想办法，你能把它的边和面变得更少一些么，把它变成一条边，一个面吗？

【设计意图：通过设置有趣的魔术，激发学生的学习兴趣，引发学生大胆猜测、认真观察、积极思考，在学生的独立思考与交流中，为下面莫比乌斯环的探究做好铺垫。】

（2）制作"莫比乌斯带"。

教师：请同桌合作，拿出2号纸条，尝试制作"一条边，一个面"的纸圈（学生动手操作）。

学生：这张纸条一头不变，另一头扭转180°，再把两头粘贴起来，这样就得到了一条边和一个面的纸圈。

教师：大家听明白了吗？我们一起再看一下吧！（图1）

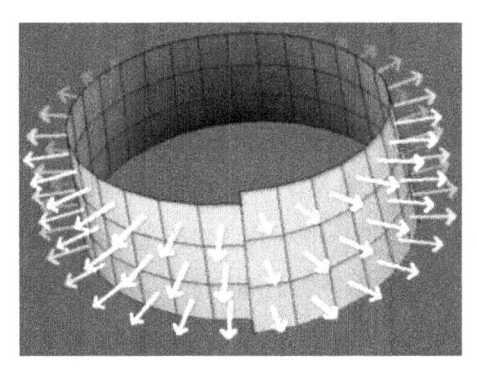

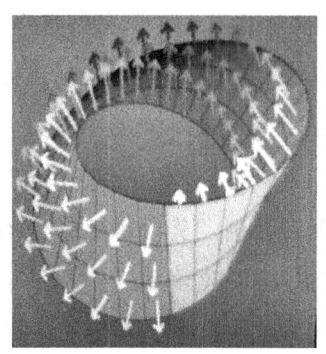

图 1　课件

大家学会了吗？注意这里有一个很重要的动作：一端扭转180°。自己动手再试一试。

教师：这个纸圈真的只有一条边，一个面吗？怎么验证"一条边，一个面"？

学生：可以拿笔在纸圈上点一个点做个记号，然后画一圈试一试，如果不翻转就能使始点和终点相接就说明是一个面。

教师：这个主意不错！同桌合作验证一下吧！

（学生动手验证，教师指导）

学生：我们通过验证发现这个纸圈真的只有一个面。

教师：那怎么验证只有一条边呢？

学生：可以用笔沿着纸圈的边走一走就行了。

教师：好的，同桌合作验证一下吧！

学生：我们通过验证发现这个纸圈真的只有一条边。

教师：我们再借助课件让小蚂蚁帮我们验证一下吧！（如图2动态展示，加深认识）

下面大家再用手摸一摸它的边和面，感受一下吧！

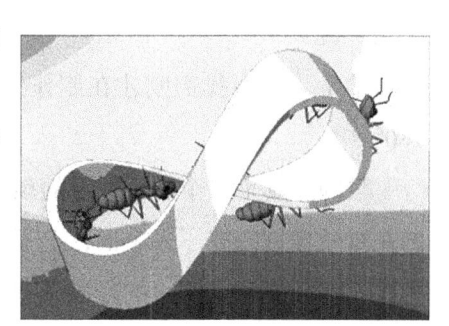

图 2　课件

【设计意图：在探究过程中，问题层层深入：由"一张普通长方形纸片，它有几条边？几个面？"到"你能把它变成两条边，两个面吗？"再到"想想办法，你能把它的边和面变得更少一些，把它变成一条边，一个面吗？"问题层层深入，难度一个比一个大，大大激发了学生的学习兴趣。从纸条到普通纸圈再到"莫比乌斯带"，学生经历了一个从熟悉到陌生、从普通到神奇的体验过程，使学生初步感受到"莫比乌斯带"的神奇】

同学们，这个"神奇的怪圈"叫作"莫比乌斯带"。是德国数学家莫比乌斯在1858年研究时发现的，所以人们把它叫作"莫比乌斯带"。

那么，莫比乌斯是怎么发现的呢？故事要从100多年前的一天说起。

有一天，莫比乌斯无意间做了一个纸圈，这时有一只蚂蚁爬到了纸圈上，他突发奇想：蚂蚁要是不通过纸圈的上下边缘就能进入内圈爬行，那该多好啊！一次偶然的机会，他路过一片玉米地，看到叶子弯曲着耷拉下来。他顺便撕下一片，顺着叶子自然扭曲的方向将其对接成一个圆圈。他惊喜地发现，这个"绿色的圆圈"就是他梦寐以求的那种圈。

莫比乌斯回到办公室，裁出纸条，把纸的一端扭转180°，再将一端的正面和另一端的背面粘贴在一起，就做成了只有一个面的纸圈。这样，一只小蚂蚁就可以爬遍整个曲面而不必跨过它的边缘，从此"莫比乌斯带"就诞生了！

（3）比较普通圆形纸带和"莫比乌斯带"的区别。

教师：同一张纸，是什么原因，使"莫比乌斯带"只有"一条边，一个面"呢？

学生：因为我们刚才在制作的时候，将其中一端不动，另一端扭转了180°。

教师：真是一个善于思考的孩子！正是这个"扭转"使得原本互不相干的正反两面就变成了一个面，上下两条边就变成了一条边，造就了一条神奇的莫比乌斯带！像刚才的普通纸圈有两个面，在数学上，叫作双侧曲面，而这条神奇的"莫比乌斯带"只有一个面，它有一个特别的名字，叫作单侧曲面。

经历过程，感悟神奇，积累经验

【设计意图：通过对两种纸圈的对比，让学生对神奇的"莫比乌斯带"充满好奇心，为后续的研究埋下伏笔。】

（4）初步感受生活中"莫比乌斯带"的价值。

教师：有着单侧曲面的"莫比乌斯带"是很神奇的，在生活中的应用是非常广泛的，如电梯的传送带就是运用了"莫比乌斯带"的这个原理，如果是普通的圈，就会导致朝外这一面容易磨损，寿命很短，而使用了"莫比乌斯带"就可以使整个面均匀磨损，这样就可以延长它的使用寿命。再如一种针式打印机也是利用这个原理，使色带的油墨有效输送量增加一倍，节约了材料。

教师："莫比乌斯带"神奇吗？

学生：神奇！

教师：这还只是神奇的开始！我们继续深入研究"神奇的莫比乌斯带"！

2. 研究"莫比乌斯带"

（1）剪"莫比乌斯带"（二分之一）。

教师：请大家想一想，把一个普通纸圈沿着中间的二等分线剪开，会是什么结果？

学生：两个相同的纸圈。

教师：我们一起验证一下（一名学生现场演示）。

教师：请大家猜一猜，如果沿着"莫比乌斯带"的中间剪开，会出现什么结果？

学生1：变成两个散开的相同的莫比乌斯圈。

学生2：会变成两个交叉的相同的莫比乌斯圈。

学生3：会变成两个散开的相同的普通纸圈。

教师：到底会是什么结果呢？我们应该向莫比乌斯学习，不仅敢于大胆猜想，更要小心验证哦！下面请同桌合作，动手剪一剪，试一试吧！

学生：我们发现刚才的猜想都不对，沿着纸带中间剪下去，居然变成了一个两倍长的圈。

教师：这个大圈是一个普通的纸圈？还是一个莫比乌斯圈呢？

学生：需要验证一下。

教师：没错！同桌合作用笔验证一下吧！

（学生动手验证）

学生：我们通过验证发现这个圈不是普通的圈，也不是莫比乌斯圈。

教师：没错，真的是出乎我们的意料！这个大圈看起来像莫比乌斯圈，而实际上却不是，这是一个扭转了360°的大圈，它的长度是原来的2倍。同学们，我们一定要向莫比乌斯学习，不仅要善于观察，敢于大胆猜想，还要小心验证！

（2）剪"莫比乌斯带"（三分之一）。

学生：我想知道如果我们沿着三等分线剪，剪的结果又会是怎样呢？

教师：这个问题问得好！大家先想一想一个普通纸圈三等分会怎么样？

学生：会变成三个相同的普通纸圈。

教师：是吗？我们验证一下吧！

（学生现场操作验证）

教师：那一个"莫比乌斯带"三等分的结果如何呢？猜一猜！

学生1：变成一个3倍长的大莫比乌斯圈。

学生2：会是三个分开的相同的莫比乌斯圈。

学生3：会是一个扭转了540°的大圈，长度是原来的3倍。

教师：有理有据，很好！到底结果如何呢？我们得小心验证。请同桌合作，先拿出3号纸条，制作一个莫比乌斯圈，再沿着三等分线剪一剪。看看和你们的猜想一样吗？

学生：是一个大圈套着一个小圈。

教师：这两个圈都是"莫比乌斯带"吗？大家赶紧动手验证一下吧。

学生：我们通过验证发现是一个大圈套小圈，其中小圈是"莫比乌斯带"，大圈的长度是原来的2倍，小圈长度和原来一样长。

教师：和大家的猜想一样吗？

经历过程，感悟神奇，积累经验

学生：不一样！

教师：同学们，大家猜一猜，一个普通纸圈四等分会是什么结果？

学生：四个相同的纸圈！

教师：五等分呢？

学生：五个相同的纸圈！

教师：六等分呢？

学生：六个相同的纸圈。

教师：那莫比乌斯圈呢？你能猜出结果吗？我们看，普通纸圈几等分就被分成几个相同的纸圈，而莫比乌斯圈二等分你猜对了吗？三等分你猜对了吗？沿四等分线或五等分线剪开"莫比乌斯带"，又会是什么结果呢？大家课后可以自己动手试试哦！这里面到底有什么规律呢？这个留给大家课后自己尝试并验证！

【设计意图：本环节设计"沿二等分线剪"和"沿三等分剪"两个活动，意在让学生感知莫比乌斯环的神奇之处，每个活动都让学生经历"猜测—实验—验证—得出结论"的过程，不仅让学生体会"学数学，就是做数学"的理念，还在研究问题的过程中积累了数学活动的经验。】

（三）总结拓展

教师：刚才我们一起通过"猜想—验证—探究"的过程研究了神奇的"莫比乌斯带"沿着二等分线、三等分线剪开后的情况，感受了神奇的"莫比乌斯带"在生活中的价值。

我们看，可回收物标志用到了莫比乌斯带，循环反复的几何特征，蕴含着永恒、无限的意义，可回收物标志就表示可循环使用的意思。北京的中国科学技术馆大厅中一座"三叶纽结"模型，象征着科学没有界限。2007年世界夏季特奥会会标雕塑和主火炬都是莫比乌斯带，理念是："转换一种方式，你将获得无限发展。"2010年上海世博会湖南馆用"莫比乌斯带"来展示风土人情，突出湖南元素，体现"天人合一""和谐自然"。

"莫比乌斯带"很神奇，但它也有缺陷，那就是它是有边界的，德国数学家克莱因在莫比乌斯带的基础上发明了一种自然封闭，又没有明显界限的瓶子，就用他的名字命名为"克莱因瓶"（图3）。和我们平时用来喝水的杯子不一样，它没有"边"，一只苍蝇可以从瓶子的外部直接飞到内部而不用穿过表面（所以说它没有内外部之分）。

一直以来，很多数学家为此着迷，他们对"莫比乌斯带"不断的研究，后来形成了一种新的学说，叫作拓扑几何学，有兴趣的同学课后可以了解一下！

图3　克莱因瓶

通过今天学习，希望同学们能够向莫比乌斯学习，养成勤于观察、大胆猜测、小心验证的良好的数学学习习惯，相信在坐的你们就是未来的数学家！

九、我的思考

对于"莫比乌斯带"一词，很早就有所耳闻，但真要执教这一内容时，才发现自己知之甚少。"要给学生一滴水，教师要有长流水"，到底什么是莫比乌斯带？它神奇在哪儿呢？强烈的好奇心与责任感驱使笔者去查资料和亲自动手操作探究。通过查资料笔者知道了莫比乌斯带是一种拓扑图形，由德国数学家莫比乌斯在公元1858年发现的，它是一个扭转180°后再将两头粘接起来的纸条，它打破了学生原有的对线与面的认知，从双侧曲面发展到单侧曲面，拓展了学生的空间观念，并且它奇异的特性解决了一些在平面上无法解决的问题。

本课教学内容的呈现由四部分构成。第一部分是情境导入，呈现蚂蚁吃面包屑的情景，引发学生的好奇心；第二部分是动手验证，发现莫比乌斯带，点燃学生学习的热情；第三部分是研究发现，通过"猜测—验证"的方法发现莫比乌斯带的特征，帮助学生积累数学研究的经验；第四部分是玩转莫比乌斯带，在拓展应用中感受数学的应用价值，发展学生的实践能力与创新精神。

一番操作研究下来，笔者觉得莫比乌斯带真的很神奇，笔者相信学生也会一样被这样有趣的知识吸引，愿意去尝试、操作和探究。笔者就是带着这样的想法进行本课教学的。课堂上，学生对莫比乌斯环给予了极大的热情，每一次的操作实验都让他们称奇不已。在教学过程中，学生不时地发出感叹："我猜对了，这是一个莫比乌斯环。""哇，你快看，我剪开后是一个更大的环！"

回顾全课，为了让学生体验到莫比乌斯环的神奇，笔者主要设计了两大环节，一是认识莫比乌斯环，二是玩转莫比乌斯环。

荷兰数学教育家弗赖登塔尔认为，真正的数学家常常凭借数学的直觉思维做出各种猜想，然后加以证实。可见，"猜想—验证"是一种重要的数学方法。在本节课中，笔者设置了多个问题情境，鼓励学生在剪之前进行大胆猜测，当学生呈现出不同的猜想后，笔者组织学生进行剪之后的操作验证活动，在不断的"猜一猜""验一验"的过程中推动教学的进程，最后再让学生分析探秘、归纳概括，一步步地揭开莫比乌斯环的神秘面纱，不仅让学生感受到了莫比乌斯环的魅力，还培养了学生"猜想—验证"的数学思想和科学态度，同时使学生积累了数学活动经验。

在测算中发展数感

——"1亿有多大"教学设计、课堂实录及反思

一、教学内容

人教版小学《数学》四年级上册第33页。

二、教材分析

"1亿有多大"是人教版小学《数学》四年级上册第一单元后的一节"综合与实践"活动课。"数感"作为十大核心概念之一，教材在"数概念"的教学中十分重视数感的培养。本节课安排在"大数的认识"之后，目的就是让学生通过探究活动，经历"猜想—实验—推理—对照"的过程，借助对具体数量的感知，利用可以想象的素材让学生充分感受1亿有多大。

三、学情分析

数学教学要立足于学生已有的知识经验，培养学生借助已有的知识经验去获得新知识的能力。四年级学生已经有了10以内数的认识、20以内数的认识、100以内数的认识、1000以内数的认识、万以内数的认识、亿以内数的认识、亿以上数的认识等学习经验，而且基本具备了分析、解决问题的能力和小组合作的能力，因此，本节课笔者直接让学生自主尝试、积极探索、小组合作，引导学生在独立思考和小组合作交流的基础上，通过操作、观察、分析、比较、推理、发现和总结，给学生自主探索新知识的机会，让学生在探索中获得发展。

四、教学目标

（1）通过探究活动，借助学生对熟悉的具体事物的感知，利用可以想象的素材从不同角度感受 1 亿的大小，发展学生的数感。

（2）经历"猜想—实验—推理—对照"的过程，了解探究数学问题的一般过程和方法，发展学生解决问题的能力。

（3）在研究过程中，让学生充分经历与他人合作的过程，充分发挥学生的创造性，体验数学与日常生活的密切关系，积累数学活动经验，获得成功的喜悦，增强学好数学、用好数学的信心。

五、教学重点

经历"猜想—实验—推理—对照"的过程，让学生充分感知 1 亿有多大。

六、教学难点

体会和感受大数在日常生活中的应用，进一步培养数感。

七、教学准备

1 包 A4 纸、一把大米、一根学生尺、一根米尺、1 个天平、1 个计算器。

八、教学过程

（一）情境导入

1. 出示信息，学生自读

在茫茫宇宙中，已经存在 136 亿年的银河系里约有 2000 亿颗恒星，其中像太阳一样有固定模式的恒星约有 750 亿颗，我们地球只是太阳系中的一颗比较年轻的行星，她的年龄大约是 46 亿岁，在地球上生存着约 70 亿人，而我国则是世界上人口最多的国家，大约有 14 亿人，其中在校学生约有 3 亿人。

2. 观察发现，捕捉信息

让学生观察上面文字中所提到的数有什么共同特点。（都是以"亿"为单位的大数）

（1）对于 1 亿，你有哪些认识？（引导学生先从数的组成理解 1 亿有多大：由 1 个亿组成、由 10 个千万组成、由 100 个百万组成、由 1000 个十万组成……由 100 000 000 个一组成）

（2）看到"100 000 000"这个数，你有什么感受？

对，1 亿的确是个很大的数。1 亿到底有多大呢？这节课我们就来研究一下。

3. 提出问题，引出课题

引出课题：1 亿有多大？

【设计意图：初步让学生在数的组成与大小比较中感知 1 亿的大小，为新知学习做好铺垫。】

（二）实验探究

1. 猜想：1 亿有多大

想一件自己熟悉的物品，如果有 1 亿个，会有多高？会有多重？会有多长？（学生根据自己的想象进行猜测）

教师：大家猜想的各不相同，怎么才能知道我们的猜想对不对呢？（引出：需要论证）

【设计意图：让学生结合自己的生活经验进行大胆猜测，既让他们的好奇心得到满足，也可以促发他们在丰富的想象和热烈的争论中去深度思考问题，帮助学生形成由猜想到验证的科学研究的意识。】

2. 实验：1 亿粒大米有多重

（1）确定方案。

教师：要想研究 1 亿粒大米有多重，独立思考，组内交流——全班交流，梳理方案。

预设1：可以先数出100粒大米，称一称有多重，100 000 000粒大米是100粒的1 000 000倍，再把100粒米的质量乘1 000 000，就知道了1亿粒大米有多重。

预设2：可以先数出500粒大米，称一称有多重，100 000 000粒大米是500粒的200 000倍，再把500粒米的质量乘200 000，就知道了1亿粒大米有多重。

预设3：可以先数出1000粒大米，称一称有多重，100 000 000粒大米是1000粒的100 000倍，再把1000粒米的质量乘100 000，就知道了1亿粒大米有多重。

预设4：可以先称出10克大米，数一数有多少粒，算算100 000 000粒约是它的多少倍，再用10克乘这个倍数，就知道了1亿粒大米有多重。

…………

【设计意图：基于学生已有的知识经验，通过独立思考和小组交流，初步体会"部分推算整体"的方法，设计出不同的方案。】

（2）实践操作。

以小组为单位进行称重和计算：每组选择一种方案计算出1亿粒大米有多重，要求写清推算过程，可以用计算器来帮助计算。

（3）汇报交流。

预设1：称得100粒大米约重2.5克，那么1000粒大米约重25克，10 000粒大米约重250克，100 000 000粒大米的质量就是2 500 000克，也就是2500千克。

预设2：称得1000粒大米约重24克，那么10 000粒大米约重240克，100 000 000粒大米的质量就是2 400 000克，也就是2400千克。

预设3：称得10克大米有420粒，约有400粒，那么4000粒就是100克，8000粒就是200克，10 000粒就是250克，100 000 000粒就是2 500 000克，也就是2500千克。

……………

小结：1亿粒大米的质量大约2500克。但是由于大米本身有大小有别，以及在称的过程中也是有误差的，所以推算的结果就会有一定误差。但如果称的数量越多，误差就会越小。

【设计意图：让学生经历数、称、算的操作实验和讨论交流，不断加深对1亿的感知，发展数感；同时，通过实验数据的对比，让学生感受"误差"的实际存在，并寻求减少误差的方法。】

（4）拓展延伸。

我们中国大约有14亿人口，如果每人每天节约1粒大米，那么，全国人民一天下来大约能节省多少大米？（约35 000千克）

如果每人每天吃200克大米，这些节省下来的大米可以够一个人吃多少天？（约175 000天）大约和多少年？（约500年）

此时此刻，你想说什么？

【设计意图：结合生活实际及时进行学以致用，一方面让学生及时巩固"部分推算整体"的学习方法，另一方面有效进行课程思政教育，引导学生要爱惜粮食，养成勤俭节约的良好习惯。】

3. 自主实验：充分感知1亿有多大

（1）确定主题。刚才我们研究了1亿粒大米有多重，你们还想研究哪些有关1亿的问题呢？每个小组先确定一个要研究的问题，设计好研究方案（先测量多少？怎样推算？），完成研究记录单，然后开展实验研究，得出结论。

（2）学生小组合作设计方案研究。

【设计意图：各小组选定一个问题，进行合作研究，让学生在活动中亲身体验、领悟"由部分到整体"的研究方法。】

（3）汇报交流。

预设1：1亿张纸摞在一起有多高。

预设2：1亿秒有多长时间。

预设3：1亿步有多长。

……………

【设计意图：让学生在自主设计和操作的过程中，深刻感受1亿的大小。一是发展学生的数感，积累丰富的数学活动经验，增强学生成功的经历和学好数学的信心。二是在活动中培养学生的小组合作能力和数学思考能力。】

（三）课堂总结

同学们，此时此刻，你想对"1亿"说些什么？

1亿确实很大，但它再大，也是从1开始，积少成多。节约应从我们每一个人做起，从节约每一张纸，每一粒米，每一滴水做起。

九、教学实录

（一）导入新课

教师：同学们，在第一单元我们学习了"大数的认识"，知道了生活中有很多大数，老师也为大家收集了一些，一起来读一读吧。

学生自读：在茫茫宇宙中，已经存在136亿年的银河系里约有2000亿颗恒星，其中像太阳一样有固定模式的恒星约有750亿颗，我们地球只是太阳系中的一颗比较年轻的行星，她的年龄大约是46亿岁，在地球上生存着约70亿人，而我国则是世界上人口最多的国家，大约有14亿人，其中在校学生约有3亿人。

教师：这些信息有什么共同特点？

学生：这些数都是用"亿"作单位的。

教师：那你知道1亿有多大吗？（揭示课题：1亿有多大）

（板书：1亿和100 000 000）

教师：对于1亿，你有哪些认识？

学生：1亿是由1个亿组成的。

学生：1亿是由10个千万组成的。

学生：1亿是由100个百万组成的。

……

学生：1亿是由100 000 000个一组成的。

教师：谁来说一说，看到"100 000 000"这个数，你有什么感受？

学生：这个数太大了！

教师：对，1亿的确是个很大的数。1亿到底有多大呢？这节课我们就一起来进行研究。

【设计意图：让学生运用自己对数的认识的知识和生活经验，去想象1亿有多大，不同的想象产生不同的猜想，从而使学生对"1亿有多大"充满好奇心和想要探索、研究的兴趣，为新课的学习做好了铺垫。】

（二）实验探究

1. 猜想：1亿有多大

教师：同学们，想一件自己熟悉的物品，如果有1亿个，会有多高？会有多重？会有多长？

学生：我想象1亿本书摞起来可能会有一座山那么高。

教师：书在我们生活中随处可取，你可真会选材！

学生：我想象1亿粒大米大约有10千克重。

教师：我们每天都会吃大米，这个选材也不错哦。

学生：我猜想走1亿步应该可以绕我们济源市转一圈。

教师：是吗？1亿步能走这么远啊？

学生：我猜想1亿秒有好几年时间那么长。

教师：哦，1亿秒时间有这么长啊？

……

【设计意图：给学生一个宽松的空间，学生大胆猜测，从1亿本书摞在一起有多高到 1 亿粒大米有多重，再到 1 亿步有多远、1 亿秒有多久……让学生的好奇心得到了充分满足，使他们在想象和争论中激起探索的兴趣和欲望。】

教师：大家猜想的各不相同，怎么才能知道我们的猜想对不对呢？

学生：需要验证。

教师：对，我们需要进行验证，该怎么验证呢？下面，我们从 1 亿粒大米有多重开始研究吧。

2. 实验：1 亿粒大米有多重

（1）确定方案。

教师：要想研究 1 亿粒大米有多重，是否真的要数出 1 亿粒大米称一称吗？

学生：不能。

教师：如果不能，那该怎么办？小组内交流一下，看看你们能想出什么办法？

（学生小组内交流）

教师：大家都商量好了吗？哪个组来说一说你们的想法？

学生：我们想先数出 100 粒大米，称一称有多重，100 000 000 粒大米是 100 粒的 1 000 000 倍，再把 100 粒米的质量乘 1 000 000，就知道了 1 亿粒大米有多重。

教师：根据 100 000 000 是 100 的 1 000 000 倍，通过 100 粒米的称重，推算到 1 亿粒米有多重，想法不错。哪一组还有其他方法吗？

学生：我们想先数出 500 粒大米，称一称有多重，100 000 000 粒大米是 500 粒的 200 000 倍，再把 500 粒米的质量乘 200 000，就知道了 1 亿粒大米有多重。

学师：这一组和刚才那组的方法基本上相同，只是他们选择的数量不同，而是 500 粒，你们为什么要选择 500 粒？

学生：我们觉得 100 粒太少，称的不够准，500 粒比较合适。

教师：对，在称重的过程中会存在一定的误差，称的越多一些，误差会越小，你们组考虑得真周全。好的，哪一组还有不同想法吗？

学生：我们想先数出 1000 粒大米，称一称有多重，100 000 000 粒大米是 1000 粒的 100 000 倍，再把 1000 粒米的质量乘 100 000，就知道了 1 亿粒大米有多重。

教师：这一组称的更多了，这样可能误差会更小一些。那可以称的再多些吗？

学生：1000 粒就足够多了，如果再多的话，数起来太困难了。

学师：和老师想到一块儿了。没错，尽管称的越多误差越小，但过多的话数起来又不方便了，所以，我们选择的数量要适当。还有哪一组和他们的方法都不同吗？

学生：我们想先称出 10 克大米，数一数有多少粒，算算 100 000 000 粒约是它的多少倍，再用 10 克乘这个倍数，就知道了 1 亿粒大米有多重。

学师：刚才大家是先数再称，而这一组是先称再数，换个角度也是不错的方法。

【设计意图：在初步交流过程中，学生们想到了不同的推算方法，对于学生的不同方法，一方面予以肯定，另一方面也引导学生注意选择合适的数量，不同的方法目的都是让学生体会"部分推算整体"。】

教师：大家的办法真好，我们可以用部分推算出整体。下面，请大家以小组为单位，选择其中一种方案计算出 1 亿粒大米有多重，要求写清推算过程，可以用计算器来帮助计算。

（2）实践操作。

各小组分工合作，进行称重和计算。

（3）汇报交流。

教师：大家都研究好了吗？哪一组来汇报一下你们的研究成果？

学生：我们组称得 100 粒大米约重 2.5 克，那么 1000 粒大米约重 25 克，10 000 粒大米约重 250 克，100 000 000 粒大米的质量就是 2 500 000 克，也就是 2500 千克。

教师：听完他们的汇报，谁有什么想说的？

学生：我们得到的结论和他们的不一样，我们得到的结论是1亿粒大米2400千克。

教师：你们先测量的是多少粒大米？

学生：我们组称得1000粒大米约重24克，那么10 000粒大米约重240克，100 000 000粒大米的质量就是2 400 000克，也就是2400千克。

教师：为什么这两个组的研究结果不一样呢？

学生：可能是因为米粒的大小不同吧。

学生：我觉得是在称重时存在的误差吧。

教师：两位同学说的都很有道理。的确，小数目的测量很重要，它会直接影响到实验的推算结果，据科学家分析，测量的数目越大，实验的结果越精确。还有哪一组有不同的推算方法吗？

学生：我们组称出10克大米有420粒，约有400粒，那么4000粒就是100克，8000粒就是200克，10 000粒就是250克，100 000 000粒就是2 500 000克，也就是2500千克。

教师：通过大家的实验，我们可以知道1亿粒大米约重2500千克。

【设计意图：通过三个小组的交流展示，让学生充分感受了用局部推算整体的过程，同时也让学生体会了是实验必然会有误差，测量的数目越大，实验结果会越准确，进而培养学生科学的实验习惯。】

（4）拓展延伸。

教师：我们中国大约有14亿人口，如果每人每天节约1粒大米，那么，全国人民一天下来大约能节省多少大米？

学生：14亿粒大米。

教师：14亿粒大米约多少千克？请大家估算一下。

学生：14可以分成3个4和1个2。

2500×4=10000（千克）

10000×3=30000（千克）

2500×2=5000（千克）

30000+5000=35000（千克）

教师：你的估算能力可真强！同学们，如果每人每天吃200克大米，这些节省下来的大米可以够一个人吃多少天？请大家再估算一下。

学生：每人每天200克，1千克能吃5天，35 000千克就可以吃175 000天。

教师：没错，175 000天大约合多少年？

学生：一年365天估成350天，175000÷350=500（年）。

教师：同学们，此时此刻，你想说什么？

学生：如果我们每个人都养成节约1粒米的好习惯，把这些节约的大米捐给贫困地区，就可以帮助贫困地区的人们解决温饱问题了。

教师：真是一个有爱心的好孩子！

【设计意图：经过拓展延伸一方面引导孩子养成勤俭节约的好习惯，另一方面也较好的培养了学生估算和推算的能力。】

3. 自主实验：充分感知1亿有多大

（1）确定主题。

教师：刚才我们研究了1亿粒大米有多重，你们还想研究哪些有关1亿的问题呢？

学生：我想研究1亿张纸有多高？

学生：我想研究1亿步有多长？

学生：我想研究1亿秒有多久？

……

教师：大家想要研究的问题可真多啊，请每个小组先确定一个要研究的问题，设计好研究方案，完成研究记录单，然后开展实验研究，得出结论。

（2）小组合作。

各小组组长组织组员进行研究方案的设计，并展开研究。

（3）汇报交流。

教师：哪个小组来汇报一下你们的研究成果？

小组1：我们研究的是1亿张纸摞在一起有多高。

在测算中发展数感

教师：说一说你们是怎么研究的？

小组1：我们先取出100张纸，经过测量，它们摞在一起的厚度大约是1厘米，推算出1000张纸是1分米，10 000张纸是1米，照这样推算下去，100 000 000张纸就是10 000米。

教师：10 000米到底有多高呢？我们一起来感受一下。一层楼的高度大约是3米，10 000米大约相当于多少层楼那么高？

小组1：一层楼3米，1000层3000米，3000层有9000米，10 000米比3000层楼还要高。

教师：没错，我们再来看看，（大屏幕显示）这是世界最高峰珠穆朗玛峰，它的海拔高度是8843.43米，1亿张纸摞在一起的高度比珠穆朗玛峰还要高出一千多米。

教师：还有哪个小组有不同的研究？

小组2：我们研究的是1亿秒有多久。

教师：说来听听。

小组1：我们是这样计算的。

100000000÷60≈1666667（分）

1666667÷60≈27778（时）

27778÷24≈1157（日）

1157÷365≈3（年）

教师：1秒只是1眨眼的时间，1亿秒却有3年多，再说准确些大约是3年62天的时间，你有什么感想？

小组2：1秒时间那么短暂，1亿秒居然这么长，太不可思议了！

教师：是呀，1秒钟的时间很短，仅仅是一眨眼的工夫，它往往不被我们所重视，但1秒1秒地累加起来，我们就在这眨眼之间浪费了3年多的时光，这就是"光阴如箭，岁月如梭"的含义。

小组3：我们研究的是1亿步有多长。我们是这样想的：1步约是55厘米，推算出10步就是55分米，100步就是55米，照这样推算下去，100 000 000

203

步就是 55 000 000 米，也就是 55 000 千米。

教师：绕地球赤道一圈的长度是 40 091 千米，55 000 千米，比绕赤道一圈还多快 10 000 千米。

【设计意图：让学生在活动中从不同的具体情境中感受 1 亿的大小，发展数感，同时经历"规划方案——测量数据——实验推算——获得结论"这一实验的数学建模过程，在这一过程中学生不仅掌握了探究的方法，还积累了丰富的数学活动经验。】

（三）全课总结

教师：同学们，经过刚才这么多的实验，此时此刻，你想对"1 亿"说些什么？
学生 1：1 亿太大了，1 亿粒大米居然那么重。
学生 2：1 一张纸摞在一起居然比珠穆朗玛峰还要高。
……………

教师：1 亿确实很大，但它再大，也是从 1 开始，积少成多。节约应从我们每一个人做起，从节约每一张纸，每一粒米，每一滴水做起。同学们，课后你还想研究什么？

学生 1：我想研究 1 亿片树叶铺开有多大？
学生 2：我想研究 1 亿枚硬币摞在一起有多高？
……………

教师：回想一下整节课，我们经历了怎样的研究过程？
师生一起梳理：首先是提出问题、理解问题，然后围绕问题确定方案、实施方案，最后小组交流评价、获得结论。

教师：同学们，大家课后可以用我们所学的研究方法自己动手进行新的研究！

【设计意图：帮助学生从不同的角度进行梳理，一方面是知识与经验的积累，另一方面还有情感上的分享与共鸣，让学生带着浓浓的研究气息，有信心、有兴趣进行课后的研究，使得课内与课外相结合，让数学回归生活。】

十、我的思考

《义务教育数学课程标准（2011年版）》指出："有效的数学学习活动不能单纯地依赖模仿与记忆，动手实践、自主探索与合作交流是学生学习数学的重要方式。""1亿有多大"是一节综合与实践活动课，本节课教师注重学生学习方式的转变，智慧地引领学生从已有的知识基础出发，首先结合一组与"亿"有关的大数据引入"1亿"，从数的组成来理解1亿的大小，再巧妙引导学生想一件自己熟悉的物品，猜想如果有1亿个，会有多高？会有多重？会有多长？一步步把学生引向对1亿理解的渴望，引发学生带着高涨的热情、浓厚的兴趣不断接近1亿。然后教师再引领学生全身心投入实践操作，在实践操作的过程中，教师又不断制造各种具有挑战性的问题，激发学生的挑战意识，学生在渐进挑战、征服挑战的过程中，构建知识的模型，生成了对1亿的深刻理解和感悟。

整节课中，学生通过动手操作、自主探究、合作交流，动口、动手、动脑相结合，寻求解决问题的方法，克服学习过程中遇到的困难，获得自主学习的成功体验。而整个过程中，通过系列问题的引领，很好地体现了课程标准中提出的"学生是数学学习的主人，教师是数学学习的组织者、引导者与合作者"的理念。

第三篇

总结反思是"思行数学"的助力

探寻数学史料　品味数学文化

"历史是一面镜子。"数学史记录着数学发现的历程和历史上重要的数学问题，数学史是数学的指南，在数学课堂教学中让学生经历数学史料的探寻过程，既可以立体地、人文地展现数学的魅力，又可以帮助学生品味数学文化，提升数学素养。

一、探寻数学知识本质，品味数学文化

"数学是人类文化的重要组成部分。"数学作为一种历史存在，教学中教师向学生揭示数学知识产生、发展的全过程，可以帮助学生探寻数学知识的本质，重建数学知识与现实背景之间的联系，引导学生从数学的本质来认识数学、理解数学、品味数学。

史宁中教授说："数是对数量的抽象。数学的本质是：在认识数量的同时认识数量之间的关系，在认识数的同时认识数之间的关系。"所以，理解"数与数量"是小学生学习数学的基础。

在人教版小学《数学》一年级上册第1节"准备课：数一数"一课的教学中，教师不要把目标局限于只是让学生数一数，而是要让学生在数的基础上感悟"数与数量"的关系。"数量是对现实生活中事物量的抽象。"因为生活实际的需要，很久以前，人们就开始用语言来表达事物量的多少，比如1只羊、2粒石子、3个果子、4条鱼等，其中虽然含有数字，但这些数字都有着实际背景，这就是"数量"，其本质是"多与少"。数量是对现实世界中与量有关的事物的一种抽象，"数"则是对数量的抽象，其本质是"大与小"。因此，在"准备课"的教学中，我们应该先让学生充分地数数，在数的基础上进行交流，有：1面红旗、1座教学楼、1位教师、2个单杠、2个垃圾

桶、3条石凳、3个跳绳的小姑娘……学生们描绘出的就是各种"数量",然后引导学生将这些数量进行分类,能用数字"1"表示的分为一类,用数字"2"表示的分为一类……进而抽象出数字"1""2""3"……再通过对这些数得出的事物的多少进行比较,让学生对"数量"的多少和"数"的大小具有初步的感知。在此基础上,再给学生讲述"古人计数"的故事,通过故事了解"数"的产生和发展过程,从开学第一课开始,就为学生播下"数学有趣"的种子。

二、渗透数学思想方法,品味数学文化

数学思想方法蕴含在数学知识之中,在经历数学知识形成的过程中,学生只有通过观察、实验、抽象、概括等活动才可以体验知识背后的数学思想方法,才能赋予冰冷的数学知识以生命,才能更好地发展学生的数学素养。

在人教版小学《数学》五年级上册第六单元"多边形的面积"的学习中,主要是探究平行四边形、三角形、梯形这三种平面图形的面积计算公式。这里主要是运用"转化"的思想方法,因此,在这个探究学习过程中,不要把学生的思维限制在课本上所提供的有限的方法上,课堂上教师要鼓励学生从不同的角度去思考,要敢于尝试和创新,用多种途径和方法来探索解决。比如三角形和梯形的面积公式的推导,除了课本上介绍的用两个相同的三角形(梯形)拼成一个平行四边形这种"倍积变换"的方法(如图1)外,还可以利用割补转化的方法进行等积变换,比如可以沿着中位线进行割补(如图2),也可以借助高和中位线进行割补(如图3)等,让学生经历多元解决问题的过程,发散学生思维,培养创新意识。在学生的研究基础上,引入《九章算术》中的"方田章"所论述的平面图形的计算方法,以及我国古代数学家刘徽的"出入相补原理"计算平面图形的方法,并适当介绍刘徽的"割圆术",把各种平面图形之间的关系直观化、形象化、系统化,让学生在经历转化的过程中感悟数学思想方法的博大精深。

图 1　"倍数交换"方法

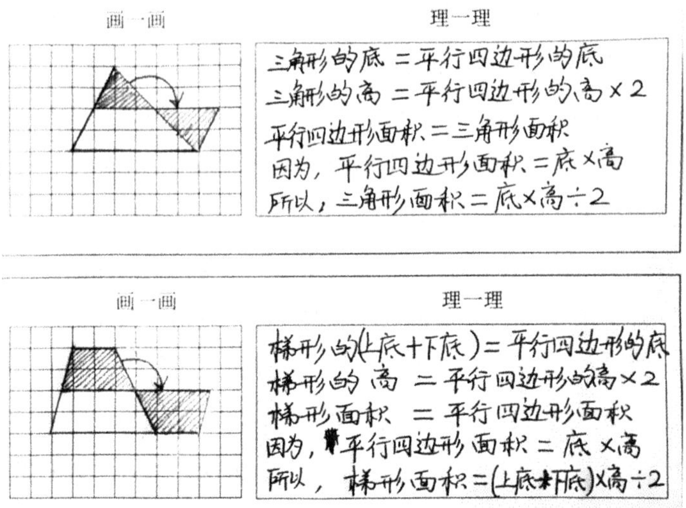

画一画	理一理
	三角形的底 = 平行四边形的底 三角形的高 = 平行四边形的高 × 2 平行四边形面积 = 三角形面积 因为，平行四边形面积 = 底 × 高 所以，三角形面积 = 底 × 高 ÷ 2

画一画	理一理
	梯形的(上底+下底) = 平行四边形的底 梯形的高 = 平行四边形的高 × 2 梯形面积 = 平行四边形面积 因为，平行四边形面积 = 底 × 高 所以，梯形面积 = (上底+下底) × 高 ÷ 2

图 2　割补转化

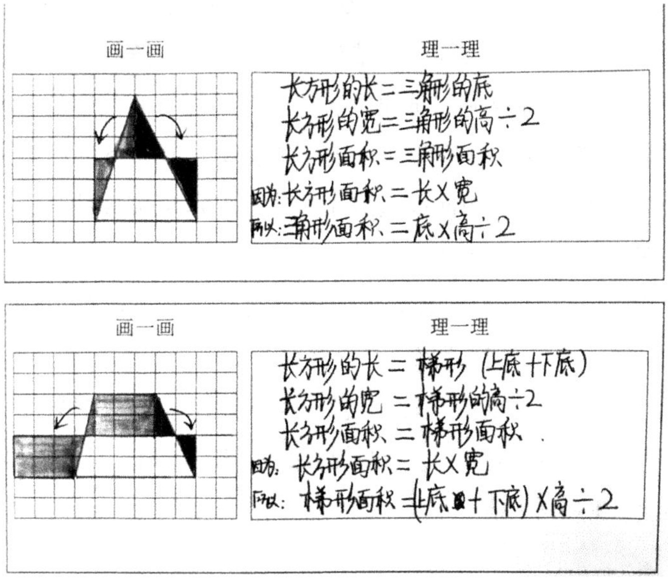

画一画	理一理
	长方形的长 = 三角形的底 长方形的宽 = 三角形的高 ÷ 2 长方形面积 = 三角形面积 因为，长方形面积 = 长 × 宽 所以，三角形面积 = 底 × 高 ÷ 2

画一画	理一理
	长方形的长 = 梯形(上底+下底) 长方形的宽 = 梯形的高 ÷ 2 长方形面积 = 梯形面积 因为，长方形面积 = 长 × 宽 所以，梯形面积 = (上底+下底) × 高 ÷ 2

图 3　割补方法

三、讲述数学家的故事，品味数学文化

数学是打开科学大门的钥匙，所有划时代的科学理论都离不开数学的支持。世界上第一个获得诺贝尔奖的物理学家威廉·康拉德·伦琴在被问及"科学家需要什么修养"时，他的回答是：第一是数学，第二是数学，第三还是数学。数学是人类认识世界和改造世界的有力工具，数学的影子在我们的生活中随处可见，而数学家的故事也如数学本身一样，神秘、有趣，又催人奋进。

在人教版小学《数学》六年级上册第五单元"圆"的学习中，离不开圆周率 π，要认识圆周率 π，就一定要向学生讲一讲祖冲之的故事。课前让学生自行上网查阅有关祖冲之的故事，课堂上进行交流，不仅要让学生知道祖冲之是世界上第一个把圆周率精确到七位小数的人，还要注重挖掘祖冲之在研究圆周率过程中的数学思想和智慧，让学生感受祖冲之不满足于已有的结论，敢于不断超越的探索精神；还可以让学生课前收集"蒲丰投针"的故事，了解 18 世纪法国科学家蒲丰（Buffon）计算圆周率 π 的神奇方法——随机投针法，让学生在感叹数学神奇的同时，学习科学家蒲丰（Buffon）坚持真理的信念和敢于创新的精神。

在人教版小学《数学》五年级下册"质数与合数"的教学中，向学生介绍"哥德巴赫猜想"，讲述"哥德巴赫猜想第一人"——陈景润的故事。痴迷于数论的陈景润仅是用于攻克"哥德巴赫猜想"的稿纸有几麻袋，他经常将自己反锁在不足 6 平方米的斗室里废寝忘食地演算，在他的不懈努力下，终于将"哥德巴赫猜想"的证明向前迈进了一大步，取得突破性进展，这既是顽强拼搏的结晶，更是意志力的考验。

英国数学家罗素说过："数学不仅拥有真理，而且拥有至高无上的美。"希望我们每一位小学数学教师都能自觉将数学文化融入小学数学课堂，让学生欣赏数学的"美观"，感受数学的"美好"，体会数学的"美妙"，追求数学的"美思"，在数学文化的浸润下，不断提高数学学习能力，提升数学学科素养，进而得到全方位的发展。

以纯净之心守好数学专业

每个人都有很多身份，在生活中，为人母、为人妻、为人子女；在工作中，学科教师、班主任、教研组长……我亦如此，角色很多，但有一点很重要，那就是"我是一名数学教师"！既然是数学教师，就要时刻提醒自己：要以纯净之心守好数学专业！怎么才能守好自己的专业呢？下面就从两个方面谈一谈笔者的具体做法。

一、用好三本书（课程标准、教师用书、课本）

（一）深入解读课程标准

课程标准是国家课程的基本纲领性文件，是国家对基础教育数学课程的基本规范和质量要求。各学科的课程标准规定的是国家对国民在该学科方面的基本素质要求，它对学科教材、学科教育和评价具有重要的指导意义，是其出发点和归宿，也是其灵魂，因此深入解读课程标准是准确把握教材的前提。

一次团队活动时，济源市教研室小学数学教研员苗老师问："你们觉得咱们的教师现在对课程标准中的十个核心概念落实的怎么样？"笔者当时不加思考地就说："能真正落实的估计不到三成。"苗老师疑惑地说："不会吧？从2011年到现在，都快十年了！怎么会这么差呢？"于是，我们就决定做一个调研。随即，在一次优质课评选活动中，我们就设计了这样一个问题："请你说一说十个核心概念都有哪些，再谈一谈你在本课中是如何落实的？"结果的确让人大跌眼镜，一上午十二位参赛教师，有四位直言不讳地说不知道，有四位半天没说出一个，有两位勉勉强强答出几个，余下，一人答出8个，另一人答出9个。仅是叙述十个核心概念情况就是如此，具体到在课堂中的落实那就可想而知了。

深入解读课程标准的重要性不言而喻，但重点是解读什么？怎么解读？笔者个人的做法是这样的：

一是解读两个课程目标。两个目标即：学段目标和内容目标。美国著名心理学家、教育家布鲁姆曾说过：有效的教学始于知道希望达到的目标是什么。有目标才有方向，教学目标的确定是一节课的灵魂。为了能帮助教师有效把握每节课的教学目标，我们把课程标准解读工作作为学校教研活动的一个主题，每两周活动一次，每次活动分两步：第一步是结合课程标准，梳理未来两周内每课时内容在课程标准中学段目标和内容目标的具体要求；第二步是在课程标准解读的基础上确定出每课时具体的教学目标。

二是解读三个基本思想。三个基本思想：抽象思想、推理思想、模型思想。一个人的数学修养不仅表现在其所知道的数学结论的多少和能解多少道数学题，更表现在对数学思想方法的领会和潜意识的运用。正如日本教育家米山国藏所说：学生在初中、高中阶段学习的数学知识……离校后不到两年，便会很快忘光了。然而无论他们从事什么工作，唯有深深地铭刻在头脑中的数学精神、数学思维方法、研究方法……却随时发生作用，使他们终身受益。在三个思想方法的解读中，全校数学教师先集中用了一年时间对十二册书中的基本思想方法的体现作出了系统梳理，然后又用了一年时间，结合每册书中基本思想的应用情况，选取典型课例进行课例研究。

三是解读十个核心概念。十个核心概念：数感、符号意识、空间观念、几何直观、数据分析观念、运算能力、推理能力、模型思想、应用意识和创新意识。这十个核心概念是学生在义务教育阶段数学课程学习中最应具备的数学素养，是促进学生发展的重要方面。对于十个核心概念的解读，两年多来，笔者带领自己的名师工作室成员一起结合课程标准和曹培英老师的《跨越断层，走出误区》一书，将读书研讨与课例研究相结合，将十个核心概念有效运用于课堂教学中。

（二）仔细阅读教师用书

人教版《数学》的教师用书总体上包含两大部分：一是整册书的说明，包含全册书教学内容和教学目标、教材的编写特点、教学中需要准备的教具和学具，以及课时安排；二是各单元的教材说明和教学建议，包含每单元的教材说明和教学建议、教学设计或教学片段、备课资料、评价建议和评价样例。

笔者是这样阅读教师用书的：

首先，在每学期开学之前先认真阅读第一部分，也就是整册书的说明，通过认真阅读对全册书的教学内容有一个整体把握。

其次，在每单元开始之前，先认真阅读单元教材说明和教材建议，把握单元教学方向；然后具体落实到每节课，用心解读左右两边每道题的编写意图和下面的教学建议，这里每道题的编写意图和教学建议是相互补充，由点到面，整个教学思路及需要用到的教学策略都包含其中，这是教师备好每节课的重要参考。

最后要阅读的是属于拓展自身数学素养和培养学生数学素养的备课资料。这里面的内容不一定都要教给学生，但可以提高教师对数学本质的理解，也可以适当给学生介绍，比如五年级上册第二单元"因数与倍数"后面的"质数的寻找"和"哥德巴赫猜想"等，既可以拓宽学生的数学视野，还可以有效提高学生数学学习的兴趣。

（三）用心读懂数学教材

如果说课程标准是纲，教书用书是工具，那么教材则是本！教材分析是教师备课中一项重要工作，教师只有深入解读教材，对所教内容了然于胸，课堂上才会更加从容，正如钱守旺在《教好小学数学并不难》一书中说的，数学教材是实现数学课程目标、数学教学的重要资源，它是联结课程与教学的桥梁，教材的功能不仅仅是单纯传递"学什么"，还承载着"怎么学"的任务。

以小学《数学》三年级中的"两位数乘两位数"一课为例：

在课本中分别呈现了点子图、口算和笔算三种不同的形式，初读教材很容易把这三种形式看作并列的三种不同方法，实则三种方法之间是逐步递进，紧密联系的。点子图中的每一部分正是口算中的每一步的直观呈现，而笔算中的每一步又恰好是口算中每一步的简洁呈现。如此，三种方法有机融合，互为解释，同时又可以让学生感受数学符号（竖式）的简洁美。我们只有读懂教材才能使教材化静为动，从而发挥教材"学什么"与"怎么学"的双重功能。

二、做好四套题（课本例题、课本习题、《学习与巩固》、自编习题）

数学学习一定离不开做题，正所谓"量变才能引起质变"，但单纯的刷题只会增加学生的学习负担。怎样才能既让学生得到充分的练习，又不增加其学习负担呢？笔者认为教师提前做好功课才是根本。

一是利用每年寒暑假把数学书上的例题认真做一遍。数学教师都知道，数学课本上大多数例题都只有思路而没有规范完整的解题过程，这就给教师的教学带来诸多不便，于是笔者就利用假期先把例题做一遍，一方面是熟悉教材内容，另一方面是在做题过程中可以梳理思路寻找到最佳方案，这样一来，到了实际教学时，就可以有的放矢，既能提高课堂教学效率，又可以很好地培养学生严谨规范的数学思考能力。

二是利用每周末把下一周课本上的练习题认真做一遍。在做课本习题的过程中，整理出哪些类型题是需要补充一些同类题强化或者拓展的，哪些类型题是可以简单处理的，同时还可以规范解题步骤，把握每道题的难易度和做题时间，以备教学中合理布置作业，达到减负增效的作用。

三是每天在布置《学习与巩固》上的作业之前，自己先认真做一遍，做到心中有数，合理取舍，让学习巩固真正落到实处。

四是为了使练习题和当天的学习内容更好地契合，为课堂教学起到最大的辅助作用，笔者还尝试自编习题：每周末利用2个小时左右的时间整理出下一周教学的配套练习题；每单元结束前梳理单元教学内容编排单元测试题；期末复习阶段结合本册书教学内容和学生学习过程中容易犯的错误进行归类梳理，整理系列专项复习题。同时，每份自编习题在布置之前笔者会先自己做一遍，然后根据做题时间和难易度再做一些适当调整，确保没问题之后再布置给学生。

总之，要想真正守好数学专业，做一名优秀的数学教师，需要我们坚守纯净之心，锤炼扎实之功，精进教学之技，行专业教育之路！

以形助数，让学生明晰算理

恩格斯认为："数学是研究现实世界中的数量关系与空间形式的一门科学。"那么，其中"数量关系"就是指"数"，而"空间形式"即是"形"，因此，简单来说，数学就是研究"数与形"的科学。正如数学家华罗庚所言："数缺形时少直觉，形缺数时难入微。"这句话深刻揭示了数形之间的辩证关系及数形结合的重要性，其中在小学数学教学中"以形助数"有着极其重要的作用。接下来，笔者就结合自身教学实践，从"以形助数"的角度，谈一谈数形结合思想在小学数学教学中的一些应用。

一、以形助数，理解算理内涵

在计算教学中，很多教师认为只要让学生掌握计算方法反复"演练"，就可以达到正确、熟练的要求了。实际情况则是由于学生算理不清，虽能依据计算法则进行计算，但因为知识迁移的范围受限，无法适应计算中千变万化的各种具体情况。如果我们在教学中，重视讲清算理，就能使学生不仅知道计算方法，而且还知道驾驭方法的算理，既知其然，又知其所以然。怎么才能让学生明晰算理呢？数形结合应该算是一种最为有效的方法了。

（一）案例1：利用数形结合帮助学生理解加法算理

把两个数合并成一个数的运算，叫作加法。那么具体到整数、小数、分数中，如何有效进行这几种数的加法之间的沟通呢？

如图1所示，通过这样的数形结合，可以让学生清楚地看到无论是整数、小数，还是分数，所有的加法，其本质都是相同计数单位的累加。

$$2+3=?$$

$$0.2+0.3=?$$

2 个 1 + 3 个 1 = 5 个 1

2 个 0.1 + 3 个 0.1 = 5 个 0.1 = 0.5

$$\frac{2}{5}+\frac{3}{5}=?$$

2 个 $\frac{1}{5}$ 和 3 个 $\frac{1}{5}$ 合起来就是 5 个 $\frac{1}{5}$，是 $\frac{5}{5}$，也就是 1。

图 1　例子

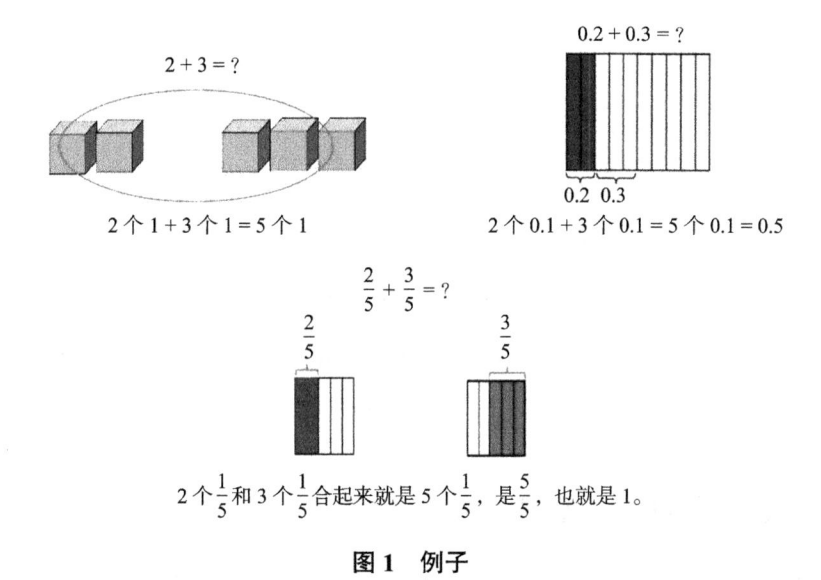

（二）案例 2：数形结合帮助学生理解两位数乘两位数的笔算算理

两位数乘两位数是建立在两位数乘一位数的笔算基础上，这是学生学习乘法的一个特殊阶段，是一个质变的过程，因为再往后无论乘数是三、四位或是再多位的乘法，都只是一个量变、类推的过程，因此，两位数乘两位数的算理理解就显得尤为重要。但乘法较加法而言其算理理解难度较大，唯有数形结合，才可以化抽象为直观，让学生真正理解其算理，为后续多位数乘法做好铺垫。

以课本例题 14×12 为例，可以利用电子图或者方格图（如图 2），帮助学生理解算式中每一步的含义。

以长 14 格、宽 12 格的长方形面积来表示 14 乘 12，整个图形被分为四部分，其右上角表示 4×2=8，左上角表示 10×2=20，合起来就是竖式中的 14×2=28；右下角表示 4×10=40，左下角表示 10×10=100，合起来就是竖式中的 14×10=140；最后四部分合起来就是 168。

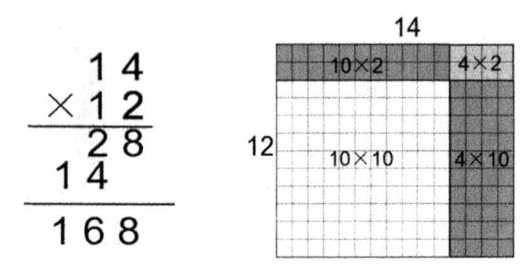

图 2 方格例子

在计算教学中,通过数形结合能够触及知识的本质,有效帮助学生理解算理,形成算法,让学生学得轻松,理解得透彻。

二、以形助数,感悟数量关系

在数学教学中,解题思路的获得常用"形"来帮助,借助图形解题的最大优势是把复杂的问题简单化、明朗化,将抽象问题形象化,进而提高学生分析问题和解决问题的能力。

以三年级上册"归一问题"为例:

"妈妈买3个碗用了18元,如果买9个同样的碗,需要多少钱?"对于这个问题,我们可以让学生通过画图理解题意(如图3)。

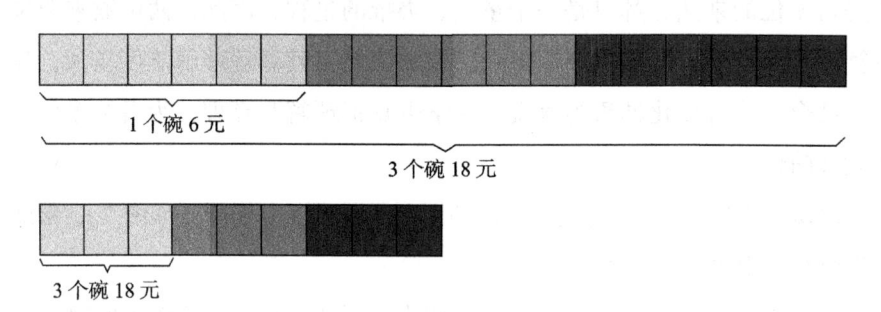

图 3 画图理解

方法1:先把18元平均分成3份,求出一个碗的单价,再用单价乘9,就是9个碗的价格,列式为 $18÷3×9$。

方法2：先看9个是3个的几倍，每3个碗18元，再算18元的几倍就是9个碗的价格，列式为9÷3×18。

这里让学生用画图法表示思路，实际上就是后续画线段图的雏形。通过画图让学生很容易地表达出了碗数、单价与钱的总数之间的关系。通过数形结合，让抽象的数量关系和思维过程形象地外显了，非常直观，有助于学生理解其中的数量关系。诸如此类问题在小学数学中可以说是不胜枚举，比如鸡兔同笼问题、植树问题、烙饼问题等。

三、以形助数，探寻数学规律

数形结合的思维方法，是学生构建数学模型的基本方法。在数学教学中可以根据数与形的转化，让学生学会构建模型来直观描述数学问题，把要解决的有关数运算的性质问题借助图像特征表现出来，通过对图像的解读、分析，帮助学生形象地理解相关性质。

以四年级上册"积的变化规律"为例：

教材中是直接给出了两组算式，让学生来发现规律，这里我们不妨借助长方形模型来进行教学。

首先出示一个长和宽分别为2米和6米的长方形，面积是多少？

2×6=12（平方米）

然后动画演示让学生观察思考：当6米这条边不变，另一条边依次乘10时，面积会发生什么变化？

6×（2×10）=6×20=120（平方米）

6×（20×10）=6×200=1200（平方米）

……

通过计算，比较长方形的面积变化，学生很直观地看到一边不变，当另一边乘或除以10时，它的面积也乘或除以10。通过计算长方形的面积与观察积的变化规律，即数形结合，让学生直观地理解积的变化规律。这样的设计比抽象的一组组乘法算式之间的比较更易于学生发现和理解规律。

如此的案例在小学数学中不胜枚举，如四年级的"三角形的内角和"、五年级的"分数大小的比较"、六年级的"数与形"等，通过数形结合，可以帮助学生打开思维，灵活解决问题。

总之，在小学数学教学中，数形结合为学生提供恰当的形象材料，可以将抽象的数量关系具体化，把无形的解题思路形象化，不仅有利于学生顺利、高效地学好数学知识，更有助于发展学生的数学思维能力，有效提升学生的数学素养。

基于核心素养培养学生的运算能力

纵观12本小学数学教材，我们会发现在每册课本中单纯的运算教学单元较少，只占整册书的30%，多则达到60%。此外，在其他单元中运算的影子也是随处可见的，可以说发展学生的运算能力是小学数学教学的核心所在。在《义务教育教学课程标准（2011年版）》中指出："运算能力主要是指能够根据法则和运算规律正确地进行运算的能力。培养运算能力有助于学生理解运算的算理，寻求合理简洁的运算途径解决问题。"曹培英老师基于课程标准的解读，提出运算能力主要有三个表现特征：正确运算、理解算理、方法合理，也就是说运算能力主要是有根有据地正确运算的能力，其作用是促进理解和应用。那么，运算能力的结构也包含四个层次：基本口算、理解算理、掌握算法、运算策略，可以用一幅四面体模型图来刻画，如图1所示。

图1 四面体模型

基于上述分析，下面结合自身的实践与思考，谈一谈如何基于核心素养有效发展学生的运算能力。

一、基本口算是发展运算能力的基础

基本口算就是指不假思索地能够脱口而出的口算，主要是20以内加减法和表内乘除法，这是其他口算和所有笔算、估算的基础。因此，小学数学教学中必须把基本口算训练放在一个极为重要的地位，计算要过关，必须抓口算。每次考试结束，让学生分析错误原因，常有学生会说"是因为马虎"，甚至很多家长和教师也会把学生的错误归到"马虎"上，真实原因到底是什么呢？记得有一年暑假开学后，五年级新转入一名择校生，为了解其学习基础，入学时对他进行了一个简单的测试,其中有一道脱式计算题中含有"4×7"这个算式,他第一次写的答案是32,笔者给他指了出来,结果他就改成了24,然后看看笔者的表情,想了想觉得不合适,最后又改成了30。写了三次都没写对,为什么会这样?其根本原因还是基本口算不熟练造成的。试想:倘若这个学生"四七二十八"这句口诀足够熟练,他还会犯这样的低级错误吗?所以,扎扎实实练好基本口算的基本功才是防止运算错误的基础,如果基本口算过关了,想错都难,想不快都难!

要想练好基本功就必须在低年级打好基础,基本口算训练既要确保熟能生巧,还得避免熟而生厌,这就需要做到制度化、序列化、科学化,在不同年级段进行有针对性的训练。具体训练内容和训练方法如表1。

表1 训练内容和方法

时间	训练内容	训练方法
一年级上学期	10以内加减法、20以内进位加法	1. 口算卡片训练
一年级下学期	20以内退位减法	2. 玩扑克牌
二年级上学期	表内乘法、乘加、乘减	3. 对口令令
		4. 开火车
二年级下学期	表内除法	5. 课前五分钟口算训练
		6. 每周定期口算比赛

"20以内的加减法"和"表内乘除法"是基础中的基础,而乘加和乘减则是后续笔算乘除法的根基,结合多年的教学实践,可作为进位乘法基础的常用乘加式题共梳理出176道题(见图2,图中每个算式中的第一个加数代表的是一个乘法算式,如12代表"2×6"或者"3×4";第二个加数代表的是下一位进位过来的数),根据图2中的176道算式可以设计出若干份乘加口算训练题以便训练。

总之,基本口算训练是一个长期的过程,要细水长流、持之以恒。在训练中要作出长计划、短安排,进行有目的、有计划、有步骤的活泼生动的多样化训练,从而达到量变引起质变的效果。

```
可作为进位乘法基础的176道题（画圈61道进位加法题是连续进位乘法的基础）
10+1（2，3，4）                    35+1（2，3，4，⑤，⑥）
12+1（2，3，4，5）                 36+1（2，3，④，⑤，⑥，⑦，⑧）
14+1（2，3，4，5，⑥）              40+1（2，3，4，5，6，7）
15+1（2，3，4）                    42+1（2，3，4，5，6）
16+1（2，3，④，⑤，⑥，⑦）          45+1（2，3，4，⑤，⑥，⑦，⑧）
18+1（②，③，④，⑤，⑥，⑦，⑧）      48+1（②，③，④，⑤，⑥，⑦）
20+1（2，3，4）                    49+1（②，③，④，⑤，⑥，⑦）
21+1（2，3，4，5，6）               54+1（2，3，4，⑤，⑥，⑦，⑧）
24+1（2，3，4，⑥，⑦）              56+1（2，3，4，⑤，⑥，⑦）
25+1（2，3，4）                    63+1（2，3，4，5，6，⑦，⑧）
27+1（2，③，④，⑤，⑥，⑦，⑧）      64+1（2，3，4，⑤，⑥，⑦）
28+1（②，③，④，⑤，⑥）            72+1（2，3，4，5，6，7，⑧）
30+1（2，3，4，5）                 81+1（2，3，4，5，6，7，8）
32+1（2，3，4，5，6，7）
```

图2　可作为进位乘法基础的176道题

二、明理知法是发展运算能力的保障

算理与算法是相辅相成的，不可偏废，不掌握算法就无法确保实现运算能力的最低要求"正确"；而只知道怎么算，不知道为什么这么算，则会造成"熟而生笨"。要实现算理与算法的有机融合，让学生遵循算理，发现算法，驾驭算法，做好以下两点很重要。

（一）基础知识要扎实

基础知识包含计算法则、运算顺序、运算律和运算性质。

计算法则是指计算时必须遵循的一般规则，它促使计算过程程序化、规则化，并能保证计算的准确性。计算法则的掌握是计算准确性的保证。运算顺序是在四则混合运算过程中，对运算先后次序的一种规定。同级运算，按从左往右的顺序依次计算；含有两级运算，先算第二级运算，再算第一级运算；有括号的，要按小括号——中括号的次序，先算括号里面的，再算括号外面的。掌握运算顺序是四则混合运算的关键。运算律和运算性质是对计算客观规律的概括，它反映了计算在一定的条件下，发生一定的变化过程的必然性。利用运算律和运算性质，可使计算变得简便。

看下面这道算式：25×4÷25×4=1，大家是不是感觉太熟悉了？除去审题不认真的因素之外，其产生的知识性原因应该有二：一是运算顺序不够清晰，二是运算定律不够熟练，如果基本知识足够扎实，这样的错误就会避免。

（二）几何直观助算理

几何直观主要是指利用图形描述和分析问题，借助几何直观可以把复杂的数学问题变得简明、形象，有助于探索解决问题的思路，预测结果。几何直观可以帮助学生直观地理解数学，在整个数学学习过程中都发挥着重要作用。下面我们来看几个案例：

1. 案例1：几何直观可以帮助学生理解加法算理。

2+3：2个1和3个1组成5个1，就是5（如图3）。

0.2+0.3：2个0.1和3个0.1组成5个0.1，就是0.5（如图4）。

2/5+3/5：2个1/5和3个1/5组成5个1/5，就是5/5，也就是1（如图5）。

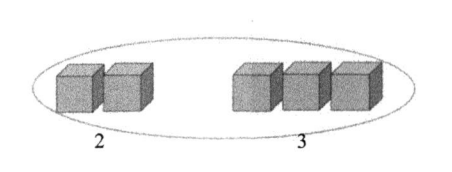

图3　例题（1） 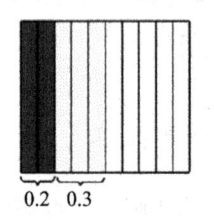　　　图4　例题（2） 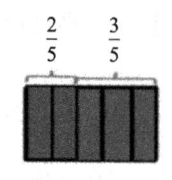　　　图5　例题（3）

借助上面三幅几何直观图，可以有效沟通整数加法、小数加法和分数加法之间的联系，清晰地帮助学生理解加法的本质就是"相同计数单位的累加"。

2. 案例2：几何直观帮助学生理解两位数乘两位数的笔算算理。

两位数乘两位数是建立在两位数乘一位数基础上的，这是学生学习乘法的一个特殊阶段，是一个质变的过程，因为再往后无论乘数是三、四位或是再多位的乘法，都只是量变和类推，因此对两位数乘两位数算理的理解就显得尤为重要。而乘法的计算策略跟加减法比起来要复杂一些，这是因为对乘法而言，计算时要掌握将数分成好几部分的弹性做法，这里就可以借助方格纸或点子图，将14拆分成10和4，12拆分成10和2，然后利用分配性结合直观图有效帮助理解竖式中的每一步的含义。

教学中恰当使用几何直观，有助于触及知识的本质，帮助学生理解算理，落实新课标的思想、理念和课程目标。几何直观不仅仅是直观本身，更重要的是在直观的基础上进行内化，积淀的是对概念的理解、规律的把握、方法的习得、思想的渗透。

三、三算结合是发展运算能力的策略

运算包含口算、笔算和估算三种不同形式。口算是一种不借助于计算工具，不表达计算过程而直接通过思维算出结果的一种计算方式，它具有快速、灵活的特点。笔算指借助于纸和笔等进行数学计算，笔算一般是在无法通过口算直接算出结果时进行的一种计算方法，笔算可以说是基本计算的重要工具。估算是人们在日常生活、工作和生产中，对一些无法或没有必要进行精确测量和计算的数量进行近似的或粗略估计的一种方法。在实际运用中需要在加强口算、重视笔算、学点估算的基础上，进行"三算结合"，合理选择。

（一）单纯运算中的合理选择

在单纯运算中，凡是能口算的要鼓励口算，如果不能口算，就要进行笔算，而估算则可以起到辅助作用，用于计算前对结果进行估算，使学生合理、灵活地用多种方法去思考问题，在计算后对结果进行估算，可以使学生获得一种最有价值的检验结果的方法。将三种计算方法有机结合，合理选择能全面提高学生的计算能力。

以 32×58 的计算为例。

口算能力强的学生可以这样口算：30×58+2×58，或者 32×60-32×2。

口算能力弱一点儿的学生则可以进行笔算：

$$\begin{array}{r} 32 \\ \times 58 \\ \hline 256 \\ 160 \\ \hline 1856 \end{array}$$

学生在竖式计算中，常常会把第二步的 160 不小心写错数位，这样就会计算出 416 这样的错误答案。这时，我们就可以引导学生在计算之前或者计算之后估一估：因为 32×60=1920，32×50=1600，那么，32×58 的结果应该比 1600 大比 1920 小，然后再将口算或笔算的结果进行对比，进而有效地减少错误。这种三算结合的方法尤其适用于小数乘除法和大数的乘除法。

（二）实际问题中的合理选择

面临实际问题时，首先应当考虑需要近似答案还是准确答案：如果一个近似答案就够了，那就估算；如果需要精确答案，那就依次选择口算、笔算，或是计算器。

比如：李老师要买 98 本《数学游戏》，每本 4.8 元，她带了 500 元，够吗？如果够，应找回多少钱？

第一问：够吗？只需要近似值，那就可以估算：4.8 元≈5 元，98 本≈100 本，5×100=500（元），实际需要的钱数少于 500 元，所以带的钱够。

第二问：应找回多少钱？需要精确值，可以口算：100×4.8-2×4.8，或者笔算，当然也可以用计算器算。

当然在发展学生运算能力的过程中，只有这些还不够，还需注意分层练习的设计、简便运算的训练、良好运算习惯（如验算习惯、认真读题）的培养，等等。

总之，运算能力的发展是一项长期、艰巨的任务，如何有效提高学生的运算能力，要靠我们所有一线小学数学教师在教学实践中不断摸索、不断实践、不断改进。

小学生阅读理解能力的培养

每次考试结束让学生分析错误原因时，其中最多的回答就是"我粗心了""我太马虎了"。表面看起来似乎真的如此，很多时候，只要教师把题目着重的再读一遍的，甚至是不需要教师做什么，只需要让学生重新做一遍，他们自己就会发现错误。那么，到底是不是因为学生粗心、马虎呢？其实粗心、马虎仅是表象，最根本的原因是学生的数学阅读理解能力薄弱，读题不准确。什么是数学阅读理解能力？小学生需要哪些数学阅读理解能力？该如何培养小学生的数学阅读理解能力呢？下面，笔者就从这三个方面和大家做简单的交流。

一、什么是数学阅读能力

阅读能力就是指学生具有看书并读懂其中内容的能力，阅读就是运用语言文字来获取信息，认识世界，发展思维，并获得审美体验的活动。而数学阅读本身是属于阅读的一种类型，但不是一般概念上的阅读，它还具有假设、证明、概括、归纳、判断、推理等一系列的能力，它不仅仅是语言文字的阅读，还包括一些符号、图表、公式、数据等的阅读。数学阅读的过程对于思维的要求更高，具有语义理解和信息提取的双重指标，通过阅读可以更好地学习数学语言，完善自身的数学认知，并不断丰富数学的逻辑思维体系，发展数学技能，并从脑力、心理、数学三个层面获得多重审美体验。

二、小学生需要具备哪些数学阅读能力

（一）语言文字的阅读能力

在小学低年级数学教学中，语言文字的阅读很重要，往往通过一个重点词学生就能很快领悟解题思路或方法。

例如：在理解"（ ）比（ ）多（或少）多少"的问题中，教学时，可以试着让学生比较三个不同句子的差别：

（1）二班比一班多得3面。

（2）一班比二班少得3面。

像这样，抓住重点词"比……大""比……小"等来理解，这是比较两个事物或两个数的大小，它有几种不同的说法，但是解题的方法是一样的，都是用较大的数减相差数求较小的数，用较小数加相差数求较大数。

（二）数学符号的阅读能力

数学符号比数字出现的晚，但是随着社会的不断发展，符号的发展也相当迅速，在我们的生活中应用也是很广泛的。如手机、计算器、计算机等，人们对数字符号越来越依赖。

在小学低年级数学教学中，我们常遇到的就是大家都熟悉的"+""-""×""÷"">""<""="等是最常见、应用最广的数学符号。每种符号所代表的意义、用途，也是要求学生能理解的。

（三）图式的阅读能力

数学图示是对语言文字的一种可视化的表达工具。数学图示为低年级学生的成长提供了语言与思维的强有力的支架。读懂图示，有助于学生提高分析信息的能力。

例如：如大括号和问号相结合的问题，对比以下两个情境，我们要求学生在生活中发现问题、解决问题，从而发展到解决生活中的实际问题。

同样有大括号和问号，第一种情境下是求几个数的和，第二种情境是已知两个数的和和其中一个数，求另一个数。不同的情境下，有不同的解题思路和方法。

（四）数学表格的阅读能力

经常有一些统计方面的数学问题是用表格的形式表达出来的，要想解决这一类问题，就需要培养读懂表格的能力，让学生通过表格，了解其中相关情境，搞清楚各数据之间的相互关系。表1为例：

表1

	1班	2班	一共
篮球	7个	6个	（　）个
跳绳	4条	7条	（　）条

首先，要引导学生读懂表格的数据，明确已知信息和要解决的问题。从表1中可以知道有2个班、2种体育用品，以及每个班每种体育用品的数量，而要求的是每种体育用品的总数。

其次，要让学生在读懂表格的基础上，用数学语言进行表达：一班有篮球7个，二班有篮球6个，两个班一共有多少个篮球？一班有跳绳4条，二班有跳绳7条，两个班一共有多少根跳绳？

最后，理清数量关系，并列式计算。

三、如何培养小学生的数学阅读能力

（一）自己动口读题

读题是培养学生审题能力的第一步。苏霍姆林基说过："阅读能教给他们思考，而思考会变成一种激发智力的刺激。"可见阅读是学生学好数学的重要方法。只有通过读题，才能使学生明确题意，为进一步的思考作准备。由于年级段的不同，学生的阅读题目的能力水平也不同。对于高年级的学生，我们要求他们大声读、轻声读、默读，要读通句子、不漏字、不添字等。但是，对于识字少、理解能力薄弱的低年级学生，我们就必须采取有计划、有目的读题指导，做到认真读题和读准题目。在平时的教学当中，笔者经常发现许多同学喜欢直接用眼睛扫一遍题目就急于动笔，根本就不知道题目问的是什么。因为他们认为这就是他们平时经常做的题，但事实上题目并不是他们"经验"里的样子，题目的意思已经发生改变。

例如，这样一道题："科技园内上午有游客 892 人，中午有 265 人离开，下午又来了 403 人，园内全天来了多少位游客？"经常有同学只粗略地看完题，看到"离开"就"减"，看到"来了"就"加"，于是就列出算式：892-265+403。要防止出现这样的差错，就必须培养学生认真、严谨的读题习惯。指导学生在读题时，在读懂题目所给的条件和所问的问题的基础上，还要逐字逐句的理解清楚其数量关系之后再开始答题。另外，低年级的学生，尤其是一年级的学生还没有达到一定的默读能力，出声轻读、用手指读能帮助他们不漏字、不添字，读懂意思。同时，要求学生轻读后再默看题，详细理解题目的意思，逐步提高读题能力

（二）抓关键字句

小学生对于题目的理解仍然处在表象上，对于关键词的把握不能做到精确，也就造成了对文字理解上的偏差，最终导致做题出错。例如：

美心蛋糕房特制一种生日蛋糕，每个需要 0.32 千克面粉。李师傅领了 4 千克面粉做蛋糕，她最多可以做几个生日蛋糕？

教师在讲解时，先请学生边读题边把关键词圈出来，这样一来，学生就可以较好地选择方法，减少了由读题所带来的问题。

（三）学会转化与替代

任何一道复杂的问题都是由简单问题组成的，遇到难度稍大的问题，我们可以利用转化或替代的方法，降低难度，也就比较容易解决了。

如图 1 中过点 A 画 BC 边的垂线，就需要抓住关键，将图中的三角形其余两边视而不见，这样就转化成了简单的过一点做已知直线的垂线。

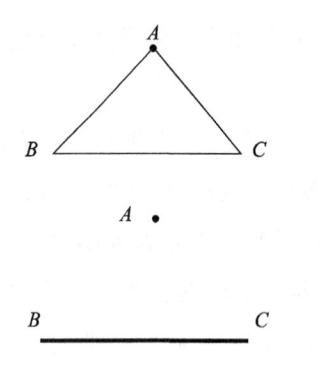

（1）过点 A 画 BC 的垂线。　　（2）过点 A 画 BC 的平行线。

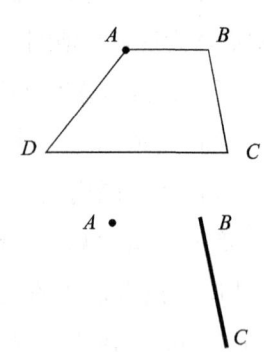

图1　例题

再如：画三角形的高，其本质就是过一点做一条直线的垂线。

（四）借助活动理解题意

学生的形象思维占主要部分，抽象思维还不完全具备，在解决问题时，遇到拐弯抹角的题目，学生就会感到束手无策。例如：

（1）在平行四边形纸上剪一刀，使剪下的两个图形都是梯形。

（2）在梯形纸上剪一刀，使剪下的图形中有一个是平行四边形。

如果学生在纸上用画图的策略，通过动手操作帮助理解题目的意思，这样答案就显而易见。画图的策略能够让学生理解题意，同时做到了手脑并用，还提高了学生的思维能力。

（五）分步做题

教师将前面四种途径糅合在一起进行分步做题，也就是"重音指读"训练。

1. 指名读

教师指着黑板上的字，学生在教师的指导下读出字词。教师要求学生正确读出题目中出现的字词，最好能够找到关键字，找不到也可以让学生熟悉题目的大概意思，以便于读第二遍时快速找到关键字。

2. 自己读

学生拿笔指着书上的字自行诵读。在读第二遍题时，要求学生拿笔指着读题，在遇到关键字时画出自己的标记符号。学生在诵读时要做到手到、眼到、心到。

3. 全班读

读第三遍题时，要求学生把刚刚读题时找到的关键词大声读出来，这里就是"重音指读"最关键的步骤。此时会有三种情况发生：一是关键词一样，属于简单题，解决起来也会比较容易。二是关键词不一样，但只是少数几个人不一样，这种情况就会让学生在没有任何人批评与否定性语言出现的情况下，自己发现自己的错误，保护了学生的自尊心和积极性。三是会出现几个不同的关键词强调声音，这时，教师会让大家想一想自己圈得对不对，再来进行解释，可能大家都是对的，因为关键词不止一个。这种做法也是在帮助学生发散自己的思维，不用任何的否定性语言对他们作出评价，而是大家齐心协力地共同完成一个题目，做到互补。

4. 全班独立完成

教师对于简单题不作解释，可省略第一步；对于较难的题目，可以请同学们说说自己找到的关键词，教师解释关键词，学生在解释明白后自行纠正答案。

苏霍姆林斯基说过这样一句话："让学生变聪明的方法，不是补课，不是增加作业量，而是阅读、阅读、再阅读。"那么，培养学生的数学阅读能力，除了上面这些方法之外，我们还可以指导学生进行数学阅读和写数学日记，增强学生人文底蕴，让学生的视野更开阔，眼光更长远。

数学阅读能力的获得并不是一朝一夕就能够培养出来的，它需要一个学习、积累、反思、巩固、发展的漫长过程。我们任重道远，唯有潜心钻研，深入思考，脚踏实地地去思考和实践！

"数学思考"的另一种思考

工作室一位成员要参加学校的教研活动，准备讲"数学思考"这节课，希望笔者能给她一些好的建议，于是，我们聊了很多。在聊天过程中，唤起了笔者两年前上这节课时，班里几个学生对这个问题的精彩解答。此刻想起，简单回顾梳理一番。

教过新人教版《数学》六年级的教师应该对"数学思考"这节课都不陌生。这节课以学生发展为本，着眼于数学思维能力的培养。教学中需要数形结合，培养学生的观察比较和归纳推理的能力。

教材中呈现，由"6个点可以连多少条线段"这个问题，借助表格，数形结合，从两个点开始研究，逐次用上一次的总条数加上每多一个点增加的条数，得到新的总条数。看起来是有序思考，由简到繁，思路清晰。

然而在实际教学中，却远非如此。

笔者对这节课曾经做过三次比较深入思考，第一次是在2018年春天，学校一位教师参加优质课比赛，为她打磨过这节课；第二次和第三次都是在2019年春天，一次是为工作室一位成员打磨此课参加优质课大赛，另一次则是自己上课。三次经历有一个共同想法就是不喜欢教材上的设计，总感觉教材上的方法固化了学生的思考。前两次因为是打磨优质课，不敢自己随意造次，于是就在课本呈现的基础上进行设计，虽然总体上还是很顺的，但总归还是不敢放开让学生自主动手，更多的是在教师的引领下一步一步地走。为什么要这样呢？因为一旦真正放手，学生很少会出现课本上的这种思考。在这节课学习之前学生并不是一张白纸，他们在二、三年级的时候已经有过"简单的排列组合"的经历，他们数过线段、数过角、握过手……而这些过程中，大家已经习惯于下面的这种方法，以数同一条线上的线段为例。

图中共有4个点：

"数学思考"的另一种思考

从点 A 出发可以和 B、C、D 分别连出 3 条线段；

从点 B 出发可以和 C、D 分别连出 2 条线段；

从点 C 出发可以 D 连出 1 条线段

一共有 3+2+1=6（条）

如此思考，对应的算式是倒加的算式。因此，课堂上为了和教材上的方法一致，大多都不敢随意放手，生怕一旦放出去收不回来。毕竟优质课比赛是不敢随意"冒险"的。

难道我们只能被教材桎梏吗？难道我们就没有更好的思考路径吗？带着困惑，笔者打算试着搏一搏，反正就是自己的常态课，笔者不害怕失败，就是达不到课本中的效果，只要笔者的学生在课堂中能有自己的思考，能有所成长，那总是成功的。于是，笔者开始自己的实践。

课堂伊始，先是复习回忆之前的数同一条直线上的线段、数角等，让学生回顾"数形结合"和"有序思考"在数学学习中的价值。然后，按照常规，笔者让学生在练习本上自己任意画 8 个点，尝试着连一连、数一数，看看能得到多少条线段。

之后，组内交流，然后全班交流。

第一个学生不出所料地是按照之前已经掌握的方法：7+6+5+4+3+2+1=28（条），问题顺利解决。为了检验学生是否真正理解并掌握这种方法，笔者又说出 10 个点、100 个点呢？学生都能有理有据地讲解。

第二个学生应该是预习过课本了，他是原封不动地按照课本上的方法讲述了一遍，其他学生倒是都能听懂。但是有一个学生很快就提出质疑，我不喜欢第二种，第二种每次都得先想上一次的，这道题是 6 个点，可以从两个点开始一点一点地思考，那要是 100 个点，还这样思考，那得想多长时间呢？

面对这个学生的质疑，笔者让学生自己讨论，发表自己的见解。大部分学生都附和刚才那个学生的意见。笔者的得力助手——数学课代表张同学反问：那我们之前的方法不也是这样一点一点有序思考得来的？只不过当时我

237

们通过由少到多思考之后，总结出了规律，现在我们是直接用规律解决了，所以看起来很简单。现在我们也用这种有序思考的方法，总结出规律不就好办了！

说得多好！笔者都忍不住给这个学生鼓起了掌。那么，如何找规律呢？

学生很快告诉笔者：这两种方法中的加数其实是一样的，只是加的顺序反了一下。

"仅是顺序反了一下这么简单吗？"一句话再次引发学生的思考。张同学给出了这样的思考：

我先从2个点想起，从2号点可以向1号点连出1条线段，此时是1条线段。

增加到3个点，这时从3号点可以分别向1号、2号点连出2条线段，此时一共是1+2=3（条）。

再增加到4个点，这时从4号点可以分别向1号、2号、3号点连出3条线段，此时一共是1+2+3=4（条）。

以此类推，增加到8个点，这时从8号点可以分别向1号、2号、3号、4号、5号、6号、7号点连出7条线段，此时一共是1+2+3+4+5+6+7=28（条）。

如果是n个点，这时从n号点可以分别向1号、2号等之前的（n–1）个点分别连出（n–1）条线段，此时一共是1+2+3+4+……+（n–1）（条）。

听着张同学的讲解，让笔者豁然开朗，原来课本上的图还可以这样理解！

因为张同学的讲解，让笔者对教材有了新的认识，让笔者对教学有了新的思考：

（1）打破固有的思维方式，养成换个角度思考问题的习惯。当我们的想法与教材不一致的时候，除了保留自己的见解之外，还要换个角度去深入理解教材，唯有如此，才能真正读懂教材，读懂编者的意图，从而获得更多的解决问题的路径。

（2）学习的主体是学生，教学中，我们要充分信任学生，敢于放手，留给学生足够的思考的时间和空间,教给学生思考和交流的方法,让他们学会思考、学会交流,在思维碰撞中还我们更多的精彩!

学习不是一蹴而就的,慢慢地思、慢慢地学、慢慢地做、慢慢地成长!慢慢地一切都会越来越好!

等待另一种方法

为了明天学习"单位换算"顺利一些，今天用了一点儿时间重点复习小数点的移动带来的小数大小的变化。

在黑板上写下四个数：1.2，4.85，0.236，0.12，左面黑板要求"将下列小数分别乘10、100、1000"，右面黑板要求"将下列小数分别除以10、100、1000"

然后先一起解决第一组：

1.2×10=12   1.2×100=120   1.2×1000=1200

学生思路清晰很快就解决好了，为了让他们养成认真检查的好习惯，追问一句："怎么检查？你做的对吗？"

学生异口同声："反过来用除法验算！"

"好主意！看来除法是乘法的逆运算，掌握得不错！方法一：反过来检查法！"随即，继续追问："还有别的验算方法吗？"

稍有片刻宁静，有几个学生举起了手。

同学1："可以把变化前后的两个数的小数点都写出来，数一数两个小数点之间隔了几位，一位是10，两位是100……比如1.2.的两个点之间隔的是一位，刚好乘的是10，经过检查是正确的！"

"是个不错的方法！大家听明白了吗？用欣悦的方法，自己验算一下余下的两道！方法二：看小数点法！"

"还有别的方法吗？"

学生开始窃窃私语。

"可以同桌交流交流！"

…………

同学2："老师，可以只看它的十分位，比如1.2十分位上是2，这个2原来在十分位，相邻两个计数单位的进率是10，乘10后2应该个位，答案12的个位正好是2，经过检查是正确的！"

"方法不错！那如果是4.85，也是看它的十分位吗？"

"不是，要看百分位上的5。"

"那0.236呢？

"要看千分位上的6。"

"那你们发现了什么？"

"看数的末位！"

"没错，我们只要把末位定好了，把前面数位上的数字依次推到相应的数位就好了！这就是方法三：看末位法！那我们能不能看首位呢？自己试试看！"

学生尝试之后交流，然后发现：只要把最高位定好了，把后面数位上的数字依次拉到相应的数位就好了！

"这就是方法四：看最高位法！"

"现在我们有了这么多检查的方法，你喜欢哪一种呢？自己独立完成后面的题，自己任选一种你喜欢的方法检查一下吧！"

出乎意料，原来可以有这么多不同的检查方法，真的是笔者没有想到的，幸好笔者多问了句"还有别的方法吗？"幸好笔者愿意给学生等待……

接下来，学生认真地开始进行余下习题的练习，也许是因为几天没见到笔者了想要好好表现一下，也许是因为还有礼物在牵挂，或是因为有了这么多检查的方法，每个学生都是那么的认真！和学生的相处也真的是一件很奇妙的事情，每天在身边，很难发现学生的变化，偶尔分别几天，看到每个学生都是那么可爱，真好！

哥尼斯堡七桥问题

明天下午进行四月份工作坊活动，工作室成员琳洁老师要讲的是一节数学文化课——"好玩的一笔画"。相对于常规的数学课，数学文化课更注重创新性、趣味性和操作性，因此，想要上好一节数学文化课难度要远远大于常规数学课。怎么才能上好一节数学文化课呢？教师要对数学文化有本质的理解是上好课的基础。

于是就翻开顾沛教授的《数学文化》，再次走进"哥尼斯堡七桥问题"。

"一笔画"问题其实是源于"哥尼斯堡七桥问题"。哥尼斯堡城（今俄罗斯加里宁格勒）风景优美，碧波荡漾的普雷格尔河横贯其境。在河的中心有一座美丽的小岛。普雷格尔河的两条支流，环绕其旁汇成大河，把全城分为图1所示的四个区域：岛区（A）、东区（B）、南区（C）和北区（D）。有七座桥横跨普雷格尔河及其支流，连接了这四个区域。这一别致的桥群，古往今来，吸引着众多游客。

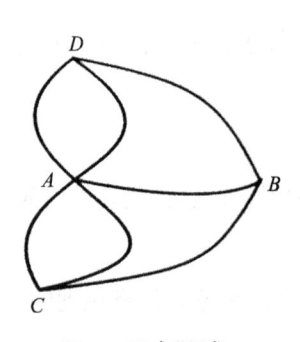

图1 四个区域

当地居民曾热衷于下面有趣的问题：能不能找到一条路线，使得散步时不重复地走遍这七座桥。寻找满意路线的问题引起了许多人的兴趣，但结果却没有一个人能够做到。

年轻的瑞士数学家欧拉独具慧眼，看出了这个趣味几何问题的本质意义。他在研究过程中大量使用"抽象"的手段。

欧拉在思考之后，认为七桥问题与岛的形状、大小没有关系；与河岸的形状、长短没有关系；与桥的形状、长短也没有关系，重要的是桥与桥、桥与河岸、桥与岛、岛与河岸的位置关系。于是，欧拉先把岛和岸都抽象成"点"，把桥抽象成线。原来的地图就转化为由点和线构成的简图，原来的问题就转化为"不重复地走遍这七条线"。

然后欧拉把"哥尼斯堡七桥问题"抽象成"一笔画问题"：笔尖不离开纸面，一笔画出给定图形，不允许重复任何一条线，这样的图形简称为"一笔画"。

理论上需要解决的问题是：找到"一个图形是一笔画"的充分必要条件，并对是一笔画的图形给出一笔画的方法。

欧拉经过研究，完美地解决了上述问题。注意到每个点都是若干条线的点，他把图形上的点分成两类：如果以某点为端点的线有偶数条，就称此点为偶顶点；如果以某点为端点的线有奇数条，就称此点为奇顶点。要想不重复地一笔画出某图形，除去起始点和终止点两个点外，其余每个点，如果画进去一条线，就一定要画出一条线，从而都必须是偶顶点。于是"一笔画"的必要条件是"图形中的顶点个数为0或2"（当起始点与终止点重合时，奇顶点个数为0）。反之也对：如果图形中的奇顶点个数为0或2时，就一定能完成一笔画。当图形中有两个奇顶点时，以其中一个为起始点，另一个为终止点，就能完成一笔画；当图形中没有奇顶点时，从任何一个点起始都可以完成一笔画。（不会出现图形中只有一个奇顶点的情况，因为每条线都有两个端点）这样，欧拉就得出了图形是笔画的充分必要条件：图形中的奇顶点个数为0或2。

再由此看"哥尼斯堡七桥问题"，图形中有四个奇顶点，因此该图形不是一笔画，难怪对于"不重复地走过七座桥"，所有的尝试都失败了。

从这个例子中，我们随着欧拉的思路，经历了数学抽象的过程，也可以感到数学抽象的强大威力。

总之，数学教育既是科学素质的教育，同时也是一种文化素质的教育，更是一个现代人必备的基本素质。数学学习中，我们不仅要让学生学会知识，更要清楚地看到数学知识的形成发展的过程，感知数学知识的来龙去脉，使学生在学习过程中真正体会到学数学的价值，形成正确的数学观，这种数学文化素质会让学生一生受益。

　　所以，希望通过我们的数学文化的教学实践，让我们的学生不但"爱"上数学，而且"爱上"数学。让学生在数学文化的浸润下学会思考，增长智慧，享受数学带来的无限乐趣！

好好读懂数学书

今天下午组织了工作坊四月份活动，本次活动主题为"如何读懂教材"。活动分三个环节：研讨五年级下册"分数的意义"、研讨数学文化课"好玩的一笔画"、专题小讲座。

一、环节一：研讨五年级下册"分数的意义"

（一）绘思维导图，厘清内在逻辑联系

全体成员先认真阅读五年级下册教师用书"分数的意义和性质"的教材说明和教学建议，以及第一课时的编写意图和教学建议。在此基础上，每个成员根据自己的解读将本单元知识绘制成思维导图，然后交流研讨，明确了本单元的六节教材内容的内在逻辑联系，如图1所示。

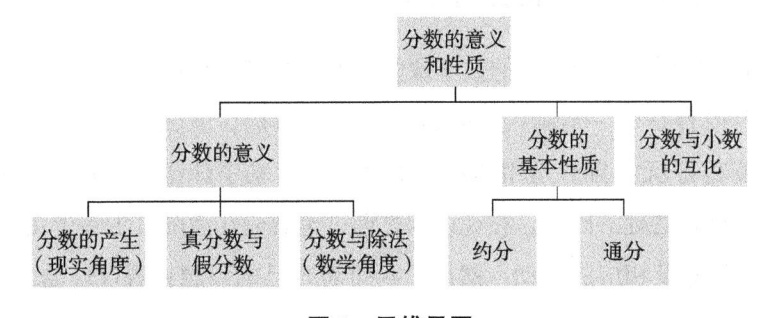

图1 思维导图

（二）观课堂，现场落实教学目标

对教材的深入解读之后，开始观察葛老师的录像课"分数的意义"。

葛老师整节课目标明确，全课围绕认识单位"1"和分数单位两个核心内容展开：

首先通过"1支粉笔""1盒粉笔""1支钢笔""1盒钢笔""1本书""1套书"等大量事实，让学生对单位"1"有了很清楚的认识，理解单位"1"可以是一个物体、一些物体、一个计量单位。

然后借助圆、正方形、线段等不同的图形，通过大量的操作实践，让学生对"分数单位"有了深刻的理解，尤其是利用几何画板，不仅让学生感受不同分数对应的分数单位，更清晰地感受到分数单位的大小变化。

值得思考的是，在分数单位的认识中有两点有待提升：一是本环节运用较多的是单位"1"是一个物体的情况，单位"1"是一些物体的情况稍显不足；二是对大于1的分数的认识中教师有些束手束脚，应放手让学生在已有经验上去尝试探索，这样会更有助于学生理解分数的意义，更好地培养学生的思维能力。

二、环节二：研讨数学文化课"好玩的一笔画"

（一）阅读文本，设计活动目标

数学文化课不同于常规的数学课堂，要凸显其文化性和活动性。"好玩的一笔画"内容是"一笔画"，而关键是要"好玩"，怎么才能把深奥的"一笔画"变得好玩？自然是用活动为载体，在活动中让学生经历和体验"一笔画"的好玩之处。因此，在观议课之前，笔者先让教师自主阅读文本内容，制订活动目标及相应的活动。然后，再带着自己的设想去观议琳洁老师的课堂现场，这样可以让每位成员在对比中感悟到底该如何上好一节数学文化课。

（二）观议课，感受解读教材的重要性

"好玩的一笔画"是西南大学出版社出版的《数学文化》三年级下册的一节课，本课是在"七桥问题"的基础上引发的。

课堂中，教师先是从创造神奇的一笔画引出学习内容，在整个学习过程中，包含四个层次：一是认识"奇点"和"偶点"；二是通过画图实践，探索一笔画的奥秘；三是利用一笔画特征判断各图形能否可以一笔画；四是一笔画的画图技巧。整节课层次清晰，学生参与很充分，感觉学生一节课很充实。

但是给人留下的感觉却是：一笔画一点儿都不好玩！

问题出在哪儿？我们必须重回教材！

在教材中给出的是两组图。

而教师在设计的时候基于自己的理解则抛开这些图，自己设计了7幅图，而且7幅图是分别独立的，这样一来就人为地增加了学生学习的难度，只是找奇点和偶点都需要很长时间。如此，学生原本有的一点儿兴趣就在数点的过程中被消耗光了，兴趣已经谈不上了，只是在努力配合教师完成学习任务，所以原本的"好玩"就一点儿也"不好玩"了。

通过这件事儿，也再次提醒我们解读教材的重要性！

三、我的思考

解读教材的重要性不言而喻，那么，在解读教材时，我们到底该解读些什么？

（一）读出教材内容"是什么"

"是什么"即教材所呈现的数学知识。

一要能读出教材呈现知识的类型和提供的问题情境，帮助学生深入理解知识的本质；二要能读出具体数学知识的整体结构，避免只见树木不见森林；三要读出数学知识背后所蕴含的数学思想方法，让学生不仅知其然更要知其所以然。

（二）读出教材内容"为什么"

"为什么"即教材内容与学生已有经验的联系。

在解读教材时，教师要读懂教材为什么这样编排，为什么要这样呈现教学内容，还要分析学生对教材内容会有怎样的理解障碍，学生的学习困难会发生在何处。这样才能做到有的放矢，因材施教。

（三）读出教材内容"想什么"

"想什么"即教材内容背后隐藏的思维方式。

教师在读教材时，就要先蹲下身来体验素材，想一想如果自己是学生会从哪些角度来思考，作为教师可以通过哪些途径来帮助学生体验与发现。

（四）读出教材内容"有什么"

"有什么"即除关注例题外，还应关注相关的文化素材。

在教材解读时，我们要关注与例题相关的资源，比如教师用书的备课资料中的教学建议、知识背景介绍等，还有相关的数学文化等。借助这些丰富的教学资源，可以帮助学生拓宽视野，激发学生的学习兴趣，促进学生对数学知识的理解。

真心希望每一位小学数学教师都能好好地读懂数学书，专业地读懂教材，专业地读懂学生，专业地做好教师，专业地做好专业的事情！

以数学广角为载体提升学生数学素养

先出一道题考考大家：

一个大院子里住了 50 户人家，每家都养了一条狗。有一天他们接到通知说院子里有狗生病了，并要求所有主人在知道自家狗生病的当天应立即把狗杀掉。所有主人和他们的狗都不得离开自家的房子，主人与主人之间也不准进行任何沟通，他们能看到其他 49 条狗，且能准确判断是否生病，但看不到自家的狗。院中第一天、第二天都没有枪声，第三天传出了一阵枪声，问有多少条病狗被枪杀。

这是微软公司招聘员工的一道数学题，这道看似脑筋急转弯的题目其实是一道巧妙的数学应用题。正确的解答需要结合运用反证法和数学归纳法。类似的招聘考试题现在是数不胜数，这也足可以看出现在的用人单位对于求职者的"数学素养"的重视。

什么是"数学素养"？南开大学的顾沛教授在《数学文化》一书中是这样说的：数学素养就是把所学的数学知识都排出或忘掉后剩下的东西。数学素养不是与生俱来的，而是在学习和实践中逐渐培养形成的。

我们的数学教学有两条线，一条是明线即数学知识的教学，另一条是暗线即数学思想方法的教学。其中，数学思想方法是数学的精髓，是知识转化为能力的桥梁，是培养学生良好的数学素养和创新思维的载体。

而在小学数学教材中，"数学广角"部分则是集中系统地渗透数学思想方法的载体，其目的是把一些重要的数学思想方法通过学生日常生活中最简单的事例呈现出来，并运用操作、实验、猜想等直观手段解决这些问题。

如何以"数学广角"为载体提升学生的数学素养呢？

首先，认真解读教材是前提。

人教版小学《数学》各册"数学广角"的具体内容及其数学思想方法如表1所示。

表1 思想方法与内容

册数	内容	数学思想方法
一年级下册	找规律：探索图案和数字简单的排列规律	有序思考、函数思想、数形结合
二年级上册	简单的排列组合	有序思考、排列组合思想
二年级下册	简单的逻辑推理	推理能力、有序思考
三年级上册	集合	集合思想、一一对应思想
三年级下册	简单的排列组合	排列组合思想、符号意识
四年级上册	优化：烙饼、沏茶、田忌赛马	优化思想、运筹对策论
四年级下册	鸡兔同笼	优归、数学建模思想
五年级上册	植树问题	优归思想、数学建模思想
五年级下册	找次品	优化思想、推理能力、符号意识
六年级上册	数与形	有序思考、数形结合
六年级下册	鸽巢问题	抽屉原理、数学建模思想

梳理整套教材中数学广角内容，既可以有助于我们准确把握各册教材的联结点，而且还可以帮助我们发现数学教材编排的特点是完全符合小学生认知规律的，即由具象到抽象，逐步深入，螺旋上升。例如：四年级上册的优化、五年级下册的找次品和六年级下册的鸽巢问题，解决问题时都要考虑"至少"的问题，都是在多种解决策略中寻找最佳最优的策略，都要运用推理能力和渗透优化思想。

其次，准确把握目标是根本。

"数学广角"教学不能等同于数学实践活动，也不能等同于数学常规课，它更重视通过活动来实现。"数学广角"是作为教材面向全体学生渗透数学思想方法的举措，重在活动中的感性积累、方法的感悟，意图是让每一个学生受到数学思维训练的同时，体验解决问题的策略和方法，逐步形成探索数学问题的兴趣与欲望，发现、欣赏数学美的意识。因此，要防止把"数学广角"当作奥数培训课进行"英才"教育，它需要更多的、有计划的创设实践活动，让全体学生去观察、研究、尝试。因此，有"度"地把握好教学目标是根本。

如：教材在三年级上册的集合，作为最基本的思想之一——集合思想，其理论是比较系统、抽象的，在这里，只是让学生通过生活中容易理解的素材初步体会这种思想方法，为后续学习打下必要的基础，学生只要能够用自己的方法解决问题就可以了。教学中我们无须使用集合、元素、基数、交集、并集等数学化的语言进行描述，否则会人为增加学生的难度，适得其反。

再次，充分体验感悟是基础。

由于数学思想方法比数学知识更抽象，不可能照搬、复制，数学思想方法的教学是数学活动过程的教学，重在积累丰富的活动经验，进而领会、理解和应用，因此在教学活动过程中，学生的参与非常重要，没有参与就不可能对数学知识、数学思想产生体验；没有了体验，那数学思想只能是一句空话。

在"数学广角"的教学中我们很容易顾此失彼，或重视了情境的创设，忽视了数学思想方法的挖掘；或关注了规律、方法的总结，而忽略了让出更多的空间给学生进行感悟内化。唯有让学生充分参与数学活动过程中，才能更好地挖掘数学思想方法，让学生感悟内化。

例如：在四年级上册"数学广角"中的优化内容，关键是让学生理解优化的思想，形成从多种方案中寻找最优方案的意识，提高学生的解决问题的能力。其中例2通过讨论烙饼时怎样操作最省时间，让学生在寻找最优方案的过程中初步体会运筹思想在实际生活中的运用。教学中，教师可通过创设小组的探究活动，引导学生在思考、对比中感悟优化的思想。先易后难，引导学生研究烙的饼数是双数的情况，初步感受解决问题过程中的策略选择的方法，接着研究烙的饼数是单数的情况，这时引导学生进行首次对比：为什么烙两张饼要用2分钟，烙一张饼也要用2分钟？让学生明确一张饼要烙两面，一张饼的两面不可能同时放在一个平面上，所以烙1张饼和烙2张饼耗时相同。然后研究烙3张饼，这个环节多放点时间给学生操作、交流，进行不同方法的对比，感悟优化思想。接下来的5张饼、7张饼……则可以让学生进行方法的迁移类推，让学生在活动中感悟到：双数张饼时，因为双数都可以分成若干个2，所以可在两张饼的时间上进行翻倍计算，而单数张饼时，由于3以上的单数都可以分成1个3和若干个2，所以在烙3张饼的时间上加上烙若干个2张饼的时间即可。充分积累了这些活动经验后，再让学生进行单数张和双数张的对比思考，最终发现：所有烙饼问题的关键就是烙面，最终得到一个共同的解决方法，即："饼数×2=总面数，总面数÷每次能烙的面数=烙的次数，烙的次数×每次烙的时间=总时间"。整个过程中通过小组合作、操作尝试，让学生在活动中思考、观察、推理、迁移，教师恰当地点拨、引导，让学生充分感悟，最终形成经验。

最后，循序渐进训练是保障。

一种思想的形成要比一个知识点获得要困难得多。一般情况下，学生数学思想的形成要经历三个阶段：第一阶段为模仿形成阶段，这一过程主要在数学知识的学习、获得基础上开始的，但这时的学生一般只留意数学知识；第二阶段为初步应用阶段，随着渗透的不断重复与加强，学生对数学思想的认识开始走向明朗；第三阶段为自觉应用阶段，这是学生数学思想的成熟阶段，到了这时学生能根据具体的数学问题，恰当运用某种思想方法进行探索，以求问题的解决。

由此，我们可以知道，数学思想方法是逐步积累而形成的，不可能一蹴而就。这一过程是从个别到一般，从具体到抽象，从感性到理性，从低级到高级的螺旋上升过程。教学中需要有计划地进行训练，在不断的积累、感悟中逐步明朗，直到最后的主动应用。例如，学生在初步感受植树问题的解决策略后，可设计由植树问题变式的问题，如上楼梯问题、公交车站牌问题、排队问题等，让学生进一步运用化归数学思想迁移类推解决问题。

数学素养的提升不是一朝一夕的，而是需要一个不断渗透、循序渐进的过程。在教学中，需要教师合理设计，有计划有层次地不断渗透数学思想方法，让学生在一次次的探索过程中，不断地反思、不断地积累、不断地感悟，直到最后启迪思维，提升素养，形成能力。

精彩在等待中绽放

由于这几天学校正在全力筹备首届运动会，笔者挤了13：10~13：50这个休息时间补了一节"三角形的分类"。课堂上让学生经历了三角形分类的过程，初步了解按边分和按角分得到的不同三角形的特征，但没能来得及进行充分的练习。当晚《学习巩固》中有这样一道题：画一个等边三角形。笔者觉得在初识三角形的情况下，画等边三角形的难度还是比较大的，所以在布置的时候，笔者很纠结，要不要把这道题划掉？随后转念一想：试试吧，看看学生们会创造什么奇迹。

今天早上《学习巩固》收过来，急不可待地翻看一遍，寻找"奇迹"。结果既在预料之中，又在预料之外。预料之中的是真的有学生给笔者惊喜，预料之外的是居然有34个学生画对了，占全班的69.39%，实在是太惊喜了！于是，笔者就很好奇，很想知道这些学生是怎么画出来的？

上午正是运动会，学生或是表演节目，或是运动员，或是当观众，都兴奋不已，笔者不忍心去打扰他们。午饭后，原本想走进教室做个调查，结果看到学生疲惫的样子，又实在不忍，就让他们好好睡个午觉。等到13：30，终于忍不住了，轻轻叫醒他们，开始了解他们的想法。交流让笔者出乎预料，学生的方法居然有这么多：

方法一：借助直尺上镂空刻的等边三角形。

有几个学生是直接利用手中现成的直尺上镂刻的等边三角形描画的，虽然这种方法应该不是《学习巩固》编写者的意图，或者说这并不是笔者预期的。但是，学生善于观察，"善假于物也"，不失为一种有效的方法，更何况题中也没有要求不能这么做，这几个学生也算是"偷巧"了。

方法二：利用等边三角形的轴对称性。

有一个学生是这样说的：先画一条线段，找到它的中点，过中点画出这条线段的垂线，然后量出所画线段的长度，从这条线段的一端向那条垂线画一条同样长的线段，最后再连出第三条边。这个学生刚说完，马上就有十几个学生响应。

笔者帮学生把他的方法规范梳理一下，大致方法是这样的：

（1）画一条线段 AB，并找到它的中点 O。

（2）过点 O 画线段 AB 的垂线。

（3）量出线段 $AB=2$ 厘米，将三角尺的 0 刻度线对准线段 AB 的端点 A，绕着点 A 旋转三角尺，直至刻度"2"和垂线上的点重合，画出一条 2 厘米长的线段 AC。

（4）连接线段 BC。

在这个过程中，学生较好地运用了等边三角形的轴对称特征、过直线上一点画已知直线的垂线的方法、等边三角形三边相等等相关知识，能够将所学知识有效综合应用。

方法三：利用等边三角形边和角的特征。

还有几个学生是这样做的：

先画一条线段，量出它的长度，然后利用等边三角形三个角都是 60° 的特征，以这条线段一端为顶点，以这个线段为一条边，借助三角尺上的 60° 角，画一个 60° 角，再在这条边上截取一段和第一条线段同样长的线段，最后将两条线段的另两个端点连接起来。

在此基础上，又有学生想到：画好一条线段，分别以这条线段两个端点为顶点，以这个线段为一条边，借助三角尺上的 60° 角，在线段两头分别画一个 60° 角，两个 60° 角的另两条边交在一起，就形成一个等边三角形。

在和学生的交流中，居然得到了这么多的方法，与此同时，学生对等边三角形的轴对称性、三条边都相等、三个角都是 60° 等这些知识也有了更深刻的理解。

只要你愿意慢慢等待，学生一定会还你无限精彩！

"抬足法"与"消元法"的关系

中午课后的服务时间,和学生一起共读一个数学故事——小小驯兽师。故事中讲的是"鸡兔同笼"的几种解决方法。

问题:现有鸡兔同笼,共有35个头,94只脚,鸡兔各有几只?

五年级上册刚刚学过简易方程,于是,问题一出来,学生很快就找到了等量关系:兔的脚数+鸡的脚数=总脚数。于是就有了:

方法一:一元一次方程法。

设兔有X只,则鸡有($35-X$)只,列方程为:$4X+2(35-X)=94$,解方程即可得解:鸡有23只,兔有12只。

在此基础上,笔者引导学生思考:如果把鸡和兔的只数都用未知数来表示,又会如何呢?这样就自然而然出现了:

方法二:二元一次方程组。

设鸡有X只,兔有Y只,则列方程组为:

$X+Y=35$

$2X+4Y=94$

方程组有了,可是该如何解呢?

笔者就先告诉学生,这叫作"二元一次方程组",而我们之前学习的简易方程实际上叫作"一元一次方程",然后让学生对比观察后,初步理解"元"和"次"的含义,随即引导学生观察现在要解决的二元一次方程组与我们已经会解的一元一次方程相比,多了什么?学生很容易就发现:多了一个未知数,即多了一个"元",多了"元"该怎么办呢?有学生就说,"要把多的'元'变没",于是笔者就适时引入"消元法"。并引导学生利用"消元法"和等式性质尝试解这个方程组。

于是就有了:

①先把 $X+Y=35$ 的左右两边同时乘 2，得到 $2X+2Y=70$，然后把两个方程的两边分别相减，即得：$2Y=24$，所以 $Y=12$，再得 $X=23$。

②先把 $2X+4Y=94$ 的左右两边同时除以 2，得到 $X+2Y=47$，然后把两个方程的两边分别相减，即得：$Y=12$，再得 $X=23$。

之后，又引导学生回忆四年级"数学广角——鸡兔同笼"中的学习内容，回想了：

方法三：砍足法。

方法四：列表法。

最后，回到故事本身——小小驯兽师，讲述了：

方法五：抬足法。

第一次吹哨，所有鸡和兔都抬起一只脚。

第二次吹哨，所有鸡和兔再都抬起一只脚。

这时有学生就说：鸡没脚了。于是就追问：余下的脚是谁的？你发现了什么？

学生说：余下的脚都是兔子的，每只兔子还剩两只脚，所以把剩下的脚数除以 2 就是兔的只数。

即：兔有（94 – 35 – 35）÷ 2 = 12（只），鸡有 35 – 12 = 23（只）。

为了了解学生的掌握情况，就改变了一下题中的数据，让学生用"抬足法"巩固一下。

这时下课铃声响起，30 分钟的阅读课结束了。

正准备离开教室，被任同学叫住了，学生一句话，让笔者彻底惊呆了。

"范老师，您看：这个抬足法其实就是解二元一次方程组的消元法！"

什么？这两者之间还有联系？笔者可真的是从来没想过啊！于是回头看看幸好还没来得及擦掉的黑板，似乎真的是这么回事儿呢！就追问学生：说说你的想法呗。

于是，任同学就说出了自己的想法：这里抬两次足，把鸡的脚全部抬起来，不就相当于消元法中两个方程左边相减时把两个方程中的"2X"消掉了

"抬足法"与"消元法"的关系

吗？然后余下的是每只兔有两只脚，正好就相当于消元法中两个方程左边相减时的"$4Y-2Y$"后还余下的"$2Y$"吗？抬足法过程中"$94-35-35$"，也正好就是消元法中两个方程右边相减时的"$94-70$"。

学生的回答实在是太让笔者意外了，他不仅理解了消元法解二元一次方程组，居然还能将"抬足法"和"消元法"解二元一次方程组有机沟通起来，笔者禁不住为学生竖起了大拇指！

古希腊物理学家阿基米德说："给我一个支点，我可以撬起地球。"笔者想说：只要给学生创造机会，他们一定会还你一个奇迹！

计算与推理的完美结合

——由一道数学题引发的思考

今天复习的是第五单元"简易方程"第一节"用字母表示数",在第61页有这样一道题:

当 $x=6$ 时,x^2 和 $2x$ 各等于多少?当 x 的值是多少时,x^2 和 $2x$ 正好相等?

在新课学习时也曾让学生思考过,但因为当时还没有认识方程,所以就没做深究。今天课堂上,分别找了三位同学到黑板上板演,做第一问的两个学生,很快就干净整齐地搞定了。做第二问的奕涵想了半天,在黑板上写了:

$$x^2 = 2x$$

$$2 \times 2 = 2 \times 2$$

问她是怎么想的,她说:"我就是试的。"非常真实的回答,这也正是很多同学解决这道题的方法。如果是在初学时,这样说这样做,笔者会默许,然后引导学生再"试"出另一个答案"0"。然而,在复习中,笔者希望学生有更深入更系统的思考,怎么才能真正引发学生的思考,深入理解这道题呢?

于是,笔者就抛出问题:"观察奕涵的解题过程,你从中发现了什么?"看到大部分学生都两眼茫然,也有十来个学生眉头紧锁。是笔者的问题问的不对吗?笔者该怎么问更好?正在笔者飞速思考如何换个问法时,梓栋举起了手,他会怎么说呢?笔者示意他说说自己的想法。

"我发现她用的检验的方法,她先假设方程的解是 $x=2$,然后代入方程检验,左边等于 2×2,右边也等于 2×2,左边等于右边,所以 $x=2$。"

学生解释得很有道理,笔者忍不住给他点个赞!随即追问:"那这个方程只有这一个解吗?"

计算与推理的完美结合

"不是，还有 $x=0$ 也可以。"

到此，两个答案都已经有了，到此为止吗？如果止于此，学生的思维仍是点状的，没有深度，不够系统。

紧接着，笔者再次追问："你为什么试 0 和 2？而不试其他的数呢？"

这是，学生异口同声回答："其他数都不对！"

"不试，你们怎么知道其他数都不对呢？"

"我们试了！"

"那你们是怎么试的？就这样随意想试哪个数就试哪个数吗？在试的过程中要注意什么？"

"要有序思考！"

"说得好！从哪个数开始呢？"

"从 0 开始！"

这时，学生已经开始进入了有序思考的状态。那我们一起把有序思考的过程记录一下吧！然后梳理得出。

方程的解	方程左边	方程右边	结论
$X=0$	$0 \times 0 = 0$	$2 \times 0 = 0$	$X=0$ √
$X=1$	$1 \times 1 = 1$	$2 \times 1 = 2$	$X=1$ ×
$X=2$	$2 \times 2 = 4$	$2 \times 2 = 4$	$X=2$ √
$X=3$	$3 \times 3 = 9$	$2 \times 3 = 6$	$X=3$ ×
$X=4$	$4 \times 4 = 16$	$2 \times 4 = 8$	$X=4$ ×
$X=5$	$5 \times 5 = 25$	$2 \times 5 = 10$	$X=5$ ×
……	……	……	……

"要这样无穷无尽地一直试下去吗？"

学生再次陷入思考，片刻，煜博举起了手，"大家看，从 $x=2$ 开始往后，随着 x 的值越来越大，方程左边和方程右边的答案相差的越来越多，所以，继续往后写下去，方程的左边都不会再和右边相等了，所以就只有 2 和 0 两个答案！"

多么善于观察的学生啊,掌声随即响起。

可以到此为止了吗?不!笔者还想让学生的思考再多一些!

"观察这个过程,你们想到了哪个数学思想方法?"

"不完全归纳法!"学生异口同声回答!看来之前的数学思想方法渗透还是蛮有效的。

"那大家还记得范老师说过,如果用不完全归纳法的话,要注意什么?"

"要尽可能考虑到所有情况!"有学生说。

"刚才我们考虑所有情况了吗?"

"没有!我们只考虑了整数。"

"对啊!还有小数、分数呢,我们是不是都得一一试试呢?"

学生点点头。至此也算是一个绝佳的收尾。突然脑海中闪现过这两天正在读的《计算进化史》中谈到的"计算"与"推理"的关系,再加之这是复习课,学生已经具备了利用"等式基本性质"解方程的能力,笔者为何不再领着学生往前走一步呢?

于是,笔者继续追问:"如果这样继续试下去,此时此刻,你有何感想?"

"太麻烦了!"

"虽然通过计算,利用不完全归纳法可以让我们直观地得出结论,但却是需要全面考虑各种情况,并一一尝试,这样的确很麻烦!那有没有更好的方法呢?"

学生再次陷入思考,笔者顺势引导:"大家可以回想一下平行四边形面积公式研究过程和乘法分配律的研究过程,看看对你有没有一点启发。"

一语点醒梦中人!学生异口同声地说:"可以推理证明!"

"那具体到这个方程,该如何推理证明呢?"

梓栋又举起了手:"可以利用等式性质2解方程!"

真是一个好方法!

于是学生纷纷开始动手解方程:

计算与推理的完美结合

$$X^2 = 2X$$
$$X \times X \div X = 2X \div X$$
$$X = 2$$

哈哈，新的问题又来了！原本两个答案，这解完方程怎么却成一个答案了？

学生又是一脸茫然，"请大家把等式性质 2 用心品读两遍，看你能发现其中的奥秘吗？"

"等式性质 2 中两边同时乘或除以的数不能是 0！万一这里的 x 本身就是 0 呢？"俊尧说。

多会思考的学生啊！于是，原本被藏起来的另一个答案"0"就露出头了！

$$X^2 = 2x$$

① 当 $X \neq 0$ 时　　② $X = 0$

$$X \times X \div X = 2X \div X$$
$$X = 2$$

至此，计算与推理得到了完美结合！在不完全归纳的过程中，一边有序试值，不断计算，同时又在计算中发现规律融入推理，省去了无穷无尽的尝试；在利用等式性质解方程的过程中继续深入感受推理验证的价值！

一道"小小"的数学题，我们经历了近半个小时的"长长"的思考！

"多边形的面积"单元作业设计

——2021年河南省义务教育阶段作业设计评选案例

一、单元作业概况

本案例以多边形的面积计算为载体，从"数学与历史——神奇的割补术""数学与生活——美丽的校园""数学与自然——美丽的大自然""数学与综合——知识梳理"四个方面展开设计，在巩固"多边形的面积"单元知识的基础上，渗透数学文化，拓宽学生数学学习视野，提高学生数学学习兴趣，提升学生数学思维能力。

二、案例征文

（一）学科核心素养细化

一是依托转化思想，发展"空间观念"。

"多边形的面积"计算是以长方形面积计算为基础，以图形间的内在联系为线索，借助将未知转化为已知的基本方法开展学习，各图形面积计算公式的推导都采用了"转化"的方法，如将平行四边形转化为长方形、三角形转化为平行四边形、梯形转化为平行四边形或三角形等。在"组合图形的面积"教学中，同样突出转化思想，只不过是用分解的方法将组合图形转化为简单图形。在一系列的操作过程中，学生进一步体会所学各种图形的特征、图形之间的关系、图形之间的位置关系，还体验了图形的平移、旋转及转化的数学思想方法，促使空间观念得到进一步发展。

"多边形的面积"单元作业设计

二是凸显数学本质,渗透"应用意识"。

在探究平行四边形的面积时,首先应引导学生想到面积和面积单位的关系,想到用面积单位来测量面积(本质),即用数方格的方法来计算面积,渗透度量单位的应用意识。

在教学"不规则图形的面积的估计"时,先引导学生从叶子的形状和大小提出问题,然后从现实生活中抽象出数学问题(不规则图形的面积),引导学生用数学方法(用面积单位估计面积,或看成某个简单图形用公式计算面积)予以解决。

除此,教学中还充分利用学生熟知的情境:花坛(平行四边形)、红领巾(三角形)、车窗玻璃(梯形)、七巧板(组合图形)、树叶(不规则图形)等,让学生认识到现实生活中蕴含着大量与图形有关的问题,这些问题可以抽象成数学问题,用数学的方法予以解决,从而在生活中学习数学、运用数学。

在培养应用意识、解决实际问题的过程中,还要注意渗透估算思想、培养估算意识。教师要引导学生合情合理地找到估算面积的方案(或思路),一是覆盖方格纸(面积单位)数方格来估计面积,二是转化成某个近似图形用公式计算面积。同时,还应引导学生获得一定的估算策略和方法,例如:可以数出图形内包含的完整小正方形数,估计这个图形的面积;在上面的基础上,再加上图形边缘接触到的所有小正方形数,估计这个图形的面积;对于学有余力的学生,还可以引导他们将所有的小正方形等分成更小的正方形,探索更接近实际面积的估计值。

三是鼓励自主探索,体现"创新意识"。

在"多边形的面积"单元的教学中,运用转化的方法推导面积计算公式和计算面积,可以有多种途径和方法,教师不要把学生的思维限制在一种固定或简单的途径或方法上,要尊重学生的想法,鼓励学生从不同的途径和角度去思考和探索解决问题,独立思考,大胆创新,从不同角度进行转化。如三角形和梯形的面积公式的推导,除了课本上介绍的倍积变换外,还可以利用割补法进行等级变换等,发散学生思维,培养学生的"创新意识";在探索组合图形面积的计算时，也要引导学生自主探究图形不同的组合方式，启发学生从不同的角度思考，发散思维，逐渐实现从"单一分割"到"多元分割"，从别出心裁的"添补"再到更高层次的"割补"，并在多种方法中根据实际条件选择最优方法，鼓励学生灵活思考、勇于创新。

（二）单元大概念架构

本单元的教学内容主要有：平行四边形的面积、三角形的面积、梯形的面积、组合图形的面积、不规则图形面积的估计。

平行四边形、三角形和梯形面积计算是在学生掌握了这些图形的特征及长方形、正方形面积计算的基础上学习的，它们是进一步学习圆面积和立体图形表面积的基础。

在平行四边形、三角形和梯形面积计算之后安排了组合图形面积的计算和不规则图形面积的估计。组合图形面积计算的过程中，要把一个组合图形分解成已学过的平面图形并进行计算，可以让学生巩固对各种平面图形特征的认识和面积公式的运用，有利于发展学生的空间观念。不规则图形面积的估计则是从现实生活中（一片树叶）抽象出数学问题（不规则图形的面积）之后，引导学生用数学方法（用面积单位估计面积，或看成某个简单图形用公式计算面积）予以解决，这是应用意识的含义之一，同时渗透估算思想，培养估算意识。

整个知识体系架构如图1所示。

（三）整体教学流程透视

本单元教学分三种图形的面积计算、组合图形的面积计算和不规则图形的面积计算三个环节展开学习，整体教学流程如图2所示。

"多边形的面积"单元作业设计

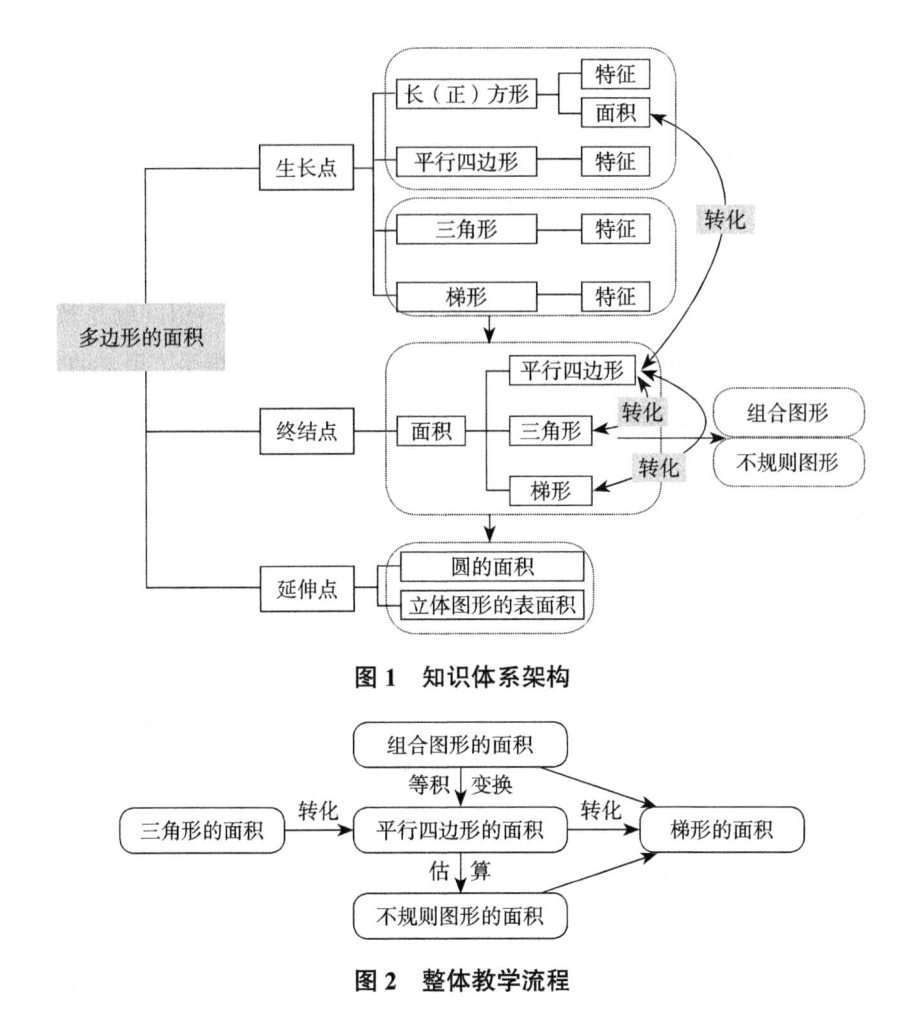

图 1　知识体系架构

图 2　整体教学流程

具体到每节课的教学思路如下：

1. 平行四边形、三角形、梯形面积的计算

教材以各平面图形的内在联系为线索，以未知向已知转化为基本方法展开学习。

（1）平行四边形面积的计算。

平行四边形面积的计算从数方格的方法开始，渗透度量单位的应用意识，引导学生想到面积和面积单位的关系，揭示面积计算的本质即用面积单位来测量面积。然后引导学生通过记录平行四边形的底、高、面积和长方形的长、

265

宽、面积数据，对所得的数据进行比较和分析，从中发现两个图形之间的内在联系，为探究平行四边形面积的计算公式做了思维和方法的铺垫。接下来进行平行四边形面积公式的推导过程，整个过程分四个层次呈现：第一个层次，用学生的对话初步展现了思考、转化的过程；第二个层次，用一组示意图让刚才操作的过程更直观明了；第三个层次，通过一组问题让学生抽象出平行四边形和长方形之间的关系，发展了学生的思维，这一组问题是教材新增加的，非常明确、具体，从底、高、面积三个角度给学生指明了思考的方向，为顺利总结公式奠定基础；第四个层次，让学生独立总结平行四边形的面积公式和用字母表示公式，沟通字母与图形之间的对应关系，更利于学生直观掌握面积公式。

（2）三角形面积的计算。

在平行四边形面积计算推导的基础上，三角形的面积计算就直接要求学生将三角形转化为已学过的图形推导出面积计算公式。由于学生在推导平行四边形面积时已经具备一定的比较经验，学生借助具体的图形可以发现其中的等量关系，从而自己探究总结出三角形的面积公式，培养学生的思维能力和总结概括能力。

（3）梯形面积的计算。

由于学生已经经历、探索了平行四边形和三角形面积计算的推导过程，并形成了一定空间观念，因此本课直接引导学生把梯形转化为已学过的图形来计算面积，进一步巩固"转化"的数学方法，培养迁移能力、推理能力和解决实际问题的能力。

2. 组合图形面积计算

教材分为两个部分：认识组合图形和探索组合图形面积计算的方法。首先通过几个生活中的具体物品：中队旗、房屋的侧面墙、风筝、由七巧板拼成的长方形，让学生在这些组合图形中找"学过的图形"，通过实例使学生认识到组合图形是由几个简单图形组合而成的，然后进一步要求学生在自己的生活中找一找组合图形，巩固对组合图形的认识。接下来是探索组合图形面积计算的方法，以"房子的侧面墙"为例，引导学生自主探究图形不同的组合方式。教材展示了两种，即"可以把它看成是一个正方形和一个三角形的组合""也可以把它分成两个完全一样的梯形"，同时提出问题"你是怎么想的？"鼓励学生想出其他的方法。学生在尝试、交流、讨论等学习活动中，明确计算组合图形面积的基本思路，理解和掌握组合图形面积的计算方法。

3. 不规则图形面积的估算

在生活实际中，经常会接触到不规则图形，它们的面积无法直接用面积公式计算。那么如何估测它们的面积呢？借助方格纸估计不规则图形（树叶）面积的内容，培养学生估测的意识和解决实际问题的能力。

教材首先呈现了一片树叶在方格纸上（每小格面积为 $1cm^2$ ）的图示，提出了"请你估计这片叶子的面积"的要求。这样的呈现方式，为学生探究叶子的面积提供了数学方法的提示（根据面积单位估计面积），也渗透了面积的本质。引导学生理解并呈现出两种不同的思路：一是"知道小方格的面积，求叶子的面积"，即用面积单位估计面积；二是"这片叶子的形状不规则，怎么计算面积呢？"即通过转化成某个近似图形用公式计算面积。

（四）作业具体内容设计

1. 数学与历史——神奇的割补术

同学们，你认识刘徽吗？

刘徽（约225—约295年），汉族，魏晋期间伟大的数学家，中国古典数学理论的奠基人之一，被称作"中国数学史上的牛顿"。他的杰作《九章算术注》和《海岛算经》，是中国最宝贵的数学遗产。他是中国最早明确主张用逻辑推理的方式来论证数学命题的人。刘徽的一生是为数学刻苦探求的一生，他给我们中华民族留下了宝贵的财富。他发明的"割补术"系统地给出了各种图形的面积公式。"割补术"，又叫"出入相补原理"（亦称为"以盈补虚"）：一个平面图形由一处移至他处，面积不变。又若把图形分割成若干块，那么各部分面积和等于原来图形的面积，因而图形移置前后各个面积的和、差有简单的相等关系。

大约在两千年前，我国数学名著《九章算术》中的"方田章"就论述了平面图形面积的算法。书中说："方田术曰，广从步数相乘得积步。"其中"方田"是指长方形田地，"广"和"从"是指长和宽。也就是说，长方形面积=长×宽。还说："圭田术曰，半广以乘正从。"（"广"是指三角形的底，"从"是指三角形的高），也就是用三角形底的一半乘三角形的高。著名数学家刘徽在注文中用"以盈补虚"的方法加以说明。

你能用割补转化的方法，把平行四边形、三角形和梯形转化成学过的图形吗？试着推导出平行四边形、三角形和梯形的面积公式。请你在方格纸上分别画一个平行四边形、三角形和梯形，画一画，试一试。

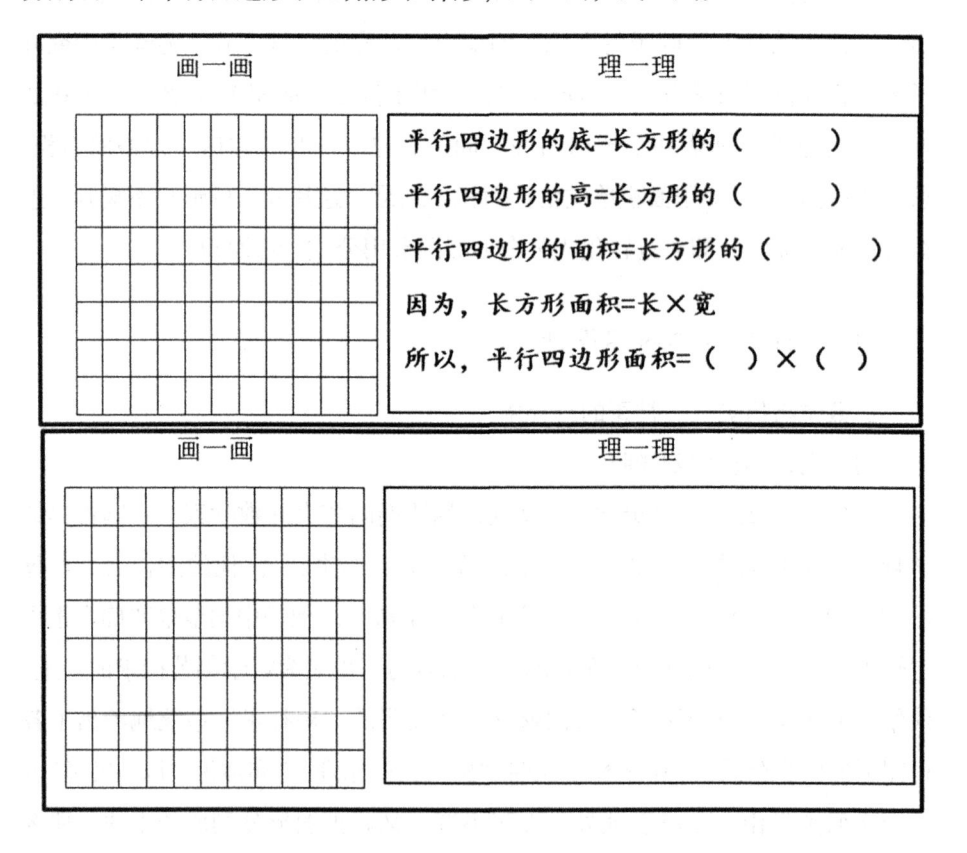

画一画	理一理
	平行四边形的底=长方形的（　　　）
	平行四边形的高=长方形的（　　　）
	平行四边形的面积=长方形的（　　　）
	因为，长方形面积=长×宽
	所以，平行四边形面积=（　　）×（　　）

画一画	理一理

画一画	理一理

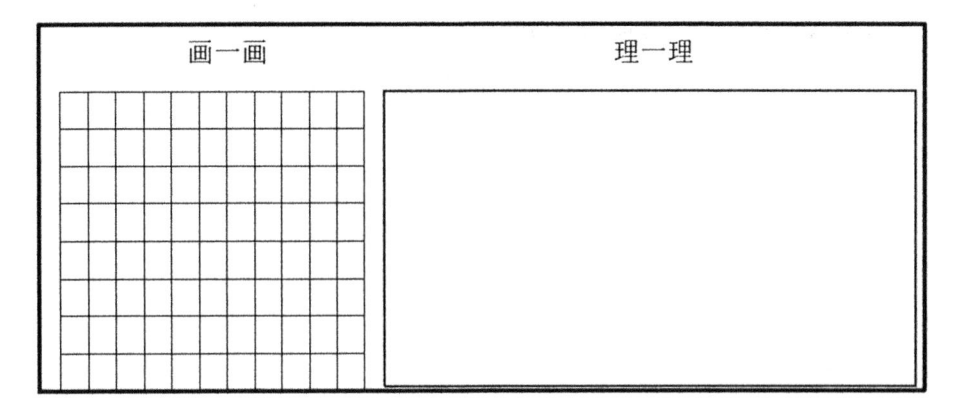

【设计意图：让学生用不同的方法推导平行四边形、三角形和梯形的面积公式，有助于学生锻炼思维的灵活性和开放性，增强探索意识和创新意识。】

2. 数学与生活——校园绿地面积

小组合作，动手测量1~2块校园的绿地面积（如：学校的花坛，校门口的绿地等），或者生活中的组合图形或多边形的面积。

小组成员分工	测量	记录	数据核实	计算
序号	地点	形状	量得的数据	面积
1				

计算过程：

2				

计算过程：

【设计意图：通过测量"校园绿地面积"引导学生围绕需要解决的问题开展查找资料、测量计算、数据整理和分析讨论等活动，在活动中加深对相关面积计算方法的理解，提高合理、灵活地应用数学知识和方法的能力，增强数学应用意识，培养动手实践能力。】

3. 数学与自然——美丽的大自然

（1）请你采集一片树叶，把它的轮廓线描在方格纸上，估算它的面积。

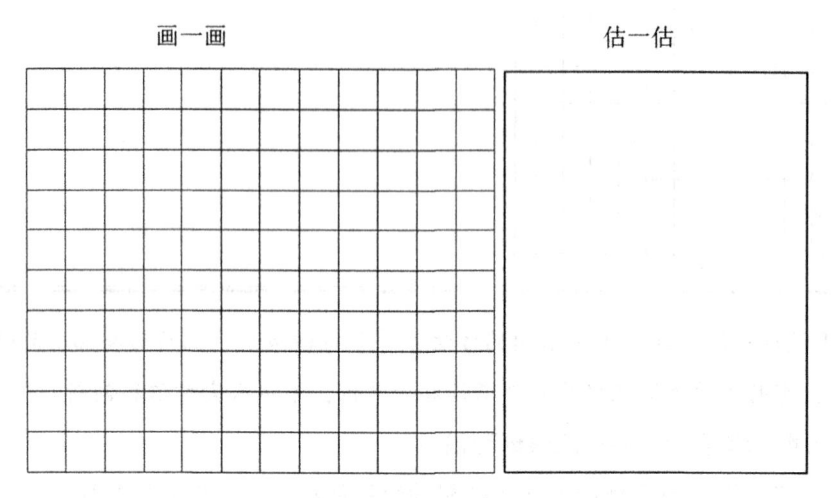

画一画　　　　　　　　　　　估一估

（2）找一个小动物的头像，在方格纸上描出它的轮廓线，再估算它的面积。

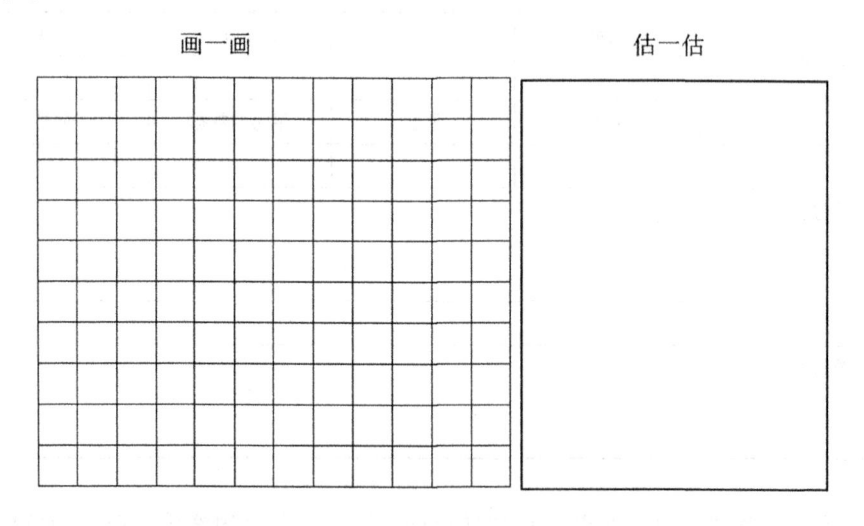

画一画　　　　　　　　　　　估一估

【设计意图：设计学生比较喜欢的一些活动，描树叶、描小动物的头像等，既可以激发学生数方格的兴趣，又可以培养学生估测的意识，还可以让学生在活动过程中不断积累活动经验，培养他们细致认真的态度。】

4. 数学与综合——单元知识梳理

这个单元学完了，小组内互相交流一下自己的学习感悟，并用自己喜欢的方式整理出本单元的学习内容吧。

【设计意图：让学生选择自己喜欢的方式整理单元知识，可以是数学小报，亦可以是思维导图，能有效促进学生学习方式的转变，把学生从机械的作业中解放出来，让学生自主探究，能使学生自主学习能力、发散性思维能力、想象力和创新能力得到提高，使学生真正学会学习，热爱学习。】

（五）作业质量效果评估

（1）能力指向。第一，依托转化思想，发展"空间观念"。"数学与历史"以图形间的内在联系为线索，借助将未知转化为已知的基本方法开展学习，各图形面积计算公式的推导都采用了"转化"的方法，如将平行四边形转化为长方形、三角形转化为平行四边形、梯形转化为平行四边形或三角形等。

第二，凸显数学本质，渗透"应用意识"。"数学与自然"和"数学与生活"中引导学生从叶子和小动物头像的形状和大小提出问题，然后从现实生活中抽象出数学问题（不规则图形的面积），引导学生用数学方法（用面积单位估计面积，或看成某个简单图形用公式计算面积）予以解决。在培养应用意识和解决实际问题的过程中，渗透估算思想、培养估算意识。引导学生合情合理地找到估算面积的方案（或思路），一是覆盖方格纸（面积单位）数方格来估计面积，二是转化成某个近似图形用公式计算面积。同时，还应引导学生获得一定的估算策略和方法：可以数出图形内包含的完整小正方形数，估计这个图形的面积；在上面的基础上，再加上图形边缘接触到的所有小正方形数，估计这个图形的面积；对于学有余力的学生，还可以引导他们将所有的小正方形等分成更小的正方形，探索更接近实际面积的估计值。

第三，鼓励自主梳理，体现"创新意识"。"数学与综合"尊重学生的想法，鼓励学生独立思考，大胆创新，从不同的途径和角度去梳理单元知识，培养学生灵活思考、勇于创新的能力。

（2）难易程度。本案例的四个部分均属半开放性设计，不同层次的学生可以有不同程度的设计，实现"人人都能得到良好的数学教育，不同的人在数学上得到不同的发展"的数学课程培养目标。

（3）作业时长。"数学与历史"需20分钟左右，"数学与自然"需要10分钟左右，"数学与生活"需要1小时左右，"数学与综合"需30分钟左右。

（4）实践效果。通过本案例的实施，既能让学生更好地理解"多边形的面积"单元的重难点，丰富学生的学习方式，促进学生对面积计算方面的理解。还能让学生通过自主探究，使学生自主学习能力、发散性思维能力、想象力和创新能力都得到培养，使学生真正学会学习，热爱学习。

三、作业案例特色说明

作业是课堂教学的延续，是课内知识的外向扩展，也是巩固学生知识内化的一种有效手段。在"双减"政策背景下，对作业的设计提出了更高的要求。本案例以图形面积计算为载体，从"数学与历史""数学与自然""数学与生活""数学与综合"四个方面进行设计，在巩固单元知识的基础上，提高学生数学学习的兴趣，提升学生数学思维的能力。

该案例遵循三个原则：基于课标，注重思路，提升能力。

（1）基于课标：在《义务教育数学课程标准（2011年版）》中要求"探索并掌握三角形、平行四边形和梯形的面积公式，并能解决简单的实际问题"。本作业设计即是基于此，一是通过"神奇的割补术"探索推导三种图形的面积公式，二是通过对组合图形的面积和不规则图形的面积计算解决简单的实际问题。

（2）注重思路：整份设计遵循从基本到综合，从模仿到创新，从推导公式到应用公式，再到综合。有意识地将新旧知识结合起来，引导学生观察、思考、比较和运用，把各种图形的面积进行有效沟通，最后设置综合性运用。这样的设计不仅具有基础性、连贯性，而且具有理解性、记忆性和延伸性，还具有思维性和创造性，层次分明。

（3）提升能力：一是充分顺应学情开放性设计，不同学生都能有所思考；二是注重实践探索，能够有效激发学生的学习兴趣；三是富有挑战性，能够活跃学生思维。

整份单元作业突出了题型多样、形式灵活和角度多元的特点。作业中既有对整个单元知识系统的梳理，也有对知识形成过程的推理训练，还有实践操作类的题目等。知识点的呈现形式多样化，各种题型一应俱全，作业做题思路顺逆兼顾，还结合数学史料补充课堂知识的同时进行数学学科育人教育。

第四篇

立德树人是"思行数学"的根本

为自己学习

"同学们，你们想我了吗？"

"想！"

外出学习一周，真的是想自己这一帮学生了。还好，学生也想我了，很是欣慰！

哪知，随即冒出的一串儿声音让笔者哭笑不得。

"老师，礼物呢？"

好吧，这群学生原来不是想笔者，而是想笔者带的礼物了。

"别着急啊！这要继续看你们的表现喽，下午发礼物哦！"其实，真正的原因是礼物还在路上。由于这次培训是在北京师范大学昌平校区，北六环外，周围一片荒芜，周边连个商店都没有，再加上本次培训时间紧，学习内容多，根本就没空闲，只好在培训最后一天上午在手机上为这群学生网购了几包茯苓饼、小糖葫芦等老北京小吃。今早起来看看物流信息，预计上午可以送达。

然后，我可爱的学生瞬间坐得笔直！

"同学们，咱们的班长雨汐每天给我反馈大家的学习情况，她告诉我大家这几天都表现得特别棒！我想知道上一周你们自主学习的情况到底如何，只是看起来好呢，还是真的好呢？"

"真的好！"大家异口同声！

"如果根据你们自学的内容，现在出一份题考一下，认为自己能考100分的举手！"

哗！四分之一左右的学生举手了！

"能考90分以上的呢？"

哗！余下的全举手了！

这群学生倒是挺自信！看来，明天我得认真考一考了。

"大家都这么自觉啊，范老师真的太高兴了！我就喜欢你们这股子自觉学习的精神！同学们，我们的学习就应该是这样的。大家知道吗，这几天在北京培训，老师每天都是早上 8：30 上课到 12：00 左右，下午 1：30 上课到 6：00 左右，甚至还有晚课。每天学习时间基本上都在 8 个小时以上。"

说到这儿，就听到同学们的唏嘘声，有的学生就悄悄地说："范老师这么辛苦。"

"是的，我们的学习很辛苦，但是，除了这 8 个小时左右的听课之外，范老师每天还会用 2 个小时认真梳理当天的学习内容,总结自己的所学所思所想。在培训回来的当天晚上，老师写自己的培训心得感悟写到深夜十二点半。亲爱的同学们，每天认真听教授们讲课，这其实只能算是在给别人学习，而每天下课之后的反思总结才是真正给我自己学习！同学们，你们的学习也是如此，每天课堂上认真听课的确重要，但这还远远不够，如果在每天学习的基础上，你能自觉梳理自己学习的收获和困惑，及时找同伴或者找老师进行解惑，这样才是真正给自己学习！只有真正为自己学习，你的学习才会是快乐的，才会有更多的收获！同学们，老师希望你们每天能真的为自己学习，做一个快乐的学习者！"

…………

一番交流之后，我们愉快地开始上课！

为了明天学习"单位换算"顺利一些，今天用了一点儿时间重点复习小数点的移动带来的小数大小的变化。

在黑板上写下四个数：1.2，4.85，0.236，0.12，左黑板要求"将下列小数分别乘 10、100、1000"，右黑板要求"将下列小数分别除以 10、100、1000"

然后先一起解决第一组：

1.2×10=12　　　　1.2×100=120　　　　1.2×1000=1200

学生思路清晰地解决好了，为了让他们养成认真检查的好习惯，笔者追问一句:"怎么检查你做的对呢?"

又是一个异口同声:"反过来用除法验算!"

"好主意!看来除法是乘法的逆运算掌握得不错!方法一:反过来检查法!"随即,继续追问:"还有别的验算方法吗?"

稍有片刻宁静,有几个学生举起了手。

欣悦:"可以把变化前后的两个数的小数点都写出来,数数两个小数点之间隔了几位,一位是 10,两位是 100……比如 1.2. 的两个点之间隔的是一位,刚好乘的是 10,经过检查是正确的!"

"是个不错的方法!大家听明白了吗?用欣悦的方法,自己验算一下余下的两道!方法二:看小数点法!"

"还有别的方法吗?"

学生开始窃窃私语。

"可以同桌交流交流!"

…………

奕涵:"老师,可以只看它的十分位,比如 1.2 十分位上是 2,这个 2 原来在十分位,相邻两个计数单位的进率是 10,乘 10 后 2 应该在个位,答案 12 的个位正好是 2,经过检查是正确的!"

"方法不错!那如果是 4.85,也是看它的十分位吗?"

"不是,要看百分位上的 5。"

"那 0.236 呢?

"要看千分位上的 6。"

"那你们发现了什么?"

"看数的末位!"

"没错,我们只要把末位定好了,把前面数位上的数字依次推到相应的数位就好了!这就是方法三:看末位法!那我们能不能看首位呢?自己试试看!"

学生尝试之后交流,然后发现:只要把最高位定好了,把后面数位上的数字依次拉到相应的数位就好了!

"这就是方法四：看最高位法！"

"现在我们有了这么多检查的方法，你喜欢哪一种呢？自己独立完成后面的题，自己任选一种你喜欢的方法检查一下吧！"

出乎意料，原来可以有这么多不同的检查方法，真的是我没有想到的，幸好我多问了句"还有别的方法吗？"幸好我愿意给孩子们等待……

接下来，学生认真地开始进行余下习题的练习，也许是因为几天没见到我了想要好好表现一下，也许是因为还有礼物在牵挂，抑或是因为有了这么多检查的方法，每个学生都是那么的认真！特别是看到晟博今天做的题不仅正确而且书写还很整齐，真的是很欣慰！和学生的相处也真的是一件很奇妙的事儿，每天在身边，很难发现学生的变化，偶尔分别几天，看到每个学生都是那么可爱，真好！

老师，你能再给我讲讲分配律吗？

"报告！"

下午第二节课后，办公室门外传来一个男孩儿的声音。

"请进！"

随之推门进来的是小博。

"怎么了？"

"老师，你能把分配律再给我讲讲吗？"

听到学生的需求，真的是很高兴。今天午饭后的计算题训练中有这样一道题"37×99+37"，小博做错了，他第一遍写的是"37×99+1"。当时，笔者只是误以为他不小心丢了括号，没多想就直接发给他更正，可是随后笔者发现他更正的时候写的却是按顺序再脱式计算，笔者看到的时候，他正在列竖式计算37×99呢。然后，笔者就拿过他的笔，给他讲了一遍，问他听懂了吗？他说懂了，自己也更正了。笔者当时就想着再给他出两道这种类型的题练一下，可是，当时马上就要上课了，不能耽误学生上课。于是就作罢了，当时就想着"唉，权且当作他真会了吧"！然后就"不负责任"地走出了教室。没想到他今天居然能这么主动地来找笔者，而且还能将自己的问题表达得如此精准，真的是太出乎笔者的意料了！

"当然可以了！"

话音刚落，第三节上课铃居然不合时宜地响了起来。

"宝贝，咱们先进教室上课，下课后老师再给你讲，行吗？"

"行！"

然后我们一起进教室上课，下课后忙着送路队，居然把他的问题给忘得一干二净！还好，这孩子是在延时班，在延时班快要下课的时候，笔者把他叫来办公室。

为了精准施策，笔者先出了两道常规的分配率练习"$35\times48+65\times48$"和"$125\times（8+4）$"，发现他这一类问题做得很好，看来他基础问题掌握的还不错，这就好办了。先是领着他把"分"与"合"这两种分配律的运用一起用字母梳理回顾一下，然后出一道"$28\times99+28$"，这回他的问题就来了，原来他不知道这里面隐藏的分配率特征，于是就逐步引导他：先将这个式子和"$35\times48+65\times48$"找异同，在对比中发现这里如果28后面要是有一个乘法就好了，于是就引导他既要有乘法，还不能改变数的大小，该怎么办呢？那就用"乘1"来帮忙，因为，任何数乘1还得原数，这样既能出现需要的乘法，又能保证式子的大小不变。就这样逐步引导之后，他思路有点儿清晰了，随即又出了两道同类的题练一练，明显好多了。之后又练习了诸如"101×87"的特殊情形下分配律的使用。最后他满意地离开了办公室。

看着学生的背影，笔者不由得想起半年前的一幕。当时笔者和这群学生一样都是刚刚到这所学校，一次中午打饭的时候，就因为他没有坐端正，班长说了一句："再不坐好，今天不让你吃饭！"然后他就赌气趴在桌上呜呜大哭，并且不吃饭了，无论同学们和笔者怎么劝他，他都不吃。最后，是笔者连哄带喂之下他才就吃了一小块儿肉。当时的他还有一个毛病就是经常不写作业，有一次就是因为前一天晚上作业他没有做，上课批评了他，然后就委屈地呜呜大哭老半天，弄得笔者很无奈。总之，这学生脾气倔得像头牛。有了这两次经历之后，笔者开始仔细观察这个学生，其实他就是一个很脆弱的小男孩儿，他妈妈去年秋天刚生二胎，每天忙得顾不上管他，他爸爸脾气暴躁，两句话说不了就想吵他，再加上他原来在其他学校的时候基础就比较薄弱，所以他其实就是一个极度不自信，缺乏安全感的孩子。于是，笔者改变策略，总是想尽一切办法表扬他、鼓励他。慢慢地他越来越好，最起码已经有好几个月没有哭鼻子了，而且听课注意力越来越集中，现在基础的题也能自己做得很好了。昨天，课堂上笔者还因为他的练习题做得又对又干净整齐而特意表扬了他。

于是，就有了今天的这一幕。

看到学生的进步，真的很欣慰，笔者庆幸自己半年前没有放弃他，笔者庆幸他愿意相信我！

亲爱的孩子，只要你愿意，老师随时愿意为你答疑解惑，陪你一起长大。

适合的才是最好的

第一节下课，和实习生一起走出教室，实习生说："咱们班的小豪怎么上课都坐不稳啊。"

笔者笑了笑说："那你发现他是怎么坐的呢？"

"他是一条腿跪在凳子上的。"

"是啊，你想想跪在凳子上多不舒服，他当然得来回动了，要不然腿都该跪麻了。"

话聊到这儿，估计你就在想：那他为什么要跪在凳子上，而不是好好地坐在那儿呢？

其实这也是半年多前笔者的困惑。记得2020年9月刚接手这个新组建的班级，第一周，笔者仔细地观察每个学生的上课表现，当时就发现小豪一节课总也坐不稳，总是一条腿跪在凳子上，一节课动来动去。起初还点名批评他好几次，可是在连着批评几次后仍未见效，笔者就开始反思问题到底出在哪儿。

接下来几天，笔者没有批评他，而是悄悄地走到他跟前，帮他把跪着的那条腿挪下去，可是每次挪完没几分钟，他就又成老样子了。随后笔者仔细观察才发现根本原因是小豪个子太低，桌凳的高度和他不匹配，如果他好好地坐着，一是脚够不着地，腿不舒服；二是使劲儿够着桌子，身体也不舒服。如果是一条腿跪在凳子上，屁股坐在这条腿上，这样子虽然跪一会儿腿会发困，但是来回换换就好了，总比两条腿都空吊着要舒服，更何况这样一来，整个身体够桌子就舒服多了。知道了这些，笔者也就不再纠结学生的坐姿了，学生怎么舒服就怎么坐吧。

也许，此刻有人会问：为什么不给学生换个高低合适的桌凳呢？没错，笔者也曾这样想过，2020年10月班里新转入一名学生，当时恰好没有高桌凳，临时搬过来一套低桌凳，笔者就想刚好可以换给小豪用。哪曾想他是一百个不愿意，好说歹说让他将就了一天，第二天调过来高桌凳赶紧给他换了过来。随后想想才明白，学生的自尊心也是很强的，他不喜欢有一张与别人不一样的桌凳，那样他的心理压力会很大。

就这样，对小豪，笔者就顺其自然了，他喜欢怎么样就怎么样吧，如果一条腿坐累了，那就挪一挪换另一条腿坐吧，只要他感觉舒服就好。

通过小豪这件事儿，笔者想说，无论何时，我们不要站在成人的立场去看待儿童的行为。我们要站在儿童的视角，读懂儿童、尊重儿童，唯有适合孩子的才是最好的！

让生活充满微笑

上午第四节，陪学生一起上了一节心理健康课"我的心情朋友"，带领学生一起正确识别自己和他人的不同心情。课堂中，学生畅所欲言，讲述了自己在什么情况下如何用自己的方式来表达心情。在学生交流的基础上，笔者引导学生充分体会不同心情带给我们的不同感受，让学生感受到好心情能带给我们的愉悦感，然后告诉他们，我们要学会调节自己的情绪，保持好心情，微笑面对学习和生活，这样我们的生活才会充满阳光和快乐！

下课铃响了，学生还意犹未尽。几个学生围着笔者叽叽喳喳地说个不停。

小毅说："范老师，我发现你和别的老师很不一样。"

"有什么不一样？"笔者问。

"我原来在××学校，我们数学老师每天都是绷着脸，上课绷着脸，下课绷着脸，连家访的时候都是绷着脸的，很严肃。而你只有在生气的时候才会绷着脸，大部分时间都是面带笑容的。"小毅的话很坦诚。

"范老师，我发现你好像什么都会，你会给我们上数学课，还会上心理课，会教我们练字，还会英语！"小磊看着笔者认真地说。

"哇，我有这么厉害吗？我都不知道呢。谢谢宝贝的夸赞！"

身旁还有几个孩子围着笔者意犹未尽……

好吧，在学生心中笔者是超人啊，其实笔者真不会英语，只是偶尔他们问笔者英语里的一些单词，笔者恰好认得，毕竟这只是小学四年级的英语，还有就是今天的心理课上顺口用到了几个表达情绪的单词，天真的学生就被完全不懂英语的笔者给"骗"了。不过，听着学生的叽叽喳喳，笔者的心情还是挺愉悦的。

随着广播响起，到了午饭的时间，笔者赶紧开始组织学生洗手，然后准备开饭，一节愉快的心理课在笔者和学生的微笑中结束了。

微笑是世界上最美丽的花朵，她既有金菊的淡雅，又有夜来香的清幽；既有玫瑰的热情，又有百合的纯洁。她兼容了百花的美丽，集万千之宠爱于一身，集群芳之艳丽于一体。

让我们一起微笑着把每一个平凡的日子过得幸福而从容！

运用转化，以不变应万变

今天学习"小数的近似数和改写"，练习中有这样一组题：

2 008 500=（　　）万

120 300 000=（　　）亿

843 万 =（　　）亿

前两道题学生顺利解决，第三道题却遇到了困难，有部分学生虽然答案做对了，但却讲不清楚。于是，笔者试着引导学生思考：

"843 万 =（　　）亿"和前两道有什么不同之处和相同之处？

学生带着这个问题展开思考和讨论。之后，他们得出这样一种方法。

因为这三道题都是计数单位的转换，所不同的是"843 万"是一个改写后的数，所以可以把"843 万"先转换成"8 430 000"，然后就可以用大数分级改写的方法得到"008 430 000"，这样就得到答案是"0.0843 亿"。

笔者继续追问："谁还有不同的方法吗？仔细观察这个问题，你还能想到我们学过的哪些知识吗？"

学生又陷入沉思，这时，奕涵说："老师，我发现这个和我们学过的单位换算有关。"

"哦？是吗？那你能具体说说你的发现吗？"

"我是这样想的：我们看，这里的'万'和'亿'不都是单位吗？我们在"单位换算"的学习中，学过长度单位、面积单位、质量单位、人民币单位的换算，这道题其实就是计数单位的换算。它的解决方法和其他单位换算题的方法一样，都可以分三步来思考：第一步，"万"变"亿"是低级单位变高级单位，要用除法；第二步，因为1 亿 =10 000 万，所以它们之间的进率是10 000，也就是要除以10 000；第三步，一个数除以10 000，也就是把小数点向左移动4 位，所以得到"0.0843 亿"。

小姑娘清晰的思路让笔者和学生都禁不住为她点赞！不仅能够将"数的改写"和"单位换算"有效地沟通联系起来，更重要的是能将各种单位换算问题进行对比归纳，达到"以不变应万变"！

数学学习不正是如此吗？众所周知，数学是一门系统性很强的学科，任何新知识的学习都是基于原有的学习基础，在数学学习中不受原有认知结构影响的学习几乎是不存在的，前面知识往往是后面知识的基础，而后面知识又是前面知识的发展，二者形成互相联系的整体。

以本课中这道题为例，无论是将"843 万"转化成"8 430 000"再改写，抑或是将其看作"万"与"亿"的单位换算，其实都是在将一个新的问题转化成一个熟悉的问题来解决。

至此，笔者想说两点：

一要深入解读教材，关注知识的"生长点"与"延伸点"，把每堂课教学的知识置于整体知识的体系中，注重知识的结构和体系，避免学生"只见树木不见森林"。

二要渗透数学思想方法，比如本课中的转化思想，它是"未知"与"已知"之间的桥梁，在小学数学学习中运用极其广泛。不断培养和训练学生自觉的转化意识，加强新旧知识的联系，使每个知识点衔接自然，能够融会贯通，以不变应万变。

别着急，慢慢来

昨天上午开会、上课，午饭后准备工作坊活动的各项学习材料及各种表格，然后工作坊活动从 14：00 持续到 18：00。晚饭后，散步一圈，回来后趁热打铁把对工作坊活动的思考简单做个整理，一直忙到 23 点多，无暇看手机里的各种微信留言。今早起床，看到几位家长昨天的微信留言，因为星期四要期中考试了，他们都在关注孩子的学习情况。回复完几位家长的留言，并和其中两位家长进行了一些交流，放下手机，想到星期三晚上有几个家长在微信里问问题的场景。一直以来，星期三是学校约定的"无作业日"，这次期中考试四、五、六年级安排在星期四，虽然第二天就要考试了，但笔者仍坚持按照惯例没有布置作业，只是要求学生可以根据自己的情况适当地复习一下。没料到，我们的家长比笔者"狠心"多了，当天晚上有 4 位家长因为辅导学生遇到困难而向笔者求助，当晚还看到两位家长在朋友圈里晒自己的"抓狂"。当然，当天晚上应该还有很多默默无闻"辅导"学生的"负责任"的妈妈们。

有这么"负责任"的妈妈，该说学生是幸福的呢？还是不幸的呢？

一直以来笔者都极不喜欢家长批改作业、家长辅导功课等这些家庭教育上的僭越行为，俗话说"术业有专攻"。家庭教育与学校教育应各司其职，学科教学是学校教师的专业职责，家庭教育不应围绕学校课程转，更不应围绕着考试转，家庭教育要以教育孩子学会生活、学会做人为主，促进学生健康成长。

笔者的个人建议是：家长在能力范围内可以督促学生认真完成作业，但最好不要刻意增加学生的学习负担，更不要用自己的思维方式辅导学生的作业。

一是因为现在的新教材与以往的教材相比改变较大，更加注重能力培养，而家长或是校外缺乏一定培训资质的辅导班教师没有接受过专业的学科培训，脑子里是固有的老方法，他们更注重的是答案，看起来快捷实则封闭了学生的思维。当学生接受这些"辅导"之后，就会在"先入为主"，不经意间形成思维的惰性甚至是错误的思维方式，如此非但不能起到"辅导提升"的作用，反而会因此而起到适得其反的副作用。

二是因为这样的"辅导"往往不关注儿童本身的成长规律，只是按照成人的思维方式灌输给学生自认为很好的方法，人为地增加任务，人为地拔高难度，实际上并不一定适合学生，如果不适合，再好的方法都是无效的。

学生的成长各有各的规律，有的学生接受新事物的能力比较强，新知识一学就会。而有的学生接受新事物比较慢，一个很简单的知识别人举一个例子就明白了，可他需要三个五个，甚至十个八个，才能理解，但是，他一旦真正理解后就会铭记在心。记得原来教过一个小姑娘就是这样，每次新课学习的时候都看到她满眼的迷惑，单元测试往往考得比较糟糕，但是每到期末复习的时候就会看到她满脸的自信，期末考试成绩从不会让人失望。

现实生活中，常常听到的有教师抱怨："这题我都讲 n 遍了，这些学生怎么还不会！"也常常看到的有家长为了辅导学生学习而紧张和焦虑，家长和教师总是恨不得学生什么都能一学就会，总也无法理解有的学生怎么会那么"笨"。

是的，如果我们站在成人立场，真的是很难理解学生的各种行为。那么，我们为何不能换个角度，走进学生的世界来看待这一切呢？

无论你是家长，还是教师，我们如果能走进学生的世界，结合学生的实际，读懂学生，遵循学生的成长规律，慢慢来，我想我的学生一定会成长得更好，也会更幸福！

所以，亲爱的教师们、家长们，请不要用我们的焦虑打扰我们的孩子！

别着急，慢慢来！

家庭作业谁来改

关于家庭作业的批改问题，很长时间以来都是一个热门话题。

早在2019年"两会"上，河南代表团的全国人大代表李光宇就建议："严禁学校硬性要求学生家长批改学生作业、试卷等学习类资料；严禁学校将布置、检查、批改学生作业的工作直接或变相地转移给家长。"

2021年"两会"期间，全国政协委员徐睿霞建议："禁止通过微信群要求家长批改作业。"

2021年4月25日，教育部发布了《教育部办公厅关于加强义务教育学校作业管理的通知》(以下简称《通知》)。

那么，家庭作业到底该谁来改？似乎已是无须回答的问题。

仔细研读《通知》里的十条要求，眼前就闪现出上午的一幕。

上午，几位同行在一起听课，课间闲聊时，有老师问笔者："范老师，你的学生晚上做的家庭作业是怎么批改的？"

"当然都是自己改的。"

"你现在是不是只教一个班？"

"是的，不过，教一个班也就是最近三年的事儿，以前我也一直是两个班。二十多年了，我布置的家庭作业基本上都是我自己改的。"

一直以来，常常看到身边的很多教师都喜欢让家长或者学生批改作业，但二十五年来，无论是原来在初中，还是后来到小学，笔者一直都习惯自己批改作业，包括学生在校的作业和晚上的家庭作业。

笔者自2012年开始着手进行"小学生计算能力培养"的研究以来，除正常课堂练习之外，笔者每天布置的作业一般包含三类：一是统一规定的1周不少于3次的作业，二是每天中午的10分钟左右的计算训练，三是晚上的家庭作业（一般情况下就是1页《学习巩固》）。无论多忙，这三类题一般情况下都是笔者自己批改。

最初这样做只是想发现学生学习上的漏洞，但在坚持中发现其价值真的远不止此：

第一，可以及时发现学生的易错点或是课堂教学的遗漏点，便于调整教学内容，有针对性地尽快补救。

第二，可以提醒自己布置作业的量，布置的多就得多改，布置的少就可以少改，用批改作业量倒逼自己尽可能控制作业量，避免留大量作业增加学生负担。

第三，可以提高学生对待作业的认真态度。惰性是与生俱来的，教师改不改，学生对待作业的态度是不一样的，尤其是那些原本就自觉性不强的学生，更是如此。

第四，可以避免错误方法先入为主。新课程改革以来，各科不仅学习方式与以往有了很大不同，解决问题的方法也有很大的变化，而家长们并没有接受过专业的学科培训，他们往往在批改的同时会忍不住对学生的错题进行指导，而他的指导方法不一定正确，一旦错误，再纠正就会难上加难！

第五，可以改善学生课堂学习注意力。作业被家长批改和讲过之后，学生往往会自认为真的会了，课堂上就不再认真听讲了。反之，如果是看到教师批改的红红的"×"，他则会清晰地看到自己的问题，在进行讲解时，听课注意力自然会集中。

总之，只有做到有布置、有落实，我们布置的作业才能真正发挥其育人功能。

很多教师可能会觉得这样做会不会太辛苦了，是的，忙是会忙一些，但真的坚持做下来，也并没想象的那么可怕。

针对常规的三类作业，笔者的具体处理办法是这样的：

先说第一类作业，笔者感觉那种看起来干净漂亮的纯粹是为了应付检查的作业本上的作业，实则是空有一副好看的皮囊，不仅如此，对部分学生来说真的是一种负担。为了片面追求"漂亮"，教师们不敢布置难题、复杂题，专挑一些简单的题来做，有的整本上基本上只有计算题，单调乏味，甚至有的让学生在练习本上算完再一笔一画抄本上，抄的不好就得撕了重做，到最后有的学生一堆堆的作业补不上来，搞得教师和学生都很疲惫。2016年开始，笔者尝试进行作业改革，笔者结合学习内容进行作业设计，每次作业分四个版块：知识梳理、基础题、提高题和拓展题，整个题由易到难，内容丰富，形式多样，针对性强。而且统一印制，还省去了学生小心翼翼抄题的麻烦。利用自习课时间，统一做，每完成一个版块，及时进行批改和讲评，课堂上基本上就完成了批改任务。

再说第二类：每天中午最后一节下课后，就在黑板上写上几道口算或笔算、脱式计算题，基本上都是10分钟左右可以完成的量，然后统一发纸写，组长在规定时间内收齐。因为量小，而且是统一的纸，统一规定的书写排版，每一张改下来也就十秒钟的工夫，整个班改下来也就是十分钟左右，然后有错题的及时下发，让学生更正后找各大组的数学组长进行二次批改即可。

最后说第三类：每次布置家庭作业时我都会自己先做一遍，这样的话对每一道题的难易度和易错处就做到心中有数了。第二天早上数学大组长在早读前把《学习巩固》翻开收整齐交到办公室，等待笔者的批改。笔者在批改的时候，首先对于非常简单的问题瞄一眼过去即可，只是对个别学生特别留意一下，然后对于极易出错的再重点批改。如此下来，1分钟基本可以批改3本左右，一个早读时间至少可以批改出一个班的作业。然后再结合共性问题，在课堂上抽出三五分钟做个点评。

最笨的方法也许正是最有效的，笔者喜欢这样笨笨地改作业，笨笨地陪学生一起长大！

最好的爱意是陪伴

家庭是人生的第一所学校，父母是孩子的第一任老师，良好的家庭教育是孩子塑造良好品质的基石。然而，随着生活节奏的加快，现实生活中，许多年轻的父母或是因为忙于加班，或是忙于各种应酬，很少有时间陪伴孩子，偶尔有时间陪孩子的时候，又被手机羁绊。久而久之，孩子与家长的心越来越远。孩子不愿意听父母的唠叨，不体谅父母的辛苦，亲子沟通越来越困难。

今天早上批改《学习巩固》，其中有一道题是这样的："量一量，比一比，在〇里填上'>'或'<'"，有个学生则是在题中的每个〇里画了一个小〇。看着学生的作业，让笔者哭笑不得，显然这学生做作业是极不认真的，根本就没认真读题，只是为了把空填满而已。看到学生这样的学习态度，笔者觉得是该跟家长好好沟通一下了。于是给学生的妈妈微信留言："看看孩儿的作业就知道孩儿是有多不用心了。每天无须你检查孩子的作业，但一定要关注孩子写作业的态度。"不一会儿，学生的妈妈回复过来，从学生妈妈的回复中能感受到妈妈的无奈。难道就因为无奈我们就可以听之任之吗？当然不行！毕竟还是个小学生，其习惯和是非观都是最佳的养成期。为什么孩子不愿意听家长的话，为什么家长和孩子沟通不畅？究其根源应该还是在家长，家长因为忙碌，因为缺乏合适的方法，对孩子缺乏真正的陪伴和关注，所以没有和孩子形成良好的沟通关系。于是笔者就回复学生的妈妈："最好的教育是用心陪伴，趁着孩子还在小学，你还有机会，好好珍惜，好好陪孩子养成好习惯。否则，等孩子上初中、高中了，她会更不愿和你沟通交流，你的教育会更无助。"

和学生的妈妈交流完后，脑海中浮现这个小故事，想和大家一起分享。亲爱的家长朋友们，请您认真读一读，当你读完下面这个小故事时，也许会有一番感悟。

一位爸爸很晚才下班回到家,发现他五岁的儿子靠在门旁等他。

"爸爸,我可以问你一个问题吗?"

"什么问题?"

"你一小时赚多少钱?"

"这与你无关。"感觉累并有点烦的父亲说,"你为什么问这个问题?"

"我只是想知道,请告诉我,你一小时赚多少钱?"小孩哀求着。

"假如你一定要知道的话,我一小时赚20美金。"

"哦。"小孩低着头这样回答。

沉默了几秒钟,小孩又说:"爸爸,可以借给我10美金吗?"

父亲发怒了:"如果你只是要借钱去买毫无意义的玩具的话,给我回到你的房间并上床休息。好好想想为什么你会那么自私。我每天长时间辛苦工作着,没时间和你玩小孩子的游戏。"小孩安静地回到自己的房间并关上门。

父亲生气地坐下来。他平静下来之后,开始想他可能对孩子太凶了,或许孩子真的很想买什么东西,再说他平时很少要过钱。

父亲走进小孩的房间:"你睡着了吗?孩子?"

"爸爸,我还醒着。"小孩回答。

"我刚刚可能对你太凶了。"父亲说,"这是你要的10美金。"

"爸爸,谢谢你。"小孩欢叫着从枕头下拿出一些被弄皱的钞票,慢慢地数着。

"你已经有钱了,为什么还要向我要钱呢?"父亲疑惑地问。

"因为这之前不够,但我现在足够了。"小孩回答,"爸爸,我现在有20美金了,我可以向你买一个小时的时间吗?明天请早点回家——我想和你一起吃晚餐。"

很多父母总认为自己最需要做的事情就是赚钱,赚足够多的钱可以为孩子未来的成长创造更好的条件,总想着等自己忙够了再陪孩子。可是等我们有时间陪孩子的时候,甚至是我们还没有抽出空的时候,我们的孩子已经悄悄长大，他已经和我们渐行渐远，而你因此而懊恼不已。人生没有彩排，孩子成长过程中的每一个阶段都是不可重复的，有些东西一旦错过，就永远都无法挽回。

高尔基说："爱孩子，这是母鸡都会的事情，可是要善于教育他们，这是一桩大事，需要有才能和全部的生活知识。"亲爱的家长朋友，孩子的成长最需要的是父母的陪伴。陪伴不仅能带给孩子安全感和爱，而且父母也可以利用陪伴给孩子树立学习的榜样。陪孩子是比赚钱更重要的事儿！

最好的爱意是陪伴！愿每一位爸爸妈妈都能陪伴孩子慢慢长大！

"四心"成就好教师

教师是学生的领路人和启明星,要全面担负起学生的思想、学习、生活等方面的工作,是学生成长路上的带头人。不少学生都把自己的老师作为知心人和学习的榜样,每当人们回忆起自己学生时代的生活时往往总是情不自禁地首先想到自己的老师,尤其是影响他人生的老师。从某种意义上讲,教师工作的成败足以影响学生的一生。要做好教师工作笔者认为离不开"四心":爱心、细心、耐心和信心。

一、爱心

李镇西说过:"没有爱心,就没有教育。"爱心,是每个教师必备的教育素养之一,是教育素养中起决定性作用的一种品质。只要我们用"心"去爱,用"心"走进学生的情感世界,去接近他/她,去感染他/她,学生才会亲近你,才会喜欢你,学生才能学好,才会愿意学,乐于学,才会真正变"要我学"为"我要学"。即使被认为是"无可救药"的人,我们都有责任和义务对他/她进行挽救和改造,尤其不能放弃那些学困生和贫困生。教师育人,最重要的是必须具备爱心和责任心。一位名副其实的好教师必须具备这种良好的师德和优良的职业作风,才能在教育过程中,用自己的人格形象教育和感染学生,用自己的行为习惯影响和熏陶学生,以产生一种潜移默化的作用。

教师自始至终都应把一颗爱心融化在学生的心田,以微笑和友谊包容学生的不足和过错;以情感和宽容激励学生的志趣;以高度的责任心做好育人的本职工作。只要每个教师都用爱心和责任心去完成教育教学工作,就不会有"孺子不可教"的现象存在了;只要我们以正面引导为主,用宽容的态度就能帮助他们寻找到良性过渡的途径。在教育的过程中，笔者认为和谐的师生关系是教育达到有效性的前提，一旦没有和谐的师生关系，教育的内容对于一个小学生来说已不再重要了，重要是学生已不再喜欢信任你了，这样的关系就是你说的再有理对学生来说已没有任何效果了。要让学生接受你，首先你要有一腔热爱学生的激情。试想，一个冷冰冰的教师又如何能获得学生的亲近与信任？因此，在课堂上笔者总是面带微笑，声情并茂；对违反纪律的学生，笔者很少大声训斥；更多时候，对学生来说笔者像大妈多于像教师。天气转凉了不忘叮嘱学生多穿衣，在学生生病时给予悉心的照顾；学生失败时给予真心慰抚；学生苦恼时耐心倾听；学生迷茫时及时指点迷津。人非草木，面对教师无微不至的爱，学生在感动的同时将其转化为前进的动力，又哪有不成功之理？

二、细心

苏霍姆林斯基说："教育是一种最为精细的精神活动。"细心而智慧的教师，用他们最为精细的精神活动，改变学生的童年，影响他们的一生。课堂的主体是学生，学生的潜力是无限的，这需要教师细心的发现和巧妙的挖掘。发现学生的点滴进步，发现他们的闪光点，并及时给以肯定和鼓励。作为教师，我们还要善于捕捉学生的思想、学习、生活等方面的不良苗头，防微杜渐，把其消灭在萌芽状态。在教育过程中，坚持疏导教育、循循善诱和以理服人的方法，为学生分析不良行为的危害及可能产生的后果，使其省悟，通过细致入微的思想政治工作把不良苗头消灭在萌芽状态。我们的教师，如果都有如此细心的智慧，一定能够在学生的心灵中雕刻出绚丽的花朵。

要做好教师的工作，必须有一双善于观察的眼睛。对学生就如母亲对婴儿一样，时时刻刻准确无误地看学生的眼睛、嘴、额的动作来了解他的内心情绪变化。学生阶段是一个人生长发育逐渐成熟的时期，学生从幼稚走向成熟有许多困惑：学习的、交友的、心理的、生理的，这些困惑需要教师细心发现，充分理解，耐心指引，做好学生学业、心灵的引导者，使他们能摆脱困惑轻装前进。可见，一个好教师必须时刻关注学生思想动态的变化，通过观察学生日常的言行和表情变化洞察学生的内心世界，做一个有心人，有一双善于发现的眼睛，具有敏锐而细致的观察力，做到"见月晕而知风，见石润而知雨"。

三、耐心

耐心是赢得成功的一种手段，同时又是教师的基本素养。耐心对教师来说，非常重要。有耐心的教师才能获得学生的爱戴。而且只有获得学生的爱戴，才会走进学生的心理，教师的教育教学才能取得最理想的成果。

在我们的教学中往往会有这样的情况，在课堂上为了赶时间完成教学任务，当提问到一个学生回答某个问题他一时回答不出来时，我们便会提问另一个学生或自己讲解。可能学生当时一紧张没想起来，或者说学生刚想起来老师就让他坐下了。当然也有同学说那道题根本不会的，面对这样的情况，我们耐心等待一下，给学生充足的时间，不要为了赶这一点时间而打消了他们回答问题的积极性，时间长了会使学生对学习失去兴趣，要对学生有信心。

有一次，有一个基础不太好的学生问了笔者一个问题，笔者给他讲了一遍，当笔者问他听没听懂的时候，没想到那个学生胆怯地说："老师你再讲一遍吧，我没听懂。"笔者又耐心地给他讲了第二遍，结果他说："还有点不太理解。"笔者正想急，当笔者看到他有点迷茫的眼神时，还是耐心给他讲了第三遍，一直到会为止。当看到他因搞懂这个问题而高兴时，笔者想如果自己当时在他问问题时急了批评他，可能这一次是他的最后一次问问题了。当我们面对后进生出现反复的问题时，不要生气、不要甩手不讲，要提醒自己，再给他耐心地讲一遍。不要在学生的面前表现出不耐烦。"差生"往往就是这样出现的。当学生看到教师急的时候，他自己的心理会更乱，会害怕向教师问问题，所以在辅导学生时一定要做到心平气和、不着急，这是我们需要做的，也是必须做的。

当我们面对成绩有差异、性格不同的学生时，他们最需要的就是教师的耐心，无论是在课堂上回答问题，还是在辅导个别学生，我们都应该做到有耐心。耐心是一份涵养，它要求我们不急不躁，逐步地提高。耐心是一份理解，它体现在对学生要做到"诲人不倦"。耐心是一份关爱，它要求你满怀爱意，对学生进行指导、帮助、教育。耐心又是一份期盼，它要求你就像撒下种子，等待成熟一样。耐心更是一种责任，倘若一个教师工作不负责任，对学生没有责任心，没有责任感就很难做到细致的教育工作。

中国有句格言："欲速则不达。"知识的积累、思想意识的形成需要一个漫长的过程。学生的成长需要教师耐心等待。我们坚信是花都会结出一个果的，只是结果的时间长短不同而已。在浮躁的时代，我们的心态普遍显得不耐烦，都希望开花到结果的时间越短越好。为了祖国的花朵能开得更鲜艳，并结出丰硕的果实，作为教师，我们需要的就是耐心，再耐心！

四、信心

教师的工作不会一帆风顺，总会碰到这样或那样的难题。这时更需要我们对所教的学生充满信心，相信学生有的是才能，有的是潜力，只是我们没有发现或者根本没有尝试去发现。很多时候学生学习成绩差并不是智商不如人，而是由于兴趣爱好的偏移，缺乏上进心、自制力差等多方面原因造成的。作为教师应坚信每一个学生都是可教育好的，如果我们对自己的工作持怀疑态度，缺乏信心，学生又何来有前进的动力？

总之，教师的工作是一项复杂细致的工作，润物细无声。为了学生健康快乐地成长，我们要努力关心学生、尊重学生、体贴学生，尽心尽责做好自己的工作，坚守为党育人、为国育才的使命担当，争做"四有"好教师。

结束语　加减乘除，解锁"思行数学"

一、工作室概况

"独行速，众行远。"

为了充分发挥名师骨干教师的示范引领作用，2020年9月，在济源市教体局教师教育科的号召下，笔者主持成立了济源小学数学第一工作坊，始建团队20人。2021年5月在济源市教体局的大力支持下，此工作坊被更名为"范小枫工作室"，并在原团队基础上吸纳27名志同道合的新成员，现有成员47人，平均年龄38岁，既有省市级名师、骨干教师，也有新入编五年内的青年教师，是一支有梯度、有潜力、有活力的小学数学教师队伍。且团队成员覆盖城市、农村和山区共计19所学校，为广泛开展活动和辐射带动提供了有利条件。

2021年暑假，在学校全力支持下，投资20余万元打造了名师工作室，工作室有了独立的办公场所，设施配备齐全。同时，工作室也受到济源市教体局的大力支持，教体局党组成员赵忠红主任为工作室授牌，教师教育科杨保健科长、常亚歌老师等经常对工作室予以指导，助推工作室活动扎实开展。

一年多来，工作室文化逐步得到完善，形成"思行数学"的教学思想和"慢慢学数学，快乐话成长"的"慢话数学"教学主张。工作室始终坚持以课题研究为载体，以课堂教学为阵地，采取线下与线上相结合、学习与教学相结合的方式，扎实开展读书交流和课例研讨等研修活动，截至目前共开展线上读书报告会11期，线下课例研讨活动22期，工作室公众号平台发文近500篇。

二、团队成长历程

（一）瞄准目标做"加法"，"加"出新素养

一位好教师就是一种好教育，如何才能引领工作室成员一起成为"好教师"？学习与反思自然是专业成长的必由之路。

1. 静心阅读提升理论素养

"最是书香能致远，腹有诗书气自华。"为了让阅读成为一种生活习惯，一年多来，笔者带领工作室成员广泛阅读，定期推荐阅读书目。每学期至少共读两本数学专著，每人每月撰写1篇读书心得。2021年9月以来，笔者坚持每月第一周星期天晚上组织工作室成员开展线上读书论坛，通过论坛，大家读书的主动性越来越强，理论素养得以提升。笔者一年多来摘录学习笔记两百多页，并及时撰写读书报告。

在静心阅读中，我们的内心变得宁静，愈发明白作为一个教育者，应该坚守的是不断学习，应该追逐的是对自我的不断超越！

2. 培训学习提升学科素养

"独学而无友，则孤陋而寡闻。"笔者珍惜每一次外出学习培训的机会，探寻适合自身专业成长的教育真经。

2020年12月在海口参加第六届全国"小学数学文化"课程教学观摩会，并做现场展示课"神奇的莫比乌斯带"，让自己对数学文化有了深刻的领悟。

2021年4月参加由北京师范大学组织的河南省中原名师培育对象高级研修班培训，让笔者找到了新的方向，重新开始为自己定位。

2021年5月参加由华南师范大学组织的中原名师培育对象专题培训，让笔者更加清晰地认识自己，知不足而后努力。

2021年9月、11月、12月参加华南师范大学组织的中原名师培育对象线上专题培训，让笔者对教育思想有了更多的认识，开始努力向着目标前行。

同时，笔者也积极为工作室成员争取各种学习机会，在济源市教体局的支持下，工作室牛海燕等8位教师参加了河南省骨干教师培训，李艳利等

3位教师参加了河南省名师培训，全体成员都积极参加省市级组织的各项学科培训会。

每一次培训都是一次对思想的洗礼，大家都会及时梳理和反思，采他山之石为我所用。

我们在读书中积累，在培训中积累，这就是成长。成长是做加法，而要成熟就需要做减法。

（二）瞄准冗杂做"减法"，"减"出新样态

1. 制度引领，科学管理

为了扎实有效地开展工作，全体成员在共同研讨的基础上制定了工作室系列规章制度、三年工作规划和年度工作方案，以及个人学年发展规划，明确各自的职责、任务、目标。有了制度约束和任务驱动，工作室各项工作开展有条不紊。

2. 作业设计，减负增效

在"双减"政策下，怎样才能让学生既得到充分的练习，又减轻学习负担呢？我们的团队基于课标要求和"思行数学"课堂教学模式，系统地设计了不同年级的"思行作业"，作业与课堂教学同步走。每一份思行作业涵盖四个部分：3分钟口算天天练有效提升学生运算能力、课前小研究助力新知探究、基础练习是对新知的巩固复习、拓展练习训练思维满足不同层次学生的需求。

在2021年市级作业设计案例评选中，小学阶段各学科54篇获奖设计中我们工作室有8篇，其中2个特等奖、5个一等奖和1个二等奖。

精心设计合理的作业，真正做到少而精，有效减轻学生负担，让"双减"政策真正落地。

3. 文化滋养，开阔视野

《义务教育数学课程标准（2022年版）》在"课程理念"中指出："关注数学学科发展前沿与数学文化，继承和弘扬中华优秀传统文化。"工作室成员围

绕课题进行数学文化内容梳理，截至目前初步完成1~6年级适合小学生的数学史和数学游戏的上册内容梳理。通过每天课前三分钟"数学史话"，让学生感知数学的发展史，了解数学家的故事，思考神奇的数学趣题，如此长期坚持既让学生的数学视野得到扩展，同时还提升了学生的语言表达能力。通过绘制思维导图和玩转数学游戏，给予学生一种宽广的视野、严密的思维和乐观向上的态度。

在数学文化的滋养下，学生越来越热爱数学，数学素养得到极大提升。

4. 微课录制，拓宽路径

为了更好地培养学生数学学科素养，落实"双减"，我们充分发挥团队协作的能力和优势，进行"思行微课堂"录制，将小学数学课本中的所有例题分阶段分别录制成5~10分钟的微课，发布在工作室公众号平台，建立教学资源库，一方面用于指导学生进行预习，另一方面用于课后复习巩固，旨在更好地落实"双减"，以一束微光，点亮学生前行的路，缓解家长的焦虑情绪。

做完减法之后，就可以轻装上阵。接下来一个人能不能腾飞，关键就看会不会做"乘法"！

（三）瞄准课堂做"乘法"，"乘"出新思想

1. 实践反思形成教学思想

教学思想的凝练，教学艺术的提升离不开课堂实践和反思。一年多来，笔者带领工作室成员从最真实的每一节课出发，与学生在数学课堂中进行心与心的碰撞，逐步积累教学经验，不断实践与反思，结合济源小学的办学理念，在"思行课堂"整体框架下提炼出"思行数学"的教学思想。基本模式为"四段五环"，环环相扣，循序渐进地开发学生智力，启迪学生数学思维。

"前置导学"环节，让学生自主预习和思考，在独立思考中慢慢实现"自学自探"；"小组交流"环节，由小组长组织进行自主有序的组内交流，在交流中厘清思路，慢慢实现"对学对探"；"班级互学"环节，通过生生互动、

师生互动的探讨交流达成共识，在思维碰撞中慢慢完成"群学群探"；"反馈提升"环节，由师生共同总结和提升，在构建体系中慢慢达到"深学深探"；"拓展应用"环节，引导学生把课堂向课外延伸，在感悟数学文化中慢慢落实"延学延探"，逐步实现"慢慢学数学，快乐话成长"。

在工作室教学思想的指引下，一年多来，工作室成员共获得国家级优质课 2 节，省级优质课 5 节，市级优质课 15 节。

2. 课题研究深化教学思想

2021 年 7 月至今，工作室成员围绕课题"学科育人视域下的数学史融入小学数学教学的研究"，一是积极研读课标，进行读书交流，为课题研究做好理论积淀；二是组织开题报告会，研讨交流，明确研究任务和研究思路；三是按计划编写校本课程，并扎实推进课例研究。

一年多来，笔者在 CN 刊物上发表论文 3 篇，并有 1 篇论文获得省级优秀奖，3 篇论文分别获市级一、二等奖。

工作室成员一年多来共结项省级课题 2 项，市级课题 4 项；立项省级课题 2 项，市级课题 6 项；论文发表或获奖 15 篇，取得课例、成果等 22 项。

课题研究的过程，就是我们一起学习理论、运用理论、形成理论的过程。

生活是一场返璞归真的修行。真正的成功，需要化繁为简，做除法，也就是抱朴归真。

（四）瞄准平庸做"除法"，"除"出新活力

1. 示范引领青年教师

一是精心指导工作室成员。为了充分发挥示范引领作用，帮助青年教师找准方向健康快速成长，2016 年以来协助市教体局教师教育科和教师进修学校，担任市级青年教师指导培训任务，先后培养青年教师二百多人次，现在工作室承担有 20 名教龄在 10 年内的青年教师的培养任务。同时，笔者被学校聘为"教师发展共同体"导师。一年多来先后指导赵杨柳等十几位青年教师获得省市级优质课奖。

二是积极组织校本研修。济源实验小学是一所新建学校，学校一线教师中70%是"90后"的年轻人，他们富有朝气，但经验不足，为了建立一支思想稳定、业务过硬的新型教师队伍，结合学校实际，搭建校本研修平台，营造研修氛围，将全体教师分为语、数、英、体艺4个大教研组、11个小教研组，采取大小教研相结合的形式，间周进行。每次活动做到"四定"，即：定时间、定地点、定主题、定主持人，建立高效的教研机制，实现教、研、训的有机统一。

一年多来，共组织工作室校本教研11次，学校数学大教研组活动20余次。

2. 辐射带动推广成果

一枝独秀不是春，百花齐放春满园。作为工作室主持人和市小学数学兼职教研员，笔者担负着小学数学教育教学研究的指导和小学数学青年教师的培训工作，深知责任重大。

一是精心做好示范课。一年多来共作示范课10余次，10余节示范课教学既是给青年教师的示范引领，也是对自己的促进和提升，更好地发现自己、成长自己。

二是积极承担送培送教任务。一年多来以工作室为载体，积极配合教体局教师教育科和教研室，通过送课下乡、校际观摩、师徒结对等活动，加强各成员间的交流，发挥辐射示范作用。分别到下冶、坡头、王屋、玉泉等中心校进行送培送教，从教材解读到课堂教学，从教学设计到学生辅导，倾囊相授，在交流中拉近校际间距离，建立校际发展共同体。

三是精心组织教师培训。为了更好地发挥辐射带动作用，一方面积极组织工作室成员进行课例研讨交流，一年多来围绕工作室研修主题共组织11次课例研讨活动；另一方面积极组织学校教师进行素养提升培训，包括教师写字培训、演讲提能培训、师德师风培训等；同时积极承担省级骨干教师培训工作，2020年10月至2021年5月通过河南师范大学网络平台搭建"小学数学范小枫名师工作室"，培训指导9名河南省骨干教师和90名新入职教师。

2020年9月至今一直担任洛阳师范学院的师范生培养和省级骨干教师培训指导师工作。2020年9月至今一直担任洛阳师范学院和新乡学院的师范生培养任务，以及河南师范大学、洛阳师范学院和新乡学院的省级骨干教师培训工作。

人生就是一个"从少到多、从多到简、从简到繁、从繁到真"的过程，这就是成长路上的"加减乘除"四则运算。

2020年9月以来，在工作室团队全体成员的齐心努力下，笔者主持的市级小学数学中心教研组被评为市级优秀教研团队；主持的范小枫名师工作室被评为市级优秀工作室；工作室葛莉、许艳利等多名成员获得市级优秀教师、优秀班主任、文明教师等多项荣誉称号；李海燕、李艳利被评为河南省名师，牛海燕、赵静等8位老师被评为河南省骨干教师。工作室现有省级名师2人，省级骨干教师15人，市级骨干教师7人。

赠人玫瑰手有余香，在带领工作室成员成长的同时，笔者于2021年9月被评为济源示范区教书育人楷模，2022年7月被认定为中原名师、河南省教师教育专家。

功不唐捐，玉汝于成。未来路上，我愿继续做一朵平淡的蒲公英，传播希望的种子，滋润无限可能的生命，带领我的团队和我的孩子们，努力在小学数学教育的路上越走越远！越走越坚实！